Warum es sich lohnt, dieses Buch zu lesen:

1 *Vertrauen ist gut – Kontrolle besser. Stimmt das?*

Nein, für sich genommen sind weder Vertrauen noch Kontrolle gut. Vertrauen muss sich bewähren, bedarf also der Kontrolle. Aber Kontrolle ohne Vertrauen funktioniert ebenfalls nicht. Es kommt darauf an, mit Vertrauen und Kontrolle richtig umzugehen. Wie das geht, davon handelt dieses Buch.

2 *Wie wirkt sich Vertrauen im Berufsalltag aus?*

Vertrauen entlastet: Wer seinen Kollegen und Mitarbeitern trauen kann, muss sich um vieles nicht mehr selbst kümmern. Vertrauen stärkt die Leistungsfähigkeit: Wem vertraut wird, der traut sich selbst mehr zu. Vertrauen verbindet: Wer Vertrauen geschenkt bekommt, der fühlt sich zugehörig.

3 *Kann zu viel Vertrauen auch schaden?*

Ja, in dreifacher Hinsicht: Wer zu viel Vertrauen schenkt, kann den anderen überfordern (und ihn so entmutigen). Zweitens kann zu viel Vertrauen einen Vertrauensbruch geradezu provozieren. Und schließlich treibt uns zu viel Vertrauen in die „Vertrauensfalle": Wir werden blind für die Realität.

Und natürlich warten noch mehr Antworten auf Sie!

Vertrauen

Wie man es aufbaut.
Wie man es nutzt.
Wie man es verspielt.

Dr. Matthias Nöllke

Haufe Mediengruppe
Freiburg · Berlin · München

Bibliografische Information der Deutschen Nationalbibliothek

Die Deutsche Nationalbibliothek verzeichnet diese Publikation in der Deutschen Nationalbibliografie; detaillierte bibliografische Daten sind im Internet über http://dnb.ddb.de abrufbar.

ISBN: 978-3-448-09591-3   Bestell-Nr. 00128-0001

1. Auflage 2009
© 2009, Rudolf Haufe Verlag GmbH & Co. KG
Niederlassung München
Redaktionsanschrift: Postfach, 82142 Planegg/München
Hausanschrift: Fraunhoferstraße 5, 82152 Planegg/München
Telefon: (089) 895 17-0,
Telefax: (089) 895 17-290
www.haufe.de
online@haufe.de
Produktmanagement: Bettina Noé

Lektorat: Ulrike Rudolph
Umschlag: Grafikhaus, 80469 München
Druck: Schätzl Druck, 86609 Donauwörth

Zur Herstellung dieses Buches wurde alterungsbeständiges Papier verwendet.

Inhaltsverzeichnis

Geleitwort: Gesundes Vertrauen kennt Grenzen

„Vertrauen ist der Anfang von allem" lautete der Slogan, mit dem die Deutsche Bank in den Neunzigerjahren ihre Finanzprodukte bewarb – und damit den Tenor der gesamten Branche traf: Sein sauer verdientes Geld gibt man eben nicht irgendwem, man vertraut es allenfalls einem Menschen mit seriösem Leumund an; einem dunkel gekleideten Finanzexperten, der einen ehrlich berät, der gewissenhaft lukrative Anlageformen auswählt und nahezu selbstlos hilft, den eigenen Wohlstand zu mehren. In der Theorie jedenfalls. Jeder weiß, was in der Praxis geschah: Eine gute Dekade später folgte die Finanzkrise und erschütterte das Vertrauen der Menschen in einem bis dato unbekannten Ausmaß. Weltweit fühlten sich die Menschen durch die so genannten Finanzexperten verraten und verkauft. Das Vertrauen – es war in diesem Fall der Anfang vom Ende.

Vertrauen macht gelassen, bis es enttäuscht wird. „Kann man denn niemandem mehr trauen?", fragen sich folgerichtig all jene, deren Grundvertrauen zu oft von anderen Menschen enttäuscht wurde. Die einen werden daraufhin misstrauischer, andere regelrecht feindselig. Sie bauen sich eine Art psychosozialen Panzer aus Skepsis und Argwohn auf, um ja nicht noch einmal hinters Licht geführt zu werden, nach dem Motto: Wer mit der Niedertracht der anderen rechnet, kann nicht mehr böse überrascht werden. Das stimmt zweifellos, macht aber einsam.

Obwohl vermutlich jeder schon einmal übers Ohr gehauen wurde oder erlebt hat, dass sein Vertrauen ausgenutzt worden ist, hält die Mehrheit von uns an dem Konzept fest, anderen eine Art sozialen Kredit zu geben. Wir werden sprichwörtlich enttäuscht, ärgern uns, ziehen daraus Konsequenzen, aber vertrauen doch weiterhin – nur vielleicht nicht mehr diesem speziellen Menschen. Warum?

Letztlich ist Vertrauen ein erlerntes Verhalten, das bis in die Kindheit zurückreichen kann. Unsere Vertrauensseligkeit entstammt im Kern zwei Komponenten: dem Selbstvertrauen, also der Zuversicht in die eigenen Fähigkeiten; und dem Fremdvertrauen gegenüber anderen Menschen. Beides sind dem Wesen nach Erfahrungswerte. Wer früh gelernt hat, dass er Erfolge aufgrund seines Könnens wiederholen kann und dass die Mehrheit der Menschen Vertrauen belohnt, bleibt auch später vertrauensvoll bis -selig. Man könnte auch sagen: Vertrauen ist eine erlernte Entscheidung. Wer vertraut, geht willentlich und zuversichtlich davon aus, dass sich eine Sache so entwickelt, wie versprochen oder erhofft. Ob das dann tatsächlich eintritt, steht freilich auf einem anderen Blatt.

Ein Grund für die anhaltende Zuversicht ist deren positive Wirkung – auf uns und andere. Schon 1968 führten die Psychologen Robert Rosenthal und Lenore Jacobson ein Experiment an amerikanischen Schulen durch, das in die Literatur als *Rosenthal-* oder *Pygmalion-Effekt* einging. Dazu teilten sie einigen Lehrern mit, dass sie aufgrund bisheriger Leistungen im kommenden Schuljahr eine Klasse übernehmen dürften, die sich aus den intelligentesten und besten Schülern zusammensetze. Nach Ablauf des Schuljahres waren diese Klassen deutlich besser als die anderen, ihre Noten, selbst der IQ der Schüler lag rund 20 Punkte höher als beim Durchschnitt. Nur hatten die Psychologen gelogen. Die Klassen setzten sich gar nicht aus den Besten zusammen, sondern aus einer Zufallsauswahl. Weil aber die Schüler selbst glaubten, zu den Besten zu gehören, und auch die Lehrer ihnen mehr zutrauten, stieg die Leistungs- und Lernkurve.

Der zweite Grund: Vertrauen vollbringt ein kleines kognitives Wunder: Es minimiert Komplexität. Wir alle würden wohl früher oder später verrückt werden, wenn wir allem Neuen oder jedem fremden Menschen mit Angst, Abwehr und Misstrauen begegnen würden. Das gilt noch mehr im Berufsleben. Hier kommt noch hinzu, dass kaum einer von uns einen vollständigen Überblick über das Geschehen in seinem Unternehmen haben dürfte, nicht einmal die Chefs. Deshalb müssen wir uns schlicht auf manche Aussagen von Kollegen, Zulieferern und Kunden verlassen.

Als der Professor für Managementlehre an der McGill Universität in Montreal, Henry Mintzberg, einmal die Tagesabläufe von Managern untersuchte, stellte er überrascht fest, dass kaum einer länger als eine Stunde an einer Sache arbeitete. Weit über 50 Prozent der Tätigkeiten nahmen weniger als neun Minuten in Anspruch. Es lässt sich leicht vorhersagen, dass solche Manager ihre Entscheidungen kaum von ausgiebigen Recherchen oder umsichtigen Planungen abhängig machen. Sie werden sich vielmehr auf die wenigen Informationen verlassen, die ihnen gerade zur Verfügung stehen: Erfahrungen, Referenzen, Hörensagen. Kurzum: Weil ihnen der vollständige Überblick fehlt, müssen sie den wenigen Indizien vertrauen.

Das passt ins Idealbild. Schließlich wünschen sich die meisten Manager ein Betriebsklima, das von Vertrauen und gegenseitigem Respekt geprägt ist. Aber ist das auch realistisch? Spätestens an dieser Stelle wird das Paradoxon des Vertrauens offenbar. Denn trotz der oben aufgeführten Vorzüge werden einige jetzt völlig zu Recht einwerfen, dass es in ihrem Betrieb ganz anders zugeht. Gewiss, man vertraut seinem Büronachbarn, vielleicht noch den Kollegen aus der eigenen Abteilung. Aber dann hört es auch schon auf. Mehrheitlich ist das Unternehmensklima geprägt von Machtspielen, von Konkurrenzdenken, Schuldzuweisungen und mal mehr, mal weniger versteckten Anfeindungen. Kurzum: Je lauter der Wunsch nach einem vertrauensvollen Umfeld formuliert wird, desto wahrscheinlicher ist es, dass dieser Idealzustand real gar nicht existiert (sonst müsste man ihn auch nicht einfordern).

Warum ist das so? Warum vertrauen und misstrauen wir gleichermaßen, obwohl ersteres doch offensichtlich die größeren Vorteile hat? Nur allzu oft wird Vertrauen mit Vertrautheit verwechselt. Letztere entsteht, wenn man sich besser kennen lernt, eine Weile zusammenarbeitet oder miteinander Geschäfte macht. Die jedoch dem Vertrauen innewohnende Gewissheit, sich auf den anderen wirklich verlassen zu können, entsteht jedoch erst unter Krisenbedingungen. Allein solche Schlechtwetterphasen bilden den Rahmen für die anschließende Metamorphose, in der sich die Vertrautheit bewährt und in Vertrauen verwandelt. Oder eben auch nicht, wie die eingangs erwähnte Finanzkrise eindrucksvoll zeigte. Danach war das Vertrauen einer ganzen Branche verspielt.

Lenin wird der Ausspruch in den Mund gelegt „Vertrauen ist gut – Kontrolle ist besser". Ein hohes Maß an gegenseitigem Vertrauen mag im Privaten wie im Beruf ein ebenso erleichterndes wie erstrebenswertes Ziel sein. In seiner Absolutheit aber wird Vertrauen zu Recht als blind und naiv geächtet und muss zwangsläufig enttäuscht werden. So erstrebenswert gegenseitiges Zutrauen auch ist: Gesundes Vertrauen kennt Grenzen.

Eines dieser Limits steckt allerdings schon in jedem Einzelnen von uns. Weil sich Vertrauen bewähren, sprich: wachsen muss, lässt es sich nicht erzwingen oder gar beschleunigen. Es ist kein Instantprodukt, sondern ein Reifungsprozess. Das bedeutet zugleich, dass es Konsequenzen hat, wenn wir einander mehr vertrauen (wollen). Dazu gehört der Verzicht auf kurzfristige Vorteile, auf all die kleinen fiesen Tricks und Winkelzüge, mit denen man zwar Karriere machen, aber kein Vertrauen bilden kann: Profilieren auf Kosten anderer, das Verschweigen eigener Unzulänglichkeiten, Aufgaben schönreden, Allianzen schmieden, das Ausnutzen von Schwächen bei Kollegen wie Untergebenen. Damit ist es dann vorbei. Das Buch von Matthias Nöllke zeigt sehr plastisch, was Vertrauen ist, wie es entsteht und funktioniert und was wir alle tun können, um schon verspieltes Vertrauen wieder zurückzugewinnen. Der Glaube daran, dass dies gelingen kann, ist bereits der erste Vertrauensakt.

Jochen Mai

Jochen Mai, Diplom-Volkswirt und Wirtschaftsjournalist. Er leitet das Ressort „Beruf und Erfolg" bei der Wirtschaftswoche, ist Autor des Buchs „Die Karrierebibel" und bloggt unter http://karrierebibel.de.

Vielen Dank für Ihr Vertrauen!

„Alles Reden ist sinnlos, wenn das Vertrauen fehlt." – Franz Kafka

Auf Vertrauen kommt es an. Für jeden von uns. Ob Sie nun Führungskraft sind, Mitarbeiter, Rechtsanwältin, Autor oder Kassiererin im Supermarkt. Wenn Sie kein Vertrauen genießen, können Sie buchstäblich einpacken. Und wenn Sie selbst niemandem Vertrauen, dann sind Sie in Ihren eigenen Handlungsmöglichkeiten stark eingeschränkt. „Vertrauen ist die Strategie mit der größeren Reichweite", schreibt der Soziologe Niklas Luhmann. Ohne jemandem Vertrauen zu schenken, bleiben Sie auf sich allein gestellt und können kaum etwas bewirken. Und bewirken möchten wir alle etwas. Vor allem auf andere Menschen möchten wir einwirken. Denn wir Menschen sind zutiefst soziale Wesen. Daher beschäftigt uns kaum etwas so sehr wie die Frage, ob wir jemandem trauen können oder nicht. Es ist nämlich so: Vertrauen können wir nicht jedem. Und wir können nicht auf alles vertrauen. „Wer damit anfängt, dass er allen traut, wird damit enden, dass er einen jeden für einen Schurken hält", heißt es warnend in dem Drama *Demetrius* von Friedrich Hebbel. Die Strategie der größeren Reichweite geht nur dann auf, wenn Sie eine realistische Vorstellung davon haben, wo und wann Sie nicht mehr Vertrauen dürfen, wo und wann Misstrauen angebracht ist.

Nun hat das Thema Vertrauen im Umfeld von Management und Unternehmensführung bereits in den vergangenen Jahren eine regelrechte Konjunktur erlebt. Dafür mag es eine Reihe von Gründen geben, die im Zuge der aktuellen Finanzkrise noch stärker zum Tragen kommen: Es fehlt gerade an Vertrauen und Verlässlichkeit. Wir wissen nicht, woran wir uns halten sollen. Unternehmen werden umstrukturiert, Abteilungen umgebaut, aufgelöst, neu zusammengesetzt oder sie arbeiten plötzlich als interne Dienstleister. Mitarbeiter sind Intrapreneure, kooperieren und konkurrieren gleichzeitig miteinander. Zuständigkeiten sind unscharf oder werden immer wieder neu aufgeteilt. Über allem lastet ein immer stärkerer Wettbewerbsdruck. Und die einzige Gewissheit, an die wir uns halten können, lautet: Die Welt ist voller Überraschungen.

In diesem Durcheinander suchen wir Halt und Orientierung. Vertrauen in das Ganze, in das System, können nur noch wenige aufbringen. Dazu verstehen wir zu wenig, was um uns herum geschieht. Und auch die Experten zeigen sich vom Gang der Ereignisse immer wieder überrascht. Unabhängig davon, ob die Wirtschaft wächst, einbricht oder sich überraschend schnell (doch nicht) erholt. Woran wir uns noch halten können und wonach wir uns sehnen, das ist die persönliche Integrität von Menschen. Ihnen möchten wir Vertrauen schenken, um wieder Boden unter die Füße zu bekommen.

Zugleich aber hat die Managementliteratur das Vertrauen neu entdeckt. An erster Stelle wäre hier wohl das einflussreiche Buch von Reinhard K. Sprenger zu nennen, das schon in seinem Titel programmatisch verkündet: „Vertrauen führt". Andere, wie der Sozialwissenschaftler Olaf Geramanis, haben Vertrauen als „soziale Ressource" beschrieben, und manche würdigen es gar als „gesellschaftliches Schmiermittel", das die zahllosen Risse kittet, die sich in unserer unübersichtlichen Welt tagtäglich auftun.

In diesem Zusammenhang taucht auch immer wieder ein Argument auf, mit dem schon Sprenger für mehr Vertrauen in den Führungsetagen geworben hat: Vertrauen sorgt für wirtschaftlichen Erfolg. Es zahlt sich gewissermaßen aus zu vertrauen. Misstrauen kommt eine Organisation hingegen teuer zu stehen. Margit Osterloh, Professorin an der Universität Zürich, nennt Vertrauen denn auch den „wichtigsten Wettbewerbsvorteil von Nationen und Unternehmen". Überboten wird sie noch von Managementberater Stephen M. R. Covey, nicht zu verwechseln mit seinem Vater Stephen R. Covey, der den Bestseller „Sieben Wege zur Effektivität" geschrieben hat. Covey Junior hält Vertrauen nicht nur für eine „unterschätzte ökonomische Macht", sondern den Aufbau von Vertrauen für „die Schlüsselkompetenz für alle Führungskräfte in unserer neuen globalen Wirtschaft". Denn, so Covey, „nichts wirkt schneller und effektiver als Vertrauen – in allen Situationen".

Die Argumente für mehr Vertrauen in den Unternehmen lassen sich auf die folgenden Thesen verdichten:

- Vertrauen macht vieles einfacher und reduziert Kosten. Es spart Kontrollen, komplizierte Regelungen und Transaktionskosten.

- Vertrauen sorgt dafür, dass Abläufe im Unternehmen schneller vonstatten gehen. Auch das erhöht die Wettbewerbsfähigkeit.
- Wem Vertrauen geschenkt wird, der ist motiviert, sein Bestes zu geben. Das Leistungsniveau steigt.
- Vertrauen im Unternehmen verbessert das Betriebsklima, reduziert die Fluktuation und macht das Unternehmen für qualifizierte Stellenbewerber attraktiv.
- Vertrauen macht es möglich, Krisen zu meistern und schmerzhafte Veränderungen durchzustehen.

In diesem Buch wird eine etwas andere Position vertreten. Ohne Zweifel sind die angesprochenen Prinzipien sehr sympathisch und sogar wirksam – dauerhaft jedoch nur in einem „Reinraum des Vertrauens", in dem sich kein Stäubchen Misstrauen mehr auf die empfindlichen Schaltkreise des Vertrauens setzen kann. Doch unsere Beziehungen, in der Arbeitswelt zumal, sind auch von Neid und Misstrauen geprägt. Von Verleumdungen, schmutzigen Tricks und blanker Rücksichtslosigkeit. Was keineswegs ausschließt, dass sich Menschen, die auf ihrem Weg nach oben eine besonders „breite Blutspur" hinterlassen, sehr gerne auf Werte und Vertrauen berufen. Wie überhaupt der Grundsatz gilt: Wer mit dem Vertrauen der anderen glänzende Geschäfte macht, hat es nicht immer verdient.

Und so erscheint es fraglich, ob *mehr* Vertrauen zu schenken tatsächlich wirtschaftlich erfolgreich macht und die Kosten senkt. Der Blick auf das eine oder andere hochprofitable Erfolgsunternehmen lässt Zweifel aufkommen, ob es sich dabei wirklich um einen Hort des Vertrauens handelt. Und ob sie „noch erfolgreicher" wären, wenn in diesen „Haifischteichen" jetzt vertrauensvoll zusammengearbeitet würde. In manchen Fällen mag es auch geradewegs andersherum sein: Nicht Vertrauen führt zum Erfolg, sondern ein Unternehmen, das wirtschaftlich erfolgreich ist, leitet daraus den Anspruch ab, besonders vertrauenswürdig zu sein. Gerät das Unternehmen in die Krise, bröckelt dieser vertrauenerweckende Nimbus. Gerade jetzt fehlt es an der „sozialen Ressource" Vertrauen. Bei der Belegschaft, aber auch bei den Eigentümern: Nicht selten wird jemand von außen geholt, eine neue integre Führungsfigur, die noch unvorbelastet ist. Nur ihr traut man zu, das Vertrauen zurückzugewinnen.

Damit soll allerdings nicht das Gegenteil behauptet werden, nämlich dass Vertrauen unwichtig sei oder dem wirtschaftlichen Erfolg sogar im Wege stehe. Ohne ein gewisses Maß an Vertrauen geht es sogar in den Haifischteichen nicht. Zugleich aber kommen auch Organisationen, in denen vertrauensvoll zusammengearbeitet wird, nicht ohne Konkurrenz, Kontrolle und Misstrauen aus. Misstrauen sorgt dafür, dass wir Selbstverständliches in Frage stellen. Und wenn wir wissen, dass uns jemand sehr genau auf die Finger schaut, muss sich das nicht immer negativ auf unser Arbeitsergebnis auswirken.

Im Übrigen aber sollen die Verdienste der genannten Autoren überhaupt nicht geschmälert werden. Um mit dem bekannten Gleichnis zu sprechen, ist dieses Buch gewissermaßen der Zwerg, der sich auf ihren Schultern niederlässt, um dann aber in eine andere Richtung zu blicken. Vertrauen ist gewiss eine Ressource, die heute in den Unternehmen nicht gerade im Überfluss vorhanden ist, so dass man sich an der einen oder anderen Stelle durchaus mehr Vertrauen wünscht. Die genannten Thesen sind ja nicht falsch, nur ergänzungsbedürftig. Denn Vertrauen ist kein universeller Problemlöser und keine sonnige Siegerstrategie, sondern etwas so Vielschichtiges und Fundamentales, dass Führungskräfte „gut" damit umgehen sollten. „Gut" bedeutet nicht, dass Führungskräfte möglichst viel und oft vertrauen sollten. Misstrauen ist nicht in jedem Fall schlecht und Vertrauen nicht immer eine rundum erfreuliche Angelegenheit. Das gilt auch für den Fall, dass Ihnen jemand vertraut. Es ist gar nicht so selten, dass sich hinter dem bereitwillig gespendeten Vertrauen eine subtile Form der Vereinnahmung verbirgt.

Das heißt gar nicht mal, dass Kalkül hinter der Sache steckt. Obwohl das natürlich auch vorkommt, wie wir noch sehen werden. Vertrauen verbindet, es *bindet* Sie aber auch. Sie sind nicht mehr frei, nach *eigenem* Willen zu entscheiden und zu handeln. Setzen Sie sich über die Erwartungen der anderen hinweg, was manchmal unvermeidlich ist, verlieren Sie deren Vertrauen. Das kann ohnehin erstaunlich schnell dahinschmelzen. Insoweit ist Stephen M. R. Coveys Aussage, nichts wirke „schneller" als Vertrauen, zu ergänzen durch den Zusatz, „nichts kann sich rascher verflüchtigen als Vertrauen". Mitunter genügt eine bloße Gedankenlosigkeit, eine unscheinbare Handlung, eine verräterische Geste, und das Vertrauen ist dahin. Versuchen Sie dann mit vertrauensbildenden Maßnahmen dagegen anzusteuern, vergrößern Sie womöglich noch den Argwohn. Wie überhaupt nachträgliche Reparaturmaßnahmen oft wenig ausrichten können.

In anderen Fällen ist das Vertrauen weit robuster, ja, mitunter beängstigend robust. Dann lässt sich der etwas paradoxe Effekt beobachten, dass besonders schwere Vorwürfe und stark belastende Indizien das Vertrauen sogar noch festigen. Es liegt auf der Hand, dass dieses unerschütterliche Vertrauen alles andere als wünschenswert ist. Vielmehr müssen wir aufpassen, nicht in eine solche „Vertrauensfalle" (→ S. 163) hineinzugeraten. Das führt nämlich zu einem Realitätsverlust, der dramatische Ausmaße annehmen kann. In seiner milden Form ist er jedoch gar nicht so selten, wie man annehmen möchte. Auch im Berufsleben nicht, wie wir sehen werden.

Überhaupt bietet das Thema Vertrauen manche Überraschungen. So gestaltet sich das Verhältnis von Vertrauen und Misstrauen weit vielschichtiger, als es zunächst den Anschein hat. Und damit ist nicht allein gemeint, dass anfängliches Misstrauen einem besonders belastbaren Vertrauen den Boden bereiten kann. Es ist ebenso möglich, dass Misstrauen oder enttäuschtes Vertrauen dazu führen, einem unbeteiligten Dritten das Vertrauen mehr oder minder unbesehen zufallen zu lassen: Man schenkt ihm sein Vertrauen, weil man einem anderen nicht (mehr) vertraut.

Ein aktuelles Beispiel bietet die Finanzkrise. Vielleicht sind Sie ja auch wie viele andere dem Rat Ihres Bankberaters gefolgt und haben Wertpapiere oder neuartige Finanzprodukte gekauft, die beträchtlich an Wert verloren haben. Nun haben Sie kein Vertrauen mehr in die Beratung Ihrer Bank. Und was tun Sie? Wie die Frankfurter Allgemeine Ende Juni 2009 meldete, hat mehr als ein Viertel aller Vermögenden in Deutschland die Geschäftsbeziehung zu ihrem bisherigen Vermögensverwalter beendet oder das Kapitalvolumen stark verkleinert. Billionen von Euro sind „verschoben" worden, an welche vertrauenswürdigere Stelle auch immer. Denn das Problem ist natürlich, dass wir in solchen Fällen jemandem vertrauen *müssen*. Sogar wenn Sie Ihre gesamten Ersparnisse in Ihrer Matratze verstecken, gibt es vermutlich den einen oder anderen Mitwisser, auf den Sie sich nun bei 0 Prozent Rendite verlassen müssen. Kurzum, haben Sie Ihr Vertrauen *verloren*, löst es sich oftmals keineswegs in Luft auf. Vielmehr sind Sie regelrecht gezwungen, es irgendwohin zu *verschieben*. Das Bemerkenswerte dabei ist, dass manche ganz erheblich von solchen Verschiebungen profitieren. Ihnen wird vertraut, weil die anderen kein Vertrauen mehr genießen.

Aber auch das Verhältnis von Vertrauen und Transparenz gestaltet sich nicht immer so, wie wir es erwarten würden: Transparenz gilt als vertrauensbildend. Und in einigen Fällen trifft dies auch unbedingt zu. Aber als Allzweckwaffe und unumstößliches Grundprinzip kann Transparenz vertrauensvolle Beziehungen auch regelrecht zerstören. In manchen Unternehmen findet genau das statt: Alles soll so transparent gemacht werden, dass sich nirgendwo mehr Vertrauen bilden kann. Und als besondere Pointe werden die betreffenden Maßnahmen als Förderung einer „Vertrauenskultur" gepriesen.

Ein weiteres wichtiges Thema betrifft Vertrauen und Verantwortung. Auch dort verschieben sich mitunter auf überraschende Weise die Gewichte. So kommt es immer wieder vor, dass ein Vertrauensbruch demjenigen angelastet wird, der ihm zum Opfer fällt. Und in manchen Fällen nicht einmal zu Unrecht (→ „Verantwortungsloses Vertrauen", S. 197). Denn Vertrauen ist eine zweiseitige Angelegenheit. Wir sind auch dafür verantwortlich, wem wir vertrauen und worauf wir unser Vertrauen gründen.

Über solche und ähnliche Mechanismen werden Sie in diesem Buch lesen. Denn mich hat vor allem interessiert, wie Vertrauen „funktioniert", auf welche Weise es zustande kommt und wieder zerbricht. Im Unterschied zu anderen Publikationen über dieses Thema geht es mir nicht darum, für mehr Vertrauen und Vertrauenswürdigkeit im Management einzutreten. Auch nicht um bestimmte Werte oder ethische Fragen, und zwar ausdrücklich *nicht*, weil ich die für unwesentlich hielte. Das Gegenteil ist der Fall. Doch ich glaube, dass es sehr hilfreich sein kann, das Thema Vertrauen einmal aus dieser „technischen", ja vielleicht sogar ein wenig „misstrauischen" Perspektive zu betrachten. Gerade nicht, um Vertrauen in Zukunft instrumentell zu gebrauchen, sondern ich bin fest davon überzeugt, dass dieser kühle, distanzierte Blick dafür sorgen wird, Vertrauen besser zu verstehen. So hoffe ich sehr, dass Ihnen dieses Buch dabei helfen wird, „gut" mit Vertrauen umzugehen.

Die Idee zu diesem Projekt ist mir bei meiner Arbeit an dem Buch „Machtspiele" gekommen. Damals bin ich darauf gestoßen, wie mit Vertrauen und Misstrauen gearbeitet wird, um seinen Willen durchzusetzen. Das hat mich weiter beschäftigt und schließlich dazu gebracht, dieses Buch dem Haufe-Verlag vorzuschlagen. Wie schon bei den „Machtspielen", so habe ich auch diesmal eine Reihe von Interviews und Hintergrundgespräche geführt, mit Führungskräften, Wissenschaftlern und Mitarbeitern aus verschiedenen Branchen und Hierarchieebenen. Die meisten von ihnen möchten lieber ungenannt bleiben. Doch selbstverständlich gilt auch ihnen mein Dank. Meine Gesprächspartner haben mir sehr viele Anregungen und Hinweise gegeben. Ohne ihre Hilfe hätte ich dieses Buch gar nicht schreiben können. Namentlich bedanken möchte ich mich bei Dr. Ursula Bohn, die über das Thema „Vertrauen in Organisationen" promoviert hat, Olaf Geramanis, Professor an der Fachhochschule Nordwestschweiz in Basel, der sich eingehend mit der „sozialen Ressource Vertrauen" beschäftigt hat, bei Bettina de Mattia vom Deutschen Herzzentrum in München, bei Dr. Harald Henzler von der Haufe-Mediengruppe, bei Werner Neumann von Steria Mummert, bei Gregor Vogelsang, Vice-President der Unternehmensberatung Booz & Co., und Thomas Zimmermann von Synthesis Persönlichkeits- und Unternehmensentwicklung in Berlin.

Schließlich gilt mein Dank aber auch Ihnen, den Leserinnen und Lesern. Dass Sie sich auf dieses Buch einlassen, erfordert ein gewisses Maß an Vertrauen. Ich hoffe, diesem Vertrauen gerecht zu werden.

Matthias Nöllke, München im September 2009

Was ist Vertrauen?

Lieber Geld verlieren als Vertrauen." – Robert Bosch

Sagen wir es offen: Vertrauen ist ein etwas unscharfer Begriff. Das ist kein Nachteil. Fast könnte man sagen, es ist Teil des Programms. Denn dank dieser Unschärfe lässt sich Vertrauen vielfältig einsetzen, für die kleinen Alltäglichkeiten ebenso wie für die ganz großen Fragen. Und besonders interessant wird es, wenn die Bedeutung von Vertrauen hin- und hergeschoben wird, wenn es einmal ganz klein und einmal ganz groß gemacht wird. Dabei wird die Sache zusätzlich dadurch erschwert, dass sich Vertrauen einem direkten Zugriff überhaupt entzieht und man sich seiner nie so recht sicher sein kann. Je tiefer man nachbohrt und den Begriff hin- und herwendet, umso mehr scheint sich das Vertrauen zu verflüchtigen. Vertrauensvolle Beziehungen zeichnen sich gerade dadurch aus, dass nicht darüber gesprochen wird, wie sehr man sich vertraut; eben weil es sich von selbst versteht. Es erweckt sogar Argwohn, wenn jemand unvermittelt seine Vertrauenswürdigkeit thematisiert. Um Vertrauen werben sollte nur der, der es nicht hat. Ansonsten setzt er sich dem Verdacht aus, dass irgendetwas nicht stimmt.

Vertrauen zu anderen Menschen schätzen wir als etwas sehr Kostbares – und Seltenes. So wurde kürzlich in einem Internetforum die Frage diskutiert, wie vielen Menschen man wirklich vertrauen könne. Die meisten Antworten bewegten sich in einem Bereich zwischen null und drei Personen. Und in *keinem* Fall war jemand darunter, mit dem die Betreffenden beruflich zu tun hatten. So ist das eben, wenn man Vertrauen mit der Goldwaage misst: Es bleibt nicht viel davon übrig. Und in dunklen Momenten überfällt uns vielleicht sogar die Frage, wie sehr wir uns selbst trauen können. Denn es ist eine menschliche Grunderfahrung, dass wir manchmal ganz anders handeln, als wir möchten, und unseren eigenen Maßstäben nicht gerecht werden. Sogar uns selbst können wir also nicht immer über den Weg trauen. Wir täuschen uns, belügen uns und machen uns etwas vor. Und nach meinem Eindruck sind es gerade die vertrauenswürdigsten Mitmenschen, die zumindest versuchen, sich selbst nicht ganz auf den Leim zu gehen, und die sich deshalb selbst mit einer gewissen Distanz und einem gewissen Misstrauen beobachten. Wem kann man wirklich vertrauen? Vielleicht nicht einmal sich selbst.

Auf der anderen Seite sind wir dann auch wieder sehr freigiebig mit unserem Vertrauen. Tagtäglich werfen wir damit nur so um uns. Ohne groß nachzudenken verlassen wir uns einfach auf unsere Mitmenschen. Wir vertrauen darauf, dass Züge halbwegs pünktlich fahren, Ärzte uns das richtige Medikament verschreiben, fremde Menschen auf unseren Koffer aufpassen, wenn wir sie freundlich darum bitten. Wir vertrauen einem Babysitter unser Kind an und unterschreiben Verträge, die wir nicht gelesen haben und/oder nicht verstehen. Wir vertrauen unserer Autowerkstatt, der Kassiererin im Supermarkt (wann haben Sie das letzte Mal das Wechselgeld nachgezählt?), wir vertrauen den Empfehlungen von Zeitungsredaktionen, welche Filme wir anschauen und welche Bücher wir lesen sollten. Vielleicht lesen Sie diese Zeilen auch nur, weil Ihnen jemand gesagt hat: „Da hat der Jochen Mai das Geleitwort geschrieben. Das ist bestimmt interessant." Und Sie vertrauen ihm oder ihr, sogar wenn Sie den Namen Jochen Mai vielleicht zum ersten Mal hören. Mit einem Wort: Bei fast allem, was wir tun und lassen, ist ein wenig Vertrauen mit im Spiel, ohne dass wir ein Wort darüber verlieren. Dass wir überhaupt jemandem unser Vertrauen schenken, ist uns oft nicht einmal bewusst. Wir steigen nicht jeden Morgen in die U-Bahn in dem Bewusstsein, dass wir unser Leben jetzt den Bediensteten des öffentlichen Nahverkehrs anvertrauen.

Erst wenn irgendetwas schief geht, werden wir darauf aufmerksam: Wir haben auf etwas vertraut, was keineswegs sicher ist. Es kommt vor, dass Züge nicht pünktlich ankommen, Ärzte fragwürdige Medikamente verschreiben, Verträge, die wir nicht lesen, nachteilige Klauseln enthalten und Zeitungsredaktionen Filme und Bücher empfehlen, die uns langweilen oder verärgern. Wir hätten diesen Menschen nicht trauen dürfen. Haben wir aber doch und müssen nun die unangenehmen Folgen ausbaden. In Zukunft werden wir uns vorsehen: lieber mit dem Auto fahren (weil wir meinen, dann würden wir bestimmt rechtzeitig ankommen), den Arzt wechseln oder überhaupt auf alternative Heilmethoden umschwenken (weil eine Arbeitskollegin da gute Erfahrungen gemacht hat), und die Tipps der betreffenden Zeitungsredaktion werden wir in Zukunft ignorieren, um den Empfehlungen einer anderen Redaktion zu folgen. Kurz gesagt: Enttäuschtes Vertrauen kann dazu führen, dass wir *anderen* vertrauen, denen wir zuvor noch nicht vertraut haben. Nun bekommen sie auch ihre Chance.

Grundvertrauen in das Funktionieren der Welt

Uns bleibt eigentlich gar keine andere Wahl: Wir *müssen* uns auf zahllose Menschen verlassen, wenn wir überhaupt am gesellschaftlichen Leben teilnehmen wollen. In aller Regel bemerken wir dieses Vertrauen gar nicht. Es erscheint uns vollkommen selbstverständlich. Wir verlassen uns einfach darauf, dass die Welt im Wesentlichen funktioniert. Dass Trinkwasser aus der Leitung kommt, der Friseur mit der Schere umgehen kann und wir gefahrlos die Straße überqueren, wenn die Ampel grün für uns zeigt. Würden wir das nicht tun, hätten wir die allergrößten Schwierigkeiten. Wir wären gar nicht in der Lage, unseren Alltag zu meistern. Für dieses niederschwellige „Grundrauschen" an Vertrauen wird im Anschluss an die Terminologie von Niklas Luhmann der Begriff „Zuversicht" oder auch „Zutrauen" gebraucht. „Zuversicht" ist vielleicht kein ganz glücklicher Ausdruck, weil er sich in der Alltagssprache eher mit Hoffnung und Optimismus verbindet. Aber das, was damit bezeichnet ist, spielt für unser Thema eine wichtige Rolle. Es bildet eine Art Vertrauenssockel, auf dem wir unser tägliches Leben organisieren.

Nun kann auch dieser Vertrauenssockel Risse bekommen, wodurch unser gewohntes Leben mehr oder weniger stark beeinträchtigt wird. Wer beispielsweise Opfer eines Einbruch oder eines Überfalls geworden ist, berichtet häufig, dass dieses Grundgefühl von Sicherheit und Vertrauen abhanden kommt. Und das wird als weit unangenehmer empfunden als der materielle Verlust. Es kann eine ganze Weile dauern, bis man sich wieder gefangen hat und zu seinem gewohnten Leben zurückkehrt. In solchen Phasen der Verunsicherung helfen vertrauensvolle Beziehungen zu den Mitmenschen, allmählich wieder Boden unter den Füßen zu bekommen und Zutrauen zu fassen.

Solange wir auf unserem Vertrauenssockel agieren, ist alles in Ordnung. Wir fühlen uns stark und handlungsfähig – und neigen dazu, den Sockel zu unterschätzen. Daher ist es gewiss hilfreich, sich hin und wieder zu vergegenwärtigen, auf was für einem breiten, stabilen und hohen Sockel an Vertrauen wir unser tägliches Leben bestreiten, ja, bestreiten müssen. Ohne diesen Vertrauenssockel würden wir uns nicht mehr aus dem Haus trauen. Und wir würden uns sogar dort noch bedroht fühlen. In aller Schärfe gesagt: Ohne Vertrauenssockel würden wir zu einem Fall für die Psychiatrie.

Natürlich gibt es auch wesentlich mildere Formen der Beeinträchtigung unseres Grundvertrauens. Wenn sich beispielsweise die gewohnte Situation ändert, der öffentliche Nahverkehr lahm gelegt wird, kein Wasser mehr aus der Leitung kommt oder uns einer der vertrauten Lebensmittelskandale heimsucht, dann stellen wir uns oft erstaunlich schnell um. Wir bilden Fahrgemeinschaften, versorgen uns mit Wasserflaschen aus dem Supermarkt oder ändern zeitweilig unseren Speiseplan. Anders gesagt; Wieder einmal greifen wir auf Alternativen zurück, denen wir nun vertrauen. Oftmals kennen wir diese Optionen schon und wissen, dass wir auf sie ausweichen können. In anderen Fällen sind wir gezwungen, uns auf etwas Neues einzulassen. Aber auch dort taxieren wir im Voraus, wie vertrauenswürdig die Sache ist. Wenn sich keine vertrauenswürdige Alternative findet, gibt es nur die Möglichkeit, gar nichts zu tun oder aber sich auf eine Option einzulassen, der man eigentlich gar nicht richtig traut: Vertrauen in Notwehr sozusagen.

Vertrauen in Notwehr und Als-ob-Vertrauen

Beim „Vertrauen in Notwehr" und dem „Als-ob-Vertrauen" handelt es sich um eine etwas paradoxe Angelegenheit. Dabei lassen wir uns auf eine Option ein, obwohl wir starke Vorbehalte haben. Wir schlucken gewissermaßen unser Misstrauen herunter, um handlungsfähig zu bleiben. Zum Beispiel misstrauen Sie Ihrem Arzt, der Bahn, den Nahrungsmittelherstellern oder Ihrer Autowerkstatt. Und Sie begeben sich trotzdem in ihre Hände. Was sollen Sie auch machen? Es gibt keine vertrauenswürdigere Alternative. Also entscheiden Sie sich für das kleinste Übel und hoffen das Beste.

Echtes Vertrauen ist das nicht. Denn es fehlt etwas Entscheidendes: Das „gute Gefühl". Wir schenken doch nur dann Vertrauen, wenn uns einigermaßen wohl dabei ist. Sind wir skeptisch, dann wäre es doch wohl angemessener, von Misstrauen zu sprechen. Wir trauen der Sache ja gerade nicht – *verhalten* uns aber so, *als ob* wir es täten. Das unterscheidet das „Vertrauen in Notwehr" vom echten Misstrauen. Da bleiben wir nicht stumm, da teilen wir uns mit, da gehen wir eben nicht das Risiko ein und liefern uns dem Betreffenden aus. Das schließt nicht aus, dass wir mit ihm kooperieren. Aber alles, was er tut, versuchen wir so genau wie möglich zu kontrollieren. Bevor der Arzt mit seiner Behandlung beginnen kann, holen wir eine zweite Meinung ein. Das ist Misstrauen. Weicht die Zweitmeinung ab und begeben wir uns dann in die Behandlung von Arzt Nummer zwei, handelt es sich womöglich um „Vertrauen in Notwehr", wenn wir dem zweiten Arzt nämlich genauso wenig trauen wie dem ersten, aber der Ansicht sind, dass irgendetwas getan werden muss, um unseren beklagenswerten Gesundheitszustand zu ändern. Die Pointe dabei: In aller Regel hat der zweite Arzt keine Ahnung von unserer „Notwehrsituation", sondern geht davon aus, dass wir ihm vertrauen.

Ein solches Als-ob-Vertrauen mag etwas sonderbar und abseitig anmuten. Doch wie meine Gespräche vermuten lassen, ist es weit verbreitet. Und ein besonders fruchtbarer Boden für diese knorrige Pflanze ist das Berufsleben. Sehr oft haben die Vorgesetzten keine Ahnung, wie wenig ihnen die Mitarbeiter vertrauen. Aber die haben ja keine Wahl. Was ihr Vertrauen betrifft, befinden sie sich in einer permanenten „Notwehrsituation". Einer meiner Gesprächspartner schilderte den fast schon ein wenig traurigen Fall, wie sich ein Vorgesetzter in dem Als-ob-Vertrauen seiner Mitarbeiter geradezu badete: „Er lief durch die Abteilung wie der Kaiser ohne Kleider. Er genoss es, sich bestätigen zu lassen, wie vertrauensvoll wir zusammenarbeiteten. Uns war das unsagbar peinlich."

Dabei handelt es sich nicht um ein rein vorgetäuschtes Vertrauen. Wer „in Notwehr" vertraut, lässt sich ja auf das Risiko ein, dass die Sache schief geht. Wer hingegen Vertrauen nur vortäuscht, trifft seine Vorkehrungen. Und auch das begegnet uns im Berufsleben nicht selten. Wir kommen auf das „Vertrauen in Notwehr" noch ausführlicher zu sprechen. Hier nur noch so viel: Es handelt sich um ein Vertrauen, das nicht sehr belastbar ist. Sobald sich eine vertrauenswürdige Option abzeichnet, ist die Zeit der „Notwehr" vorbei. Und es kann tatsächlich Vertrauen geschenkt werden. Allerdings sollte man sich nicht täuschen: Manche „Als-ob-Vertrauensverhältnisse" erweisen sich als ausgesprochen zählebig. Und man sollte auch eines nicht übersehen: Mit dem Als-ob-Vertrauen kann sich derjenige, der vertrauen „muss", auch gegen Enttäuschungen schützen. Jemand, der „wirklich" vertraut, schlägt nach einem Vertrauensbruch nicht nur härter auf dem Boden der Realität auf, sondern seine Kompetenz steht in Frage, seine Mitmenschen zutreffend zu beurteilen. Wenn Sie hingegen „gleich so ein schlechtes Gefühl" bei der Sache hatten, wird Ihre Kompetenz in dieser Angelegenheit sogar noch bestätigt. Das nächste Mal hören Sie besser auf Ihr Bauchgefühl, sagen Sie sich. Haben Sie hingegen „wirklich" vertraut, stellt sich die Frage, woran Sie künftig Ihr Vertrauen festmachen wollen. Vielleicht sollten Sie aufpassen, sollten zusätzliche Informationen einholen oder jemanden um Rat fragen. Natürlich nur jemanden, der Ihr Vertrauen genießt.

Vertrautheit als Voraussetzung von Vertrauen

„Ich traue ihm nicht. Wir sind Freunde." – Bertolt Brecht

Sobald es um echtes Vertrauen geht (und nicht mehr um Notwehr), kommt ein wichtiger Faktor ins Spiel: Vertrautheit. Wir müssen diejenigen, denen wir vertrauen, einschätzen können. Wen wir nicht durchschauen, dem vertrauen wir nicht so recht. Vertrauen gründet in Vertrautheit. Und tiefes, belastbares Vertrauen entsteht nur dort, wo man sich gut kennt. Nach Möglichkeit so gut, dass einem auch die Schattenseiten des anderen nicht verborgen geblieben sind. Dies ist ein Thema, das in anderen Büchern über Vertrauen im Business gewöhnlich mit Stillschweigen übergangen wird und uns auch daher noch eingehender beschäftigen wird.

Dabei wirkt Vertrautheit allein nicht schon vertrauensbildend. Gelegentlich tritt der gegenteilige Fall ein: Allmählich geht uns auf, dass wir dem anderen keineswegs mit Vertrauen begegnen sollten, sondern sehr genau aufpassen müssen. Vertrauen und Misstrauen sind hier „funktional äquivalent", wie die Soziologen sagen. Das muss die Gegenseite jedoch nicht daran hindern, uns noch näher zu rücken, um unser Vertrauen zu gewinnen, ja uns das Vertrauen regelrecht abzufordern, da wir uns ja nun schon so gut kennen (→ „Kennenlernspiele"). Auch ein solches Vertrauen fällt eher in die „Notwehr"-Kategorie, die uns im Geschäftsleben wie erwähnt häufiger begegnet.

Es bleibt aber eine wichtige Tatsache, dass zum Vertrauen ein gewisses Maß an Vertrautheit dazugehört. Wir brauchen die Gewissheit, dass wir den anderen gut genug kennen, um ihm zu vertrauen. Wir brauchen Erfahrungen mit ihm, am besten solche, bei denen er sich bewähren musste. Dann sind wir eher bereit, jemandem Vertrauen zu schenken. Wir unterstellen, dass er oder sie sich in Zukunft ganz ähnlich verhalten wird. Dabei kommt es ganz darauf an, wie viel für uns und die Gegenseite auf dem Spiel steht. In gewissen Angelegenheiten vertrauen wir nur einer Person, die wir außerordentlich gut kennen und für absolut vertrauenswürdig halten. Es wäre fahrlässig und unpassend, jemanden damit zu behelligen, der uns nur oberflächlich bekannt ist. Gar nicht einmal so sehr, weil sich diese Person als unzuverlässig erweisen könnte, sondern weil sie selbst sich überrumpelt fühlt und den Vertrauensspender mit einem gewissen Argwohn betrachten dürfte. Wer allzu leichtfertig vertraut, sozusagen: ohne angemessene Vertrautheit, der erweckt selbst nicht gerade Vertrauen. Er geht nicht sorgfältig genug mit dem Vertrauen um.

Dabei gibt es durchaus Fälle, in denen es angemessen ist, auch völlig Unbekannten Vertrauen zu schenken. Und doch ist auch dort so etwas wie Vertrautheit mit im Spiel. Denn auch wenn wir sie nicht persönlich kennen, so ordnen wir diese Menschen doch in einen vertrauten Rahmen ein. Wir lassen die Leute von den Stadtwerken in unsere Wohnung, bezahlen beim Kellner für unseren Kaffee oder bitten einen Mitreisenden, einen Moment auf unser Gepäck aufzupassen. Wir tun dies, weil uns die betreffende Situation vertraut ist. Bei der Einschätzung der Situation halten wir uns an bestimmte Merkmale. Fehlen die, so werden wir misstrauisch. Sind wir es beispielsweise gewohnt, dass die Stadtwerke jeden Besuch vorher anmelden, lassen wir als rüstige Rentnerin den kräftigen jungen Herrn, der da vor unserer Tür steht, lieber nicht in die Wohnung – auch wenn er mit einem vermeintlichen Dienstausweis herumwedelt. Ebenso funktioniert unser Vertrauen zu dem unbekannten Mitreisenden. Könnten wir die Situation nicht einschätzen, würden wir ihn kaum mit unserer Bitte behelligen. Ebenso verhalten wir uns, wenn uns der Mitreisende irgendwie seltsam, also unvertraut erscheint. Und noch etwas ist wichtig: Gibt es verschiedene Kandidaten, unter denen wir auswählen können, dann halten wir uns an denjenigen, der uns am vertrautesten erscheint, womöglich weil er derjenige ist, der uns selbst am ähnlichsten ist (→ Die „Ich-bin-wie-Sie-Methode", S. 81).

Geber und Nehmer – Push & Pull

Gleich zu Anfang wollen wir zwei begriffliche Unterscheidungen einführen, die uns im Laufe dieses Buches noch weiter begleiten werden. Zunächst sind die beiden Rollen zu trennen, die bei jedem Vertrauensakt zu besetzen sind:

- Der Vertrauensgeber ist derjenige, der einem anderen vertraut.
- Die Vertrauensnehmerin ist diejenige, der vertraut wird.

Gelegentlich wird die Ansicht vertreten, dass sich „echtes Vertrauen" nur bilden kann, wenn es sich um eine wechselseitige Beziehung handelt. Also jede Vertrauensgeberin muss auch -nehmerin werden und jeder Nehmer muss auch bereit sein, in die Geberrolle zu wechseln – und zwar in der gleichen Beziehung. In diesem Buch teilen wir diese Einschätzung nicht. Eine stabile Vertrauensbeziehung kann durchaus sehr einseitig sein. Mehr dazu im Abschnitt über die unterschiedliche „Betriebstemperatur" von Vertrauen (→ S. 38).

Mit der anderen Unterscheidung soll beschrieben werden, wer die ganze Sache überhaupt in Gang setzt.

- Push: Als Vertrauensgeber trete ich auf Sie zu und schenke Ihnen Vertrauen. Als Vertrauensnehmer biete ich mich an, dass Sie mir vertrauen; ich werbe um Ihr Vertrauen.
- Pull: Als Vertrauensgeber nehme ich Ihr Angebot an, Ihnen zu vertrauen. Als Vertrauensnehmer lasse ich mich auf Ihren Vertrauensvorschuss ein; ich bemühe mich, Ihrem Vertrauen gerecht zu werden.

Nicht immer lässt sich ganz klar beurteilen, welche Seite eigentlich „gepusht" hat. Und doch kann uns diese Unterscheidung helfen, einen Vertrauensakt zu beschreiben. Wer ist eigentlich die treibende Kraft dabei? Und wer reagiert und lässt sich auf die Sache ein?

Der Hebeleffekt von Vertrauen

Auf den ersten Blick scheint es wieder einmal paradox zu sein. Doch je mehr wir anderen vertrauen, desto weiter erstreckt sich unser Einfluss. Ohne Vertrauen sind wir ganz auf uns selbst zurückgeworfen und müssen alles in die eigene Hand nehmen. Und wenn wir uns selbst nicht Vertrauen, sind wir völlig handlungsunfähig. Gleichzeitig aber ist es so, dass wir beim Vertrauen unsere Kontrolle und unsere Verantwortung abgeben. Nicht vollständig, wie wir noch sehen werden, aber im Wesentlichen lassen wir die anderen machen. Und zwar lassen wir sie in unserem Sinne agieren. Zumindest glauben wir das. Wir vertrauen darauf.

Der große Vorteil besteht darin, dass wir entlastet werden. Um vieles müssen wir uns nicht mehr kümmern. Manches müssen wir nicht einmal begreifen. Solange wir jemanden haben, der die Angelegenheiten in unserem Sinne regelt, ist alles in Ordnung. Wir können von einem regelrechten „Hebeleffekt des Vertrauens" sprechen. Denn mit einem Mal können wir auch große und entfernte Dinge in Bewegung setzen, die sich vorher unserem Zugriff entzogen haben. In diesem Sinne verleiht Vertrauen fast magische Kräfte, die kein anderes Wesen so gut zu nutzen versteht wie wir Menschen. Pathetisch gesprochen beruht unsere Zivilisation zu einem Gutteil auf dem Hebeleffekt von Vertrauen.

Und doch ist die Sache aus zwei Gründen nicht ganz so einfach. Einmal weil Vertrauen die Gefahr in sich birgt, dass wir betrogen und ausgetrickst werden. Tatsächlich geschieht dies immer wieder. Und diejenigen, die uns hereinlegen, kommen mitunter erstaunlich gut davon, während wir nicht nur den Schaden haben, sondern auch nicht mehr so leicht jemandem vertrauen, was manchmal der noch größere Schaden ist. Einwand Nummer zwei: Diejenigen, die in Ihrem Sinne handeln sollen, müssen daraus ebenfalls ihre Vorteile ziehen. Sie können nicht davon ausgehen, dass die anderen freudig die „Galeere rudern", während Sie es sich auf dem Sonnendeck bequem machen und darüber sinnieren, welche Ziele als nächstes anzusteuern wären. Welcher Art aber sind die Vorteile, die jemand erwarten kann, dem Sie vertrauen? In vielen Fällen werden Sie für die Leistung, die der andere erbringt, schlicht zur Kasse gebeten. Dann bedeutet Ihr Vertrauen auch eine Anerkennung seiner Fähigkeiten. Es stärkt sein Selbstbewusstsein und sein Selbstvertrauen. Sie können den anderen regelrecht aufbauen, wenn Sie ihm zu verstehen geben: Ich schenke dir mein Vertrauen, weil ich weiß, du wirst die Leistung schaffen. Wir alle brauchen diese Art der Bestätigung. Bricht sie weg oder dünnt sie aus, fühlen wir uns unnütz.

Was noch hinzukommt, wenn Vertrauen im Spiel ist: Die Beziehung zum anderen wird aufgewertet. Und das kann für ihn aus zwei Gründen vorteilhaft sein: Einmal kann er sich Hoffnungen machen, auf Ihre Hilfe zurückgreifen zu können, wenn er sie benötigt. Eine vertrauensvolle Beziehung lebt davon, dass „eine Hand die andere wäscht" – auf welche Art auch immer. Dann aber empfiehlt er sich auch für andere als zuverlässiger Partner, dem man vertrauen kann. Denn es gibt kaum ein stärkeres Argument für die Vertrauenswürdigkeit eines Menschen, als wenn ihm viele andere ebenfalls vertrauen. Auf diese Weise kann jemand, dem Vertrauen geschenkt wird, mehr und mehr Vertrauen aufbauen – vorausgesetzt, er wird dem Vertrauen auch gerecht, das die anderen in ihn setzen. Und vorausgesetzt, niemand betreibt üble Nachrede und stellt seine Vertrauenswürdigkeit in Frage, um daraus einen Vorteil zu ziehen. Beides kann man leider nicht ohne Weiteres voraussetzen, wie wir noch sehen werden.

Die riskante Vorleistung

Vertrauen gibt es nicht ohne Risiko. Wer einem anderen vertraut, der erbringt in den Worten von Niklas Luhmann eine „riskante Vorleistung". Das Riskante ist nämlich: Wem vertraut wird, der kann dem Vertrauensgeber Schaden zufügen, nicht selten ganz erheblichen Schaden, der über den Nutzen, den sich der Vertrauensgeber versprechen mag, weit hinausgeht. Nehmen wir das Beispiel des Babysitters: Dass er den Eltern Gelegenheit gibt, einen Abend außer Haus zu verbringen, ist geradezu nichts im Vergleich dazu, dass dem Kind etwas zustoßen könnte, wenn der Babysitter nicht aufpasst. So gesehen gehen die Eltern ein äußerst hohes Risiko ein. Sie tun dies aber, weil sie unterstellen, dass sich der Babysitter gut um das Kind kümmert. Eben darin besteht ihr Vertrauen. Sie machen sich verletzlich. Der Babysitter könnte ihnen einen vernichtenden Schlag zufügen – und wird genau dies unterlassen. Einer viel zitierten Definition zufolge ist Vertrauen „der Wille, sich verletzlich zu zeigen".

Das ist vielleicht etwas überpointiert formuliert. Denn der Wille richtet sich ja nicht so sehr darauf, Verwundbarkeit zu demonstrieren, sondern wer Ihnen vertraut, der möchte auch etwas dafür bekommen. Die riskante Vorleistung geschieht ja in Erwartung einer Gegenleistung (→ S. 30), man könnte auch sagen: in Erwartung der Kooperation. Und doch ist dieses Darbieten der offenen Flanke ein außerordentlich wichtiges Element. Denn jemand, dem Sie keinen Schaden zufügen können, vertraut Ihnen auch nicht. Und je verheerender dieser Schaden ausfallen könnte, desto größer ist das Vertrauen, buchstäblich stärker, denn Vertrauen, bei dem viel auf dem Spiel steht, entfaltet eine ganz andere Kraft und Bindewirkung, als wenn es um nichts geht oder andere bereitstehen, um einen Fehler auszubügeln.

Vertrauensfragen: Die Stimme seines Herrn

Stellen Sie sich vor, Ihr Vorgesetzter beauftragt Sie, für ihn eine sehr wichtige Rede zu schreiben. Die will er auf einem hochkarätig besetzten Kongress vortragen. Fall 1: Der Pressesprecher wirft noch einen Blick darauf, bevor sich Ihr Chef mit dem Text befasst und ihn noch einmal umschreibt. Fall 2: Pressesprecher und Chef haben gar keine Zeit, vorher korrigierend einzugreifen oder auch nur flüchtig über das Manuskript zu lesen. Sie müssen damit rechnen, dass Ihr Vorgesetzter jedes Wort, das Sie in die Rede hineinschreiben, auf dem Kongress vortragen wird. In welchem Fall würden Sie sich stärker engagieren?

Erweitern wir das Szenario noch um einen dritten Fall: Ihr Chef beauftragt Sie, die Rede zu schreiben. Gleichzeitig beauftragt er aber auch einen weiteren Mitarbeiter. Die bessere Version gewinnt, an die wird er sich bei seinem Vortrag halten. Immerhin haben wir es hier mit einer Konkurrenzsituation zu tun. Und doch hat die Mehrzahl von denen, die ich befragt habe, geantwortet: Sie würden sich im zweiten Fall am meisten ins Zeug legen. Warum? Weil es wirklich und wahrhaftig auf Sie ankommt. Wenn Sie eine schlechte Rede schreiben, blamiert sich Ihr Chef – weil er Ihnen vertraut hat. Das ist für viele eine weit unangenehmere Vorstellung, als bei einem internen Wettbewerb den Kürzeren zu ziehen. Zumal solche Wettbewerbe ihre ganz eigene Abwärtsdynamik entfalten können. Bin ich dem Kollegen ohnehin überlegen, brauche ich kein besonderes Engagement zu zeigen. Es genügt ja, dass ich den anderen aussteche. Doch ist er der Sprachgewaltige von uns beiden, muss ich mich erst recht nicht ins Zeug legen. Soll er mal die Rede schreiben, unser Büro-Literat. Schenkt dagegen jemand Ihnen Vertrauen, verändert sich Ihre Perspektive: Es geht nicht mehr um einen inszenierten Wettbewerb, es geht um die Sache. Sie fühlen sich viel stärker in der Pflicht. Gerade weil es an Ihnen liegt, ob sich Ihr Vorgesetzter blamiert oder nicht.

Dabei darf ein entscheidender Aspekt nicht vergessen werden: Beide Seiten müssen wissen, was auf dem Spiel steht. Zwar muss es nicht immer direkt ausgesprochen werden, aber wenn der Mitarbeiter gar nicht weiß, wie sehr er Ihnen schaden kann, dann handelt es sich eben nicht um einen Vertrauensakt. Das sollte man doppelt und dreifach unterstreichen, denn manche Vorgesetzte versuchen, gerade diese Tatsache zu verschleiern. Stattdessen vermitteln sie lieber den Eindruck, der Mitarbeiter sei von Kontrollinstanzen umstellt. Und wenn er seine Leistung nicht erbringe, habe er mit Nachteilen zu rechnen. Dies ist jedoch nicht nur das Gegenteil von Vertrauen, sondern im vorliegenden Fall auch ein schwerer taktischer Fehler. Denn wenn der

Mitarbeiter allmählich herausfindet, wie stark sein Vorgesetzter von ihm abhängig ist, wird er sich „verschaukelt" fühlen und sich gewiss nicht für ihn ins Zeug legen. Unter Umständen könnte er sich sogar versucht sehen, ihn spüren zu lassen, wie stark der Chef auf ihn angewiesen ist.

Aber auch das umgekehrte Verhalten zeugt nicht von Vertrauen: Schärfen Sie einem Mitarbeiter ein, wie viel von seiner Arbeit abhängt, so wird er sich erst einmal engagieren. Stellt er jedoch fest, dass Sie keineswegs „verwundbar" waren, so haben Sie einen Vertrauensbruch begangen: Weil Sie ihm gar nicht wirklich vertraut haben, aber ihn genau in diesem Glauben gelassen haben ($\rightarrow$ „Der Vertrauensbruch", S. 190). Solche taktischen Spielchen sind regelrecht zerstörerisch. Wenn Sie an unser Beispiel denken: Würde Ihr Vorgesetzter gar nicht auf Ihr Redemanuskript angewiesen sein, sondern eine eigene Version aus der Tasche ziehen, hätten Sie allen Grund, ihm das übel zu nehmen und an seiner Aufrichtigkeit zu zweifeln. Die ist aber Voraussetzung – nicht nur für den, dem Vertrauen geschenkt wird, sondern ebenso für den, der anderen vertraut. Er muss es ehrlich meinen – zumindest mit seinem Vertrauen.

Die Sogwirkung der riskanten Vorleistung

Psychologisch geht von der riskanten Vorleistung regelrecht ein Sog aus, der umso stärker wirkt, je größer das Risiko erscheint, das der Vertrauensgeber eingeht. Vor allem im Vergleich zum Nutzen, den er davon hat. Denken wir an den Babysitter, dem das Kind anvertraut wird, damit die Eltern einen ungestörten Abend verbringen können. Und der Aufwand, der dem anderen abverlangt wird, spielt ebenfalls eine Rolle. Je geringer er ist, desto stärker die Sogwirkung. Daher kann kaum jemand die Bitte abschlagen, doch einmal kurz auf das Gepäck aufzupassen. Der Verlust eines Koffers ist ein beträchtlicher Schaden. Verglichen damit erscheint der Nutzen (der Eigentümer begibt sich kurz ohne Gepäck an einen anderen Ort) nicht gerade bedeutend. Und der Aufwand hält sich gleichfalls in Grenzen. Also erklärt man sich dazu bereit – auch wenn man selbst nicht den geringsten Vorteil daraus zieht (allerhöchstens den, dass man in der Warteschlange als halbwegs höflicher Mensch gilt und nicht als abstoßender „Ichling", um den man besser einen Bogen macht).

Dieses Grundprinzip gilt auch für anspruchsvollere Aufgaben: Wir können uns ihnen nur schwer entziehen, wenn der andere ein großes Risiko eingeht und wir ihm beträchtlichen Schaden zufügen könnten. Wer uns ein solches Maß an Vertrauen entgegenbringt, den dürfen wir nicht hängen lassen. Er zählt auf uns, begibt sich in unsere Hand. Ablehnen können Sie eine solche Offerte eigentlich nur, indem Sie erklären, dass Sie der betreffenden Aufgabe nicht gewachsen sind. Und selbst dann kann die Beziehung zum verhinderten Vertrauensgeber empfindlich leiden. Doch ist das meist das kleinere Übel, wenn Sie damit rechnen, dass es bei der Umsetzung der Aufgabe Schwierigkeiten geben könnte. Denn sobald Sie sich auf die Sache einlassen, hängen Sie mit drin. Sie haben den Vertrauensvorschuss eingestrichen und stehen nun beim Vertrauensgeber in der Schuld.

Die Gegenleistung

Machen Sie sich keine Illusionen: Wer Ihnen vertraut, der will etwas von Ihnen. Er erwartet eine Gegenleistung. Aber das muss gar nichts Schlechtes sein. Im Gegenteil, es erfüllt uns mit Stolz und Genugtuung, wenn wir etwas Positives für andere erreichen, wenn wir uns „nützlich machen" können, wenn wir „gefordert werden". Ohne solche Anforderungen wäre ein Leben nur schwer zu ertragen. Wir *brauchen* die anderen regelrecht, damit sie Anforderungen an uns stellen.

Aber wir müssen uns klar darüber sein, dass Vertrauen nicht einfach so geschenkt wird. Der andere vertraut auf *irgendetwas*. Und dieses *irgendetwas* kann mehr sein, als Sie anfänglich ahnten. Durch seinen Vorschuss an Vertrauen kann er Sie beträchtlich unter Druck setzen. Denn was Ihnen droht, wenn Sie die Erwartungen nicht erfüllen, das ist der Entzug des Vertrauens. Für menschliche Beziehungen ist das so etwas wie die Höchststrafe. Wird Ihnen das Vertrauen entzogen, so ist die Beziehung ruiniert. Daher sind beide Seiten meist bestrebt, es nicht so weit kommen zu lassen. Und doch steht dieses Fiasko immer als Möglichkeit im Hintergrund (und lässt sich natürlich auch strategisch nutzen, wie wir noch sehen werden). Dabei gilt: Je höher der Einsatz, also je mehr Vertrauen investiert worden ist, desto unangenehmer sind die Folgen einer Enttäuschung. Eine Beziehung kann also gerade dadurch zerstört werden, dass zu viel Vertrauen im Spiel war.

Die Gegenleistung, die Sie erbringen sollen, kann ganz unterschiedlicher Art sein. Es ist möglich, dass Ihre Leistung darin besteht, etwas zu unterlassen, zum Beispiel Informationen weiterzugeben, die dem anderen schaden könnten. Je genauer Sie wissen, welche Gegenleistung erwartet wird, desto unkomplizierter ist die Sache. Wenn ich Ihnen meinen Wohnungsschlüssel in die Hand drücke und Sie bitte, während der nächsten zwei Wochen nach der Post und den Zimmerpflanzen zu sehen, gibt es wenig Raum für Missverständnisse. Allerdings zeichnet es vertrauensvolle Beziehungen häufig aus, dass die Gegenleistung gerade nicht eindeutig festgelegt wird. Man versteht schon, was gemeint ist. Oder aber es ist Teil der Gegenleistung, selbst festzulegen, was im Einzelnen zu unternehmen ist. „Sie haben freie Hand. Ich verlasse mich auf Sie", lautet die Botschaft. Und derjenige, dem da vertraut wird, muss abschätzen, was von ihm erwartet wird und auf welche Weise er es erreicht. Denn selbstverständlich können Sie auch das Vertrauen des anderen verlieren, wenn Ihnen „freie Hand" gegeben wird. Ja, womöglich gerade dann.

In diesem Zusammenhang ist noch etwas wichtig, nämlich das Urteil darüber, ob die Gegenleistung erbracht wurde und in welcher Qualität. Darüber können die Ansichten weit auseinander gehen, was wiederum das Vertrauensverhältnis belastet. Denn eigentlich sollte man mit dem anderen so vertraut sein, dass solche Konflikte gar nicht entstehen dürften. Sie tun es aber doch. Und wenn man nicht „gut mit Vertrauen umgehen" kann, riskiert man, dass eine vertrauensvolle Beziehung zerbricht (→ „Verständigungsbrücken", S. 177).

Die beiden Säulen des Vertrauens: Loyalität und Kompetenz

Ganz grundsätzlich gilt: Vertrauen ruht auf zwei Säulen. Die eine ist Loyalität, die andere Kompetenz. Loyalität bedeutet so viel wie: Der andere will uns nicht schaden und nutzt seine besondere Stellung nicht aus, die sich aus der „riskanten Vorleistung" ergibt. Kurzum, er meint es gut mit uns. Ohne dieses fundamentale Wohlwollen ist kein Vertrauen möglich.

Aber es reicht eben nicht aus. Kompetenz muss noch hinzukommen. Sie müssen imstande sein, das zu leisten, was ich von Ihnen erwarte. Erst dann schenke ich Ihnen Vertrauen. Und womöglich scheitert das

Vertrauen auch an fehlender Kompetenz. Sie können noch so ein gutherziger und charakterfester Mensch sein: Bringen Sie nicht das zuwege, was ich von Ihnen erwarte, werde ich Ihnen in dieser Sache nicht vertrauen.

Je nach Sachlage kommt es mal mehr auf die Loyalität, mal mehr auf die Kompetenz an. Wenn jemand vertrauliche Informationen für sich behalten soll, zählt vor allem die Loyalität. Hingegen ist bei unserem Beispiel mit dem Redenschreiben (→ S. 31) mehr die Kompetenz als die Charakterfestigkeit gefragt. Und doch ist beim Thema Vertrauen durchweg beides erforderlich: Sie können niemandem Vertrauen schenken, der Ihnen gegenüber nicht loyal ist. Zugleich braucht er eigentlich immer eine gewisse Kompetenz (und sei es die, auf Ihren Koffer aufzupassen). Häufig braucht er sogar eine Kompetenz, über die Sie nicht verfügen. Erst dann kommt der „Hebeleffekt" des Vertrauens überhaupt zum Tragen und Ihre „Reichweite" nimmt zu. Wie vertrauenswürdig jemand ist, das entscheidet sich eben an diesen beiden Punkten: Wie loyal erscheint er Ihnen? Und für wie kompetent halten Sie ihn?

Drei Aspekte sind in diesem Zusammenhang noch erwähnenswert. Erstens: Es geschieht nicht selten, dass wir jemanden, der sich vor allem durch Kompetenz auszeichnet, auch für besonders loyal, also verlässlich halten. Der Grund: Wir *wollen* ihm vertrauen. Dank Hebeleffekt möchten wir seine Kompetenz nutzen, um möglichst viel zu erreichen. Deshalb unterstellen wir ihm die erforderliche Loyalität. Gelegentlich ist dies ein Trugschluss.

Zweiter Punkt: Enttäuscht jemand die Erwartungen, so ist es für ihn ratsamer, das eigene Versagen auf die nicht ausreichende Kompetenz zurückzuführen. „Ich war überfordert./ Ich habe mir zu viel zugetraut./ Ich verstehe selbst nicht, wie das schiefgehen konnte." Das sind Erklärungen, die mit etwas gutem Willen akzeptiert werden können. Das Vertrauensverhältnis muss nicht darunter leiden. Ja, durch das Eingeständnis wird der Boden bereitet, weiterhin vertrauensvoll zusammenzuarbeiten. Man muss sich dann darum bemühen, geeignetere Aufgaben zu finden. Mangelte es hingegen an Loyalität, ist die Lage ungleich ernster. Vielfach lässt sich das Vertrauen dann nicht mehr retten. Sind Sie nicht loyal gewesen, haben Sie mich getäuscht, dann kann ich Ihnen grundsätzlich nicht mehr über den Weg trauen. Das Vertrauen brennt allenfalls auf ganz kleiner Flamme weiter. Und doch lässt sich auch in solchen Fällen Vertrauen wieder aufbauen. Es ist jedoch weit mühsamer und braucht Zeit (→ „Vertrauen zurückgewinnen", S. 205).

Dritter Aspekt: Loyalitäten können durchaus in Konflikt miteinander geraten. Gerade wenn Sie in einem Netz von Vertrauensverhältnissen verstrickt sind, stellt sich immer wieder einmal die Frage: Wem gegenüber sind Sie wirklich loyal? Das bedeutet aber auch, dass Sie das Vertrauen, das Ihnen jemand entgegenbringt, enttäuschen *müssen*. Denn einem *müssen* Sie ja den Vorzug vor dem anderen geben. Erst richtig kompliziert wird die Sache, wenn Sie versuchen, das Vertrauensverhältnis zu beiden Seiten aufrechtzuerhalten – was, zumal im Beruf, das übliche Verhalten ist. Dann beginnen die seltsamen Manöver von Verschleierung und Vertrauensbrüchen, mit denen wir uns noch ausführlicher beschäftigen werden.

Vertrauensfragen: Vertrauliche Informationen

Eine junge Kollegin zieht Sie ins Vertrauen und bittet Sie um Ihren Rat: Sie hat ein Angebot von einer anderen Firma. Sie hören sich die Sache an und kommen zu dem folgenden Schluss: Das Angebot bedeutet eine einmalige Chance. Auf der anderen Seite können Sie die Kollegin in Ihrer Abteilung sehr gut brauchen. Würde sie das Unternehmen verlassen, kämen Sie in Schwierigkeiten. Welchen Rat geben Sie ihr?
Die Kollegin kommt zu dem Schluss, das Angebot anzunehmen, und bittet Sie, diese Information für sich zu behalten. Doch eine Woche später erfahren Sie, dass Ihr Vorgesetzter ein neues Projekt mit der Kollegin plant. Sie haben ein vertrauensvolles Verhältnis zu Ihrem Chef. „Stecken" Sie ihm die vertrauliche Information?

Hier sind gleich zwei Loyalitätskonflikte zu lösen: Bei der ersten Frage geht es darum, ob Ihre Loyalität dem Unternehmen oder der Kollegin gilt. Intuitiv würden sich die meisten wohl für die Loyalität gegenüber der Kollegin entscheiden. Und zwar aus drei Gründen:

- Die Kollegin ist in dieser Situation der aktive Part und nicht das Unternehmen. Sie baut auf Ihre Loyalität. Sie ihr vorzuenthalten, wäre ein klarer Vertrauensbruch.

- Bei der Kollegin geht es um persönliche und nicht um berufliche Loyalität zu einer Organisation, die sehr viel weniger greifbar ist.

- Sie sprechen schlicht die Wahrheit, wenn Sie der Kollegin zum Wechsel raten. Die Loyalität zum Unternehmen würde erfordern, dass Sie die Kollegin anlügen.

Und doch könnten Sie auch anders entscheiden, gerade in „den Untiefen" der täglichen Praxis. Wenn Ihre Loyalität ganz dem Unternehmen gehört, würden Sie sich schon überlegen, wie man die Kollegin halten kann, möglichst ohne sie direkt anzulügen. So könnten Sie die Vor- und Nachteile abwägen und betonen, wie schwierig eine solche Entscheidung sei. Und dann würden Sie die wahre Geschichte erzählen von einem Kollegen, dem ein solcher Karrieresprung überhaupt nicht gut bekommen sei. Denn man wisse ja nie, was einen in einem fremden Unternehmen erwartet. Auf der anderen Seite wäre das natürlich schon eine großartige Gelegenheit, aber heute sei das ja so eine Sache mit den großartigen Verheißungen...

Dies wäre keine menschliche Glanzleistung, sondern eine Frage der Loyalität. Wenn Sie dieses Herumgedruckse erbärmlich finden, dann sollten Sie das Szenario ändern: Stellen Sie sich vor, Sie würden ähnlich argumentieren und die Interessen der Kollegin gegenüber dem Unternehmen schützen. Dann würde Ihr Urteil vermutlich deutlich milder ausfallen. Als Ausweg aus diesem Dilemma bietet sich an, dass Sie sich einfach für befangen erklären: „Ich kann Ihnen leider keinen Rat geben, denn ich bin voreingenommen. Für unser Unternehmen wäre es besser, wenn Sie das Angebot ausschlagen." Allerdings können solche Befangenheitserklärungen auch als Zurückweisung aufgefasst werden. Denn die Kollegin möchte ja einen „persönlichen Rat", den Sie ihr verweigern. Ihr Verhältnis wird dadurch gewiss nicht vertrauensvoller.

In eine weit unangenehmere Zwickmühle bringt Sie die zweite Frage. Hier steht persönliche gegen persönliche Loyalität. Egal, was Sie unternehmen, gegenüber einem Menschen, der Ihnen vertraut, werden Sie illoyal werden müssen. Nehmen wir an, Sie behalten die Information für sich, denn Sie folgen dem Prinzip, wenn als Informationen weiterzugeben, die Ihnen unter dem Siegel der Verschwiegenheit anvertraut wurden. Damit bringen Sie Ihren Chef in Schwierigkeiten, der ein Projekt auf den Weg bringt, das voraussichtlich platzen wird. Und wenn er davon erfährt, dass Sie ihm eine Information vorenthalten haben, die genau dies verhindert hätte, können Sie auf wenig Verständnis rechnen. Im Gegenteil, er wird Sie für illoyal halten. Da können Sie sich auf Ihre ethischen Grundsätze berufen, so viel Sie wollen. Also kommt vermutlich eine andere Lösung in Betracht: Sie weihen Ihren Chef ein, bitten ihn aber, diese Information höchst vertraulich zu behandeln und sich so zu verhalten, als wisse er von nichts. Der Kollegin entsteht dadurch kein Nachteil. Sie wird von alldem gar nichts bemerken, wenn die Sache gut geht. Dass Ihr Vorgesetzter Ihre Information nicht weitergibt, ist wiederum eine Frage der Loyalität Ihnen gegenüber. Können Sie sich da nicht vollkommen sicher sein, behalten Sie die Information vielleicht doch lieber für sich.

Die unterschiedliche Betriebstemperatur des Vertrauens

„Vertrauen ist das Gefühl, einem Menschen sogar dann glauben zu können, wenn man weiß, dass man an seiner Stelle lügen würde." –
Henry Louis Mencken

Die verschiedenen Beispiele, die wir angesprochen haben, machen bereits eines deutlich: Es gibt unterschiedliche Grade des Vertrauens. Metaphorisch können wir regelrecht von der jeweiligen „Betriebstemperatur" des Vertrauens sprechen: angefangen mit einem eher kühlen, sachorientierten Vertrauen, wie es im beruflichen Zusammenhang häufig anzutreffen ist, über mittlere Vertrauensgrade bis in einen Bereich hinein, der im Regelfall nur ganz wenigen engen persönlichen Beziehungen vorbehalten ist. Hier ist die Loyalität besonders stark ausgeprägt. Zumindest wird das gegenseitig unterstellt. Und diese wechselseitige Unterstellung, sich vollkommen auf den anderen verlassen zu können, ist gewissermaßen die Arbeitsgrundlage.

Doch ehe ein Vertrauensverhältnis auf „hohe Betriebstemperatur" kommt, muss es behutsam aufgebaut werden. Beide Seiten müssen miteinander vertraut werden. Ihr Verhältnis muss sich bewähren, in schwierigen kritischen Situationen. Solange alles glatt läuft, dringt man in diese Bereiche gar nicht vor. Das Vertrauen läuft auf kühler bis mittlerer Temperatur. Doch es gibt Krisen, Rückschläge, Enttäuschungen, ja Verrat. Bei solchen Gelegenheiten schält sich heraus, ob Sie dem anderen trauen können und bei wem eher Vorsicht angebracht ist. Beide Seiten müssen sich gegenseitig sehr genau einschätzen können. Das bedeutet auch, dass sie einander sehr viel Aufmerksamkeit schenken müssen. Ohne starkes Interesse an dem anderen ist ein solches Vertrauensverhältnis nicht möglich. Zugleich stellt sich das Gefühl der Vertrautheit erst ein, wenn man die Schwachpunkte des anderen kennt, wenn man hinter die Kulissen der Selbstinszenierung geblickt hat und weiß, wo der andere verletzlich ist. Man liefert sich dem anderen aus, in der Gewissheit, dass er das nicht ausnutzen wird, sondern einen eher noch schützt. Gegenseitige Vertrautheit sichert gegenseitiges Vertrauen.

Dabei muss man einschränkend sagen: Es gibt durchaus Vertrauensverhältnisse auf relativ hoher Betriebstemperatur, die recht einseitig entwickelt sind. Dies ist das klassische Herr-und-Knecht-Verhältnis, bei dem der Knecht zwar loyal zu seinem Herrn steht; der jedoch gar nicht daran denkt, sich näher um die Befindlichkeit seines Knechts zu kümmern. Ihn interessiert ausschließlich die Frage: Kann man dem vertrauen? Hält der dicht? Sein Vertrauen wird nicht dadurch abgesichert, dass er den Knecht so gut kennt, sondern dass der von ihm abhängig ist. Nun gibt es schon lange keine klassischen Knechte mehr, dafür aber Assistenten und Chefsekretärinnen, die gelegentlich ebenfalls das Privileg genießen, tief in die „Innereien" der Macht hineinblicken zu dürfen. Dies verleiht ihnen einen hohen Status jenseits jeder Hierarchie.

Was nun aber die Vertrauensverhältnisse auf hoher Betriebstemperatur auszeichnet, das ist dieses Doppelspiel aus riskanter Vorleistung und immer höheren Zumutungen an die Loyalität.

- Riskante Vorleistung: Die Einsätze werden immer höher. Der andere weiß immer mehr über mich. Er kann mir schaden, mich verraten, meine Existenz vernichten.

- Zumutungen an die Loyalität: Der andere muss bereit sein, mir zu helfen und mich zu schützen, sogar wenn er sich dadurch selbst in Schwierigkeiten bringt.

Der zweite Punkt ist ein wenig heikel. Denn es muss sich für denjenigen, der da „nibelungentreu" zum anderen steht, ja auch lohnen. Er muss Nutzen aus der Verbindung ziehen, sonst fühlt er sich ausgenutzt. Jede Seite hegt Erwartungen, oftmals steigende Erwartungen. Dann und wann werden diese Erwartungen enttäuscht. Wenn man in solchen Phasen nicht aufpasst, kann es gefährlich werden. Denn die Folgen sind oft verheerend, wenn so ein „aufgeheiztes" Vertrauensverhältnis in die Brüche geht. Leicht kann es umschlagen in Hass und

Feindschaft. Oder aber es herrscht Verbitterung und beide Seiten möchten in Zukunft nichts mehr miteinander zu tun haben. Kurz gesagt: Mit der Betriebstemperatur steigt das Risiko. Und noch etwas gibt es zu beachten: Ist das Vertrauensverhältnis eng genug, könnten Sie vor einer sehr unangenehmen Situation stehen: Ihr Partner greift zu Praktiken, die Sie eigentlich nicht billigen.

Vertrauensfragen: Frisierte Zahlen

Ein Kollege, auf den Sie persönlich sich immer fest verlassen konnten, gesteht Ihnen freimütig, dass er seine Berichte immer stark schönt. „Das machen doch alle hier", bemerkt er lächelnd. Wie würden Sie reagieren? Würden Sie dieses Vorgehen melden? Würden Sie versuchen, ihm das auszureden? Würden Sie einen Bruch der vertrauensvollen Beziehung in Kauf nehmen?

Verschärfte Bedingungen: Ihr Kollege ist wegen seiner „kreativen Buchführung" in Schwierigkeiten geraten. Er hat einen Termin abgerechnet, bei dem er gar nicht dabei war. Unter Druck geraten hat er Sie als Zeugen benannt. Sie sollen ihm den Termin bestätigen. Mit einer kleinen Lüge könnten Sie ihm aus der Verlegenheit helfen. Würden Sie das tun? Oder würden Sie ihn als doppelten Lügner dastehen lassen?

Solche Fragen werden erst dann quälend, wenn man sie ehrlich für sich beantwortet. Stellen Sie sich also jemanden vor, mit dem Sie gut zusammenarbeiten. Melden würde man so jemanden wohl nicht. Aber würden Sie ihn wirklich zur Rede stellen oder gar einen Bruch mit ihm riskieren? Und wenn er Sie noch mit in die Sache hineinzieht? Das wäre unentschuldbar, aber er befindet sich in einer Notlage. Und es wäre, so unterstellen wir, ein Leichtes, ihm zu helfen. Sie hätten keine weiteren Nachforschungen zu befürchten, aber Sie müssten Ihren Arbeitgeber anlügen. Wäre das völlig undenkbar für Sie?

Die Antwort ist schwierig und hängt auch davon ab, wen Sie sonst noch so um sich haben. Ein ganz wesentlicher Punkt ist jedoch: Durch sein Verhalten hat sich Ihr Kollege für ein tieferes Vertrauensverhältnis disqualifiziert. Sie müssen sogar aufpassen, nicht in seine „krummen Touren" hineingezogen zu werden. Also gehen Sie besser auf Distanz. Das Problem ist aber: Läuft das Vertrauensverhältnis bereits auf einer höheren „Betriebstemperatur", können Sie Ihren Kollegen nicht einfach so beiseite schieben. Sonst kommt es zum Bruch.

Aus diesen Gründen ziehen es manche vor, im Berufsleben die Vertrauensverhältnisse überhaupt in gemäßigten Temperaturen zu belassen. Das ist durchaus möglich. Sie dürfen sich halt nur nicht in bestimmte Bereiche vorwagen. Ab einer gewissen Grenze signalisieren Sie: Stopp! Das betrifft vor allem vertrauliche Informationen und taktische Manöver, die zu Lasten von Dritten gehen. Sie können es ablehnen, die Unwahrheit zu sagen oder einen Kollegen zu decken. Sie können sich schlicht weigern, vertrauliche Informationen auch nur zur Kenntnis zu nehmen. Und wenn jemand um Ihren Beistand bittet, etwa um einen verhassten Konkurrenten auszuschalten, geben Sie ihr oder ihm zu verstehen: Auf solche unlauteren Manöver lasse ich mich nicht ein.

Das Problem bei der Sache ist nur, dass dies häufig dazu führt, dass Sie einfach überspielt werden und gegen die „Kartelle" der vertrauten Beziehungen nicht viel ausrichten können. Leichten Herzens können Sie sich eine solche Abkühlungsstrategie nur erlauben, wenn Sie entweder a.) keine Karriere machen wollen oder b.) die anderen ohnehin nicht an Ihnen vorbeikommen. Und dafür kann es unterschiedliche Gründe geben: Entweder weil Sie der Chef sind, weil Sie über herausragende Qualitäten verfügen – oder sich in dem Unternehmen als eine integre Instanz etabliert haben, die für eine Vereinnahmung durch Vertrauen einfach nicht in Betracht kommt.

Nun muss man allerdings anmerken, dass die Vertrauensverhältnisse vor allem dann heißlaufen, wenn das doch eher kühle Vertrauen in die Strukturen und Prozesse des Unternehmens gering ist, das so genannte „Systemvertrauen" also. Wenn die verlässlichen Strukturen wegbrechen, wenn sich alles im Wandel befindet, wenn unklar ist, welche Maßstäbe überhaupt gelten und worauf es künftig ankommt, dann suchen wir Halt in den wärmenden persönlichen Beziehungen. Wenn Sie sich dann noch in einem rigorosen Wettbewerb behaupten müssen, dann wird es zur alles entscheidenden Frage: Gelingt es Ihnen, zu den richtigen Personen ein Vertrauensverhältnis aufzubauen? Und wie stark können Sie es „aufheizen", um Ihre Konkurrenten aus dem Rennen zu schlagen?

Arbeiten am Modell: Das Gefangenendilemma

Bevor wir uns näher mit den taktischen Manövern, den Winkelzügen und alltäglichen Gefahren rund um das Vertrauen beschäftigen, soll es noch einmal grundsätzlich werden. Denn wir möchten einen Rahmen abstecken für das, was wir unter Vertrauen verstehen wollen. Aus der

Spieltheorie stammt das so genannte „Gefangenendilemma". Es ist weit über die Grenzen des Fachs hinaus bekannt geworden und hat Mathematiker, Sozialpsychologen, Konfliktforscher und Philosophen zu vielfältigen Überlegungen und Experimenten inspiriert. Und auch wer über Vertrauen schreibt, bezieht sich gerne auf das „Gefangenendilemma" (zum Beispiel Olaf Geramanis). Denn es ist ein anschauliches Grundmodell für Vertrauen.

Hier die Geschichte des Gefangenendilemmas: Die Polizei nimmt zwei Männer fest, die in Verdacht stehen, eine Bank überfallen zu haben. Es gibt keine direkten Beweise, man kann ihnen nur unerlaubten Waffenbesitz und Widerstand gegen die Staatsgewalt nachweisen. Beide Männer befinden sich in Untersuchungshaft – in getrennten Zellen. Der Untersuchungsrichter unterbreitet jedem von ihnen ein Angebot: „Wenn Sie den Überfall gestehen, lasse ich Sie frei. Die Anklage wegen unerlaubtem Waffenbesitz und Widerstand gegen die Staatsgewalt vergessen wir. Ihr Komplize kommt fünf Jahre ins Gefängnis. Wenn der aber ebenfalls gesteht, ist Ihr Geständnis für uns eigentlich nicht mehr viel wert. Dann werden Sie beide zu jeweils vier Jahren Haft verurteilt. Bestreiten Sie beide den Überfall, bringe ich Sie wegen unerlaubtem Waffenbesitz und Widerstand gegen die Staatsgewalt zwei Jahre hinter Gitter. Ihrem Komplizen habe ich das Gleiche gesagt. Ich erwarte Ihre Antwort bis morgen um zehn."

Es geht dabei nicht um die Psychologie von Bankräubern, sondern um ein Koordinierungs- und Entscheidungsproblem. Lohnt es sich zu kooperieren – und zwar nicht mit der Polizei, sondern mit seinem Komplizen? Unter welchen Bedingungen ist es besser zu schweigen und wann führt ein Geständnis zu einem besseren Ergebnis? Das Besondere an dieser Konstellation besteht darin: Würden beide miteinander kooperieren, also „dichthalten", käme für das Duo das günstigste Ergebnis heraus: Beide müssten zwei Jahre hinter Gitter, insgesamt also vier Jahre. Am schlechtesten schneiden sie ab, wenn beide gestehen: Vier Jahre Gefängnis für jeden ergibt zusammen acht Jahre. Der Clou an der Geschichte ist, dass genau dieser Fall zu erwarten ist – solange noch kein Vertrauen im Spiel ist. Denn jeder Bankräuber kalkuliert in seiner einsamen Zelle folgendermaßen: „Egal, was der andere unternimmt, ob er gesteht oder alles abstreitet, ich komme in beiden Fällen besser davon, wenn ich gestehe. Leugnet er den Überfall, komme ich frei. Würde ich hingegen auch leugnen, käme ich zwei Jahre ins Gefängnis. Gesteht mein Komplize und ich tue es auch, würde ich vier

Jahre eingesperrt. Nicht schön, aber immerhin noch besser als die fünf Jahre, die ich aufgebrummt bekäme, wenn ich leugne. Also gibt es nur eins: Ich packe aus."

Die Konstellation ändert sich grundlegend, wenn man zulässt, dass sich das Entscheidungsproblem nicht nur einmalig stellt, sondern immer wieder. Es gilt das „Gesetz des Wiedersehens", wie es Niklas Luhmann genannt hat. Und mit einem Mal lohnt es sich zu kooperieren. Denn das Ergebnis der vorangegangenen Spiele beeinflusst die aktuelle Entscheidung. Wer immer nur „gesteht", der muss damit rechnen, dass der andere ebenso verfährt. Kommt es hingegen zur Kooperation, so schneiden die Entscheider wesentlich besser ab. Und zwar nicht nur im Team, sondern auch wenn man die Einzelergebnisse betrachtet. Addiert man nach vielen, vielen Spielrunden die Gefängnisjahre zusammen, machen diejenigen den besten Schnitt, die erst einmal kooperieren und sich dann nach dem Prinzip verhalten: Wie du mir, so ich dir. Dies war zumindest das Ergebnis eines Wettbewerbs, bei dem der amerikanische Politologe Robert Axelrod die unterschiedlichsten Strategien in einer Computersimulation gegeneinander antreten ließ. Dabei konkurrierten nicht reale Menschen, sondern zuvor festgelegte Strategien.

Lässt man jedoch tatsächlich Menschen miteinander das „Gefangenendilemma" durchspielen, so haben wir die Grundsituation vor uns, in der sich Vertrauen bildet – oder zerstört wird. Wer immer mal wieder „gesteht" und dadurch den anderen reinlegt, schneidet insgesamt nicht gut ab, zumindest wenn er es immer wieder mit demselben Gegenspieler zu tun bekommt. Denn der neigt dazu, sich zu revanchieren. Und so schaden sich beide Spieler gegenseitig, ehe sie wieder auf den Pfad der Kooperation zurückkehren – oder auch nicht. Manchmal ist der Argwohn so groß, dass ein Spieler lieber bei seiner Verweigerungshaltung bleibt. Woher soll er auch wissen, dass es der andere „aufrichtig" meint und nicht auf eine günstige Gelegenheit wartet, um ihn erneut hereinzulegen?

Es liegt auf der Hand, in welcher Hinsicht das „Gefangenendilemma" einer Situation entspricht, in der es um Vertrauen geht, und zwar um gegenseitiges. Vertrauen Sie dem anderen und er Ihnen, erreichen Sie beide gemeinsam das günstigste Ergebnis. Sie gehen aber jedes Mal das Risiko ein, hereingelegt zu werden. Dadurch verschafft sich der andere einen Vorteil auf Ihre Kosten. Genau das ist das Wesen der „riskanten

Vorleistung", von der bereits die Rede war. Ohne diese Möglichkeit, dass der andere Sie hintergeht, hat es gar keinen Sinn, von Vertrauen zu sprechen. Vertrauen gibt es nur, wenn der andere in der Lage ist, Ihr Vertrauen für sich auszunutzen. Denn auch das darf nicht vergessen werden: Der andere muss gewisse Vorteile daraus ziehen können, wenn er Sie täuscht. Er ist derjenige, der zunächst einseitig von einem Vertrauensbruch profitieren würde.

Doch sofern das „Gesetz des Wiedersehens" gilt, schadet er sich durch diese kurzfristige Gewinnorientierung. Denn das Vertrauen ist zerstört. Bei künftigen Gelegenheiten werden Sie nicht mehr kooperieren. Das ahnt natürlich auch Ihr Gegenüber, das Ihnen nun ebenfalls kein Vertrauen mehr entgegenbringt. In der Logik des „Gefangenendilemmas" führt jeder Vertrauensbruch zu einer Vielzahl von mageren Runden. Bis sich jemand besinnt und versuchsweise wieder einmal kooperiert, woraufhin sein Gegenspieler einsteigt. Denn auch er hat ja gelernt. Bleibt das Vertrauen erhalten, kommen beide Seiten ganz gut über die Runden. Oder wie der amerikanische Wissenschaftspublizist William Poundstone gemeint hat: Wenn sich beide Seiten vertrauen, löst sich das ganze Dilemma in Luft auf.

Die Kalkulation des Risikos

Es gibt noch eine ganze Reihe vergleichbarer Spiele, mit denen Psychologen und Verhaltensökonomen versuchen, mehr über Kooperation und Vertrauen herauszufinden (→ S. 30). Ein Wissenschaftler, der in dieser Hinsicht Maßstäbe gesetzt hat, ist Ernst Fehr, Professor für Mikroökonomik und Experimentelle Wirtschaftsforschung an der Universität Zürich. Bei seinem Verständnis von Vertrauen stützt er sich auf eine Definition, die auf den amerikanischen Soziologen James Coleman zurückgeht und die der Ausgangslage beim „Gefangenendilemma" ähnelt. Mit einer wichtigen Ergänzung: Es gibt jemanden, der dem anderen Vertrauen schenkt und damit die ganze Sache in Gang setzt. Ist sein Partner vertrauenswürdig, zieht er daraus einen Vorteil. Er stellt sich also besser als ohne Vertrauen. Legt sein Partner ihn herein, stellt er sich schlechter als zuvor. Das entspricht ja auch der Kalkulation der Spieler beim „Gefangenendilemma".

Wichtig für Fehr: Vertrauen manifestiert sich im Verhalten. Wer Vertrauen messen will, der muss sich das Verhalten der Menschen anschauen und sie nicht danach fragen, für wie vertrauenswürdig sie jemanden halten. Das klingt zunächst etwas spitzfindig. Denn wir zeigen ja nur dann das entsprechende Verhalten, wenn wir jemanden für vertrauenswürdig halten. Das ist im Prinzip zwar richtig, und doch gibt es einen stichhaltigen Grund, sich tatsächlich auf das Verhalten zu konzentrieren und nicht auf das Gefühl. Dabei geht es nicht um die Frage der Messbarkeit, sondern darum, was man unter Vertrauen versteht. Fehr selbst gibt das folgende Beispiel: Jemand möchte sich fünfzehn Dollar leihen. Die erste Person schätzt seine Vertrauenswürdigkeit nicht sehr hoch ein. Sie beziffert die Wahrscheinlichkeit, das Geld zurückzuerhalten, auf 30 Prozent. Doch sie geht das Risiko ein – und leiht ihm das Geld. Die zweite Person schätzt die Wahrscheinlichkeit der Rückzahlung mit 40 Prozent zwar höher ein. Aber sie ist nicht bereit, das Geld zu borgen. Wer vertraut also mehr? Oder wer vertraut überhaupt? Nach dem Verständnis von Coleman und Fehr vertraut nur die erste Person.

Das bedeutet keineswegs, dass es nicht darauf ankommt, für wie vertrauenswürdig jemand gehalten wird. Ganz im Gegenteil. Einmal ist die Bereitschaft größer, die „riskante Vorleistung" zu erbringen, wenn man sicher davon ausgeht, dass die „Gegenleistung" erfolgt. Und dann ist es ja gerade von großem Interesse, den Zusammenhang näher zu untersuchen zwischen der Erwartung, dass der andere die Gegenleistung erbringt, und der Bereitschaft, ihm zu vertrauen. Auch wenn man bezweifeln kann, ob wir die Vertrauenswürdigkeit unseres Gegenübers in harten Prozentzahlen abschätzen, ehe wir ihm Geld leihen oder einen Gebrauchtwagen abkaufen – der Grundgedanke ist vollkommen plausibel: Wenn wir Vertrauen schenken, dann gehen wir ein Risiko ein, das wir mal höher, mal niedriger bewerten. In manchen Fällen sind wir bereit, ein höheres Risiko einzugehen, in anderen nicht. Manche Menschen sind generell freigiebiger mit ihrem Vertrauen als andere. Nicht, weil sie ihr Gegenüber als zuverlässiger einschätzen, sondern weil sie in dieser Hinsicht risikofreudiger sind. Wir werden auf dieses Phänomen noch näher im Abschnitt über das „Vertrauenshormon" Oxytocin (→ S. 66) zu sprechen kommen.

Vertrauensfragen: Wie vertrauensfreudig sind Sie?
Würden Sie einem sympathischen Bekannten zehn Euro leihen, wenn Sie die Wahrscheinlichkeit, dass er das Geld zurückzahlt, auf 50:50 taxieren?

Würden Sie einem sympathischen Bekannten zehn Euro leihen, dem Sie vor fünf Jahren schon einmal etwas geliehen haben, das er Ihnen erst mit einigen Monaten Verspätung zurückgezahlt hat?

Würden Sie im Internet eine Buchbestellung bei einem Shop aufgeben, der 80 Prozent positive und 20 Prozent negative Beurteilungen bekommen hat? Und wenn nicht: Ab welcher Prozentzahl würden Sie bestellen: 90 Prozent? 99 Prozent?

Bei der Frage des Geldverleihs spielen natürlich noch andere Motive mit hinein. Dass es sich um einen „sympathischen Bekannten" handelt, soll Ihr Denken in die folgende Richtung lenken: „Schön, wenn ich ihm einen Gefallen tun kann. Aber es ist etwas unangenehm, wenn er nicht zurückzahlt. Es ist mir lästig, ihn daran zu erinnern, dass er das Geld zurückzahlt. Und lasse ich die Sache ganz auf sich beruhen, fühle ich mich ausgenutzt und habe zehn Euro verloren." Wie auch immer Sie sich entschieden haben, bei den Fragen ging es um die innere Schwelle, ab der wir bereit sind, das Risiko auf uns zu nehmen und Vertrauen zu schenken. Nun würde man annehmen, dass diese Schwelle sehr hoch liegt, wenn es um sehr viel geht, sagen wir: sehr viel Geld; und entsprechend niedrig, wenn nur geringe Summen riskiert werden. Doch interessanterweise scheint dies nicht durchgängig der Fall zu sein. Mitunter verkehren sich sogar die Zusammenhänge. Dann wird bei einer kleinen Investition ein großer Kontrollaufwand betrieben, während bei einem Großauftrag „das Herz bisweilen erstaunlich leicht über die Hürde geworfen" wird. Der kleine Handwerksbetrieb muss für einen überschaubaren Kredit umfangreiche Sicherheiten bieten, während größere Summen gelegentlich unter größerer Ungewissheit verliehen werden. Was immer dann für Empörung sorgt, wenn die Sache schiefgeht, wie etwa im Fall des Baulöwen Jürgen Schneider, der uns in diesem Buch noch einmal begegnen wird. Aber auch im privaten Bereich lässt sich diese Umkehrung beobachten: akribische Prüfung, wenn es um den Kauf der richtigen Joggingschuhe geht, doch beim Erwerb einer Immobilie als Anlageobjekt wird diese mitunter nicht einmal in Augenschein genommen. Man vertraut dem Anlageberater. Zumindest war dies vor der Finanzkrise der Fall und wird auch danach wohl wieder so sein.

Für dieses unterschiedliche Maß an Vertrauen gibt es Gründe, die mit seinem „Hebeleffekt" zu tun haben: Wenn ich Joggingschuhe kaufe, kann ich die Sache vergleichsweise gut überschauen. Ich spreche mit Freunden, vergleiche Angebote, recherchiere im Internet und löchere zwei, drei Verkäufer. Und dann gehe ich nach Hause und denke noch einmal über die ganze Sache nach. Aber die lukrative Eigentumswohnung in Düsseldorf – wen kann ich da denn fragen? Einen Makler vielleicht? Einen unabhängigen Immobilienexperten – gibt es so etwas überhaupt? Alles erscheint viel zu kompliziert. Daher reduziert sich die Entscheidung, wenn sich die Gelegenheit ergibt, ein „großes Rad" zu drehen, häufig auf die Frage: Vertraue ich meinen Gewährsleuten oder lasse ich die Finger davon?

Ein weiterer Aspekt ist nicht uninteressant. In der Bereitschaft zu Vertrauen bestehen offenbar nicht nur individuelle, sondern auch kulturelle Unterschiede. Es gibt nicht nur ziemlich vorsichtige, misstrauische Menschen, die lieber auf Nummer sicher gehen und daher viele Gelegenheiten gar nicht wahrnehmen, anderen Vertrauen zu schenken, also lieber die Finger von den großen und den kleinen Rädern lassen. Die Züricher Forscher um Ernst Fehr und Michael Naef sind auch auf ausgeprägte nationale Unterschiede gestoßen. So ließen sie Deutsche und Amerikaner eines der Vertrauensspiele spielen, über die wir gleich noch ein paar Worte verlieren werden. Und jetzt dürfen Sie raten, ob wir in einem besonders vertrauensfreudigen Land leben oder nicht. Im Vergleich zu den USA muss die Antwort lauten: Ganz gewiss nicht.

Was man den Deutschen generell nachsagt, in den Laborexperimenten von Naef und Fehr fand es seine Bestätigung: Eine ausgeprägte Scheu vor dem Risiko, eine eher kritische Beurteilung der Vertrauenswürdigkeit von anderen und eine starke Abneigung dagegen, ausgetrickst zu werden, machen uns zu den Champions des Misstrauens. Doch drängt sich uns, die wir dieser vertrauensscheuen Nation angehören, sogleich die Frage auf: Inwieweit kann man den Ergebnissen der Studie überhaupt vertrauen?

Vertrauensspiele

Vertrauen zeigt sich im Verhalten, sagt Ernst Fehr. Wer Vertrauen messen will, muss sich anschauen, wie sich Menschen in bestimmten Situationen verhalten. Um dies unter kontrollierten Bedingungen zu tun, setzen die Forscher bestimmte Spiele ein, bei denen es um Vertrauen und Kooperation geht. Wie das „Gefangenendilemma" entstammen die Spiele der Spieltheorie oder es sind Varianten davon. Dabei geht es in der Spieltheorie darum, Entscheidungsprobleme zu modellieren, in denen der Erfolg des Einzelnen von dem Verhalten anderer abhängt. Die Spiele sind also Modelle für komplexe Entscheidungen mit mehreren Akteuren. Mithilfe der Spieltheorie kann man solche Konstellationen beschreiben, analysieren und mathematisch optimale Strategien entwickeln. Verhaltensökonomen wie Ernst Fehr setzen nun reale Menschen ins Labor und lassen sie diese Spiele spielen. Dabei kommen mitunter etwas andere Ergebnisse heraus, als man nach der Spieltheorie erwarten würde, die uns aber etwas darüber verraten, wie wir vertrauen.

Eines der bekanntesten Vertrauensspiele trägt genau diese Bezeichnung: „The Trust Game". Stellen Sie sich vor, Sie bekommen zehn Euro. Diesen Betrag können Sie behalten, Sie können aber auch etwas davon einer zweiten Person abgeben, die Sie nicht kennen und nicht sehen. Sie wissen aber: Dieser Betrag wird verdreifacht. Der Empfänger kann sich nun revanchieren und Ihnen etwas zurückschicken. Wie viel, das kann er frei entscheiden. Unterm Strich erreichen beide Seiten am meisten, wenn ein Maximum an Kooperation stattfindet: Sie opfern die kompletten zehn Euro, der Betrag wird auf 30 Euro verdreifacht und Ihr Partner ist so anständig, Ihnen die Hälfte, nämlich 15 Euro zurückzuerstatten. Macht fünf Euro Gewinn. Natürlich kann er auch die kompletten 30 Euro behalten oder Ihnen nur fünf Euro zurücksenden, was Ihre Spendierlaune in den kommenden Runden nicht heben wird – egal, ob Sie noch einmal mit diesem Spieler zusammenspielen oder mit einem anderen. Denn das „Trust Game" wird in den unterschiedlichsten Varianten durchgespielt – je nachdem, was man herausfinden möchte: So bleiben die Spieler manchmal anonym (was weder dem Vertrauen noch der Rückzahlungsmoral gut tut), manchmal bekommen die Spieler die Information, wie sich Ihr Partner in den vergangenen Spielrunden verhalten hat. Sie können also so etwas wie Reputation aufbauen.

Eine der bekannteren Studien zum Trust Game stammt von den Ökonomen Matthias Sutter und Martin Kocher. Sie haben herausgefunden, dass die Vertrauensbereitschaft mit zunehmendem Alter … – was meinen Sie? Steigt sie oder nimmt sie ab? Denken Sie einen Moment nach. Lesen Sie erst dann weiter, um zu erfahren, dass die Vertrauensbereitschaft zunimmt. Kinder gaben im Schnitt von ihren zehn nur zwei Euro ab – und ihre gleichaltrigen Spielpartner gaben ihnen durchschnittlich nur 66 Cent zurück. Anders gesagt, in dieser Altersgruppe lohnt es sich nicht, überhaupt etwas zu investieren.

Denn die Kinder machten ein Verlustgeschäft von 1,34 Euro. Bei Jugendlichen sah die Bilanz schon etwas besser aus: Von den zehn investierten sie immerhin drei Euro und bekamen im Schnitt 2,70 Euro wieder heraus – noch immer ein leichtes Verlustgeschäft. Am vertrauensfreudigsten zeigten sich die Berufstätigen, die 6,58 Euro investierten und mehr als neun Euro zurückbekamen. Die Rentner schnitten wieder etwas schlechter ab. Das Interessante dabei ist nicht nur, dass die Vertrauensbereitschaft zunimmt, sondern auch die Bereitschaft, einen erheblichen Anteil zurückzuerstatten, sich mithin vertrauenswürdig zu zeigen. Aber dieser Effekt wird ganz sicher dadurch begünstigt, dass man jemandem, der einem nur wenig Vertrauen entgegenbringt (in Form eines geringen Geldbetrags), auch nur wenig zurückgibt. Bekanntlich schallt es auch dem Wald so wieder heraus, wie man hineinruft.

Eine gewisse Ähnlichkeit mit dem Trust Game hat das Ultimatumspiel. Hier bekommt der erste Spieler einen bestimmten Betrag, zum Beispiel 100 Euro. Die teilt er auf zwischen sich und dem zweiten Spieler. Der zweite Spieler hat nur zwei Möglichkeiten: Entweder akzeptiert er die Aufteilung: Dann bekommt jeder seinen Anteil. Oder er weist die Aufteilung zurück: Dann gehen beide Spieler leer aus. Es wird nur eine Runde gespielt. Oder die Spieler sind anonym, was auf dasselbe hinausläuft. Das „Gesetz des Wiedersehens" gilt hier nicht.

Vertrauensfragen: Das Ultimatumspiel
Versetzen Sie sich in die Lage des ersten Spielers: Wie viel würden Sie von den 100 Euro behalten? Wie viel abgeben? Denken Sie daran: Es ist keine bloße Spielerei. Sie gehen mit dem Geld tatsächlich nach Hause. Aber nur, wenn der zweite Spieler Ihr Angebot auch akzeptiert.
Und nun sind Sie in der Rolle des zweiten Spielers: Würden Sie die ganze Sache scheitern lassen, wenn Sie einen Euro zugeteilt bekämen? Und wie steht es mit zehn, zwanzig, dreißig, vierzig Euro?

Das Charakteristische an diesem Spiel: Wäre jeder Spieler ausschließlich auf den eigenen Vorteil bedacht, würde er versuchen, möglichst viel Geld für sich herauszuholen. Die beste Strategie für den ersten Spieler würde daher lauten: Gib dem anderen den kleinstmöglichen Anteil. Weil das immer noch mehr ist als gar nichts, wird er sich darauf einlassen und das Geschäft nicht platzen lassen. Die beste Strategie für den zweiten Spieler hieße: Akzeptiere jedes Angebot, das größer ist als null. Sonst entgeht dir dein Anteil.

Allerdings handeln reale Menschen vollkommen anders. Zwei Drittel von ihnen gestehen in der Rolle des ersten Spielers dem zweiten 40 bis 50 Prozent der Gesamtsumme zu, in unserem Beispiel also 40 bis 50 Euro. Und nur ganze vier von hundert Spielern machen ein Angebot unter zwanzig Prozent. Gewinnmaximierung sieht anders aus. Das gilt auch für das Verhalten von Spieler zwei: Mehr als die Hälfte aller Versuchspersonen weisen Angebote zurück, die unter 20 Prozent liegen. Daraus mag man sich jetzt eine optimale Gewinnstrategie für den ersten Spieler zusammenreimen (versuchen Sie es doch mal mit einem Angebot von 30 Euro). Doch trifft das nicht den Kern, um den es hier geht. Das Verblüffende ist nämlich, dass die genannten Ergebnisse erstaunlich stabil sind. Man hat das Ultimatumspiel an den verschiedensten Orten spielen lassen. Mittlerweile gibt es hunderte von Experimenten. Und alle zeigen das gleiche Muster, unabhängig vom Geschlecht, Alter, Bildungsstand und unabhängig auch vom Betrag, der aufgeteilt wurde. So berichtet Ernst Fehr, dass es in einer Versuchsreihe in Indonesien um die Aufteilung eines Betrags ging, der dreimal so hoch war wie das monatliche Durchschnittseinkommen der Teilnehmer. Und dennoch wiesen viele Angebote zurück, die ihnen unfair erschienen.

Durch dieses erstaunliche Ergebnis beflügelt nahmen sich Forscher nicht weniger als 15 Stammesgesellschaften aus vier Kontinenten vor. Bis dahin hatte man nur im weitesten Sinne moderne Gesellschaften untersucht (und die Teilnehmer waren größtenteils Studenten). Würde man aber in Neuguinea oder am Amazonas nach dem gleichen Muster teilen und zurückweisen, dann hätte man womöglich eine anthropologische Konstante entdeckt. Das war dann jedoch nicht der Fall. Kulturelle Traditionen beim Schenken und auch beim Annehmen von Geschenken sorgten für einige deutliche Unterschiede: So boten auf Neuguinea viele Teilnehmer mehr als die Hälfte der Gesamtsumme an – und wenn das Angebot allzu üppig ausfiel, wurde es nicht etwa freudig angenommen, sondern abgelehnt! In keinem Fall aber verhielt sich eine Stammesgesellschaft so, wie man es nach der reinen Lehre vom eigennützigen Homo oeconomicus erwartet hätte.

Zwei wichtige Ergänzungen noch: In einer Spielvariante wurde dem Ultimatumspiel ein Geschicklichkeitsspiel vorgeschaltet. Der Gewinner durfte den Betrag aufteilen, der Verlierer konnte akzeptieren oder die Aufteilung zurückweisen (sonst waren diese Rollen immer ausgelost worden). Das Ergebnis: Die Angebote fielen im Schnitt niedriger aus, vermutlich weil sich der Spieler aufgewertet fühlte. Und die niedrigen Angebote wurden eher akzeptiert. Vermutlich wurden sie als weniger unfair empfunden, weil sie ja von einem „Gewinner" stammten. Noch aufschlussreicher ist eine weitere Variante: Wird die Rolle des ersten Spielers von einem Computer übernommen, nähern wir uns der oben beschriebenen „rationalen" Strategie an: Nun werden auch deutlich niedrigere Anteile am gesamten Topf akzeptiert. Der Grund: Dem Computer unterstellen wir keine Absicht. Er will sich nicht auf unsere Kosten bereichern und uns austricksen. Wie bei einer Lotterie haben wir einfach Pech gehabt und könnten sogar eine Aufteilung von 1 zu 99 Euro akzeptieren, ohne das nagende Gefühl in uns zu spüren, dass uns jemand ganz dreist „über den Tisch gezogen" hat. Das können wir nämlich gar nicht vertragen. Und dieses Gefühl spielt beim Thema Vertrauen eine ganz entscheidende Rolle.

Die Abneigung, ausgetrickst zu werden

Die Schweizerin Iris Bohnet ist Professorin an der Kennedy School of Government in Harvard. Sie gilt weltweit als eine der führenden Expertinnen in Sachen Vertrauen. Wie Ernst Fehr und andere Verhaltensökonomen hat auch Bohnet mit Vertrauensspielen herauszufinden versucht, wie und unter welchen Bedingungen Menschen einander vertrauen – oder auch gerade nicht. Denn in ihren Experimenten, die sie mit ihren Kollegen in sechs Ländern durchführte, konnte sie nachweisen, dass wir davor zurückschrecken, anderen Vertrauen zu schenken – weil wir es als demütigend empfinden, wenn unser Vertrauen enttäuscht wird. „Betrayal aversion" nannten Bohnet und ihre Kollegen diesen Effekt: die Abneigung, getäuscht zu werden. Das Ergebnis ihrer Studie widerlegte die Annahme der traditionellen Ökonomie, dass wir in Situationen, in denen Vertrauen im Spiel ist, eine bloße Risikoabschätzung vornehmen. Nach dem Prinzip: Es lohnt sich in dem Moment, meinem Gegenüber zu vertrauen, wenn ich mir ausrechne, dass es mich nur in der Hälfte aller Fälle betrügt, ich aber im Erfolgsfall mehr als doppelt so viel heraushole, wie ich eingesetzt habe.

Genau dies geschieht eben nicht. Wir reagieren ausgesprochen empfindlich auf jeden Versuch, uns zu täuschen. Halten wir dies für relativ wahrscheinlich, dann sind wir nicht bereit, uns auf den Handel einzulassen und Vertrauen zu schenken – auch wenn sich die Sache nach einer rationalen Risikoabschätzung für uns lohnen würde. „Betrayal aversion" macht Vertrauen teuer. Denn sie verschiebt die Schwelle, ab der wir bereit sind, anderen Vertrauen zu schenken, mitunter beträchtlich nach oben.

Um das Ausmaß der „betrayal aversion" zu messen, haben die Forscher um Bohnet zwei Szenarien verglichen: einmal die Bereitschaft, sich auf ein bestimmtes Risiko einzulassen. So haben die Wissenschaftler gemessen, unter welchen Bedingungen die Versuchspersonen bereit sind, sich an einer Lotterie zu beteiligen. Sagen wir: Mit einem Einsatz von fünf Euro bei einer Chance von 50:50 fünfzehn Euro zu gewinnen. Wird die gleiche Gewinnchance in ein Szenario verpackt, an dem eine andere Person mitwirkt, der ich vertrauen muss, nämlich in das erwähnte „Trust Game", sind weit weniger Menschen bereit, sich auf das Geschäft einzulassen.

Anders gesagt: Investitionen, die sonst getätigt worden wären, unterbleiben. Man will ja nicht als der oder die Dumme dastehen, die sich in dem anderen getäuscht hat. Es ist eine sehr schmerzliche Erfahrung, wenn das Vertrauen, das wir einem anderen geschenkt haben, missbraucht wird. Daher versuchen wir genau das zu vermeiden und lassen die Finger von Geschäften, die sich nach unserer Einschätzung rein finanziell sogar lohnen könnten. Aber die Aussicht, dass sich jemand auf unsere Kosten Vorteile verschaffen könnte, treibt gewissermaßen den Preis nach oben. Es müssen die seelischen Kosten hinzugerechnet werden, die entstehen, wenn unser Vertrauen von einem Mitmenschen ausgenutzt wird.

Dadurch lassen wir uns womöglich manches Geschäft entgehen, das uns finanzielle Vorteile brächte. Einerseits. Auf der anderen Seite führt eine ausgeprägte „betrayal aversion" auch dazu, dass wir es uns manchmal nur schwer eingestehen, wenn wir „verladen" wurden. Und dann kleben wir umso fester an einem Geschäft, das wir längst hätten aufgeben sollen. In den nächsten Kapiteln werden wir auf diese Gefahr noch ausführlicher eingehen. Bleibt die Frage, warum es überhaupt so etwas wie die „betrayal aversion" gibt. Warum kalkulieren wir nicht nüchtern unsere Gewinnchancen und treffen eine rationale Entscheidung? Warum ist die Vorstellung so schwer erträglich, dass unser Vertrauen enttäuscht wird?

Es hat wohl damit zu tun, dass wir nicht so sehr die eigennützigen Gewinnmaximierer sind, sondern zutiefst soziale Wesen. Wenn jemand Ihr Vertrauen bricht, kappt er gewissermaßen die Verbindung zu Ihnen. Es liegt darin eine Missachtung Ihrer Person. Und dann fällt es auch auf Sie selbst zurück, wenn Sie jemandem vertraut haben, der das nicht verdient hat. Denn es gehört zu unseren wichtigsten Fähigkeiten zu erkennen, welchen Menschen wir vertrauen können.

Im Übrigen gibt es auch eine positive Kehrseite der „betrayal aversion", auf die Bohnet und ihre Kollegen hinweisen: Wenn Sie jemandem zu Recht vertraut haben, dann gibt es gewissermaßen noch einen Gefühlsbonus dazu. Die Sache hat sich gelohnt, auch wenn der materielle Gewinn eher bescheiden ausgefallen ist.

Intercssanterweise ist die „betrayal aversion" nicht in allen Ländern gleich ausgeprägt. Die höchsten Werte maßen die Forscher im arabischen Oman. In der Schweiz, den USA und der Türkei war der Effekt deutlich ausgeprägt. Am schwächsten wirkte die „betrayal aversion" in China und Brasilien. Das ist bemerkenswert, denn Brasilien gilt als eines der Länder mit der niedrigsten Vertrauensrate weltweit. Womöglich erscheint ein Vertrauensbruch nicht mehr ganz so bedrohlich, wenn man die Mitbürger ohnehin nicht für besonders vertrauenswürdig hält.

Im Übrigen hat beides seine Schattenseiten: Zu viel „betrayal aversion" sorgt dafür, dass Sie nur dann Vertrauen schenken, wenn Sie Ihrer Sache ganz sicher sind. Gerade wenn Sie es häufig mit unsicheren Situationen zu tun haben, kann das ein schwerer Nachteil sein. Denn meist reagieren Sie mit Misstrauen. Dadurch entgehen Ihnen zu viele Geschäfte. Außerdem konzentrieren Sie sich auf die Partner, die Sie schon kennen, die Ihnen vertraut sind. Denn bei denen stufen Sie das Risiko, enttäuscht zu werden, am niedrigsten ein. Jemand, der von außen kommt und einen Vertrauensvorschuss braucht, erhält gegenüber den bewährten Kräften kaum eine Chance. Genau dieses Phänomen hat Iris Bohnet bei den arabischen Golfstaaten beobachtet, zu denen auch Oman gehört. Die gesellschaftlichen Strukturen beruhen auf einem starken „Beziehungsvertrauen". Fremden wird nur schwer vertraut. Außenstehende haben es schwer, in dieser Region Fuß zu fassen, und sie halten sich mit Investitionen zurück.

Auf der anderen Seite wird durch eine sehr niedrige „betrayal aversion" vertrauenswürdiges Verhalten womöglich zu wenig belohnt. Ob man jemandem vertraut, wird zum bloßen Nützlichkeitskalkül. Zwar profitieren Sie auch in einem solchen Umfeld davon, als vertrauenswürdig zu gelten, doch ist eine solche Reputation weniger wert. Denn anders als in einem Umfeld mit hoher „betrayal aversion" bleiben die weniger vertrauenswürdigen Konkurrenten ja im Rennen und können ihre geringere Vertrauenswürdigkeit durch ein attraktiveres Angebot ausgleichen.

Vertrauen und Strafen

Von einem Vertrauensspiel muss hier noch die Rede sein: Es handelt sich um „Gemeinwohlspiel", mit dem Ernst Fehr und Simon Gächter untersucht haben, wie es sich auswirkt, wenn Trittbrettfahrer bestraft werden. Stellen Sie sich vor, Sie gehören zu einer Gruppe von vier Personen. Jeder von Ihnen hat 20 Euro zu Verfügung. Davon können Sie einen Betrag in einen gemeinsamen Topf einzahlen. Für jeden Euro, der im Topf landet, bekommt jedes Gruppenmitglied 40 Cent ausbezahlt. Mithin wirft jeder Euro in der Gemeinschaftskasse 1,60 Euro für alle ab. Zahlt jeder den Maximalbetrag ein, nämlich die 20 Euro, gibt es am Ende 32 Euro für jeden. Allerdings können Sie einen noch besseren Schnitt machen, wenn die anderen viel Geld investieren und Sie selbst wenig – womöglich gar nichts. Wenn alle anderen den vollen Betrag einzahlen und Sie nichts, winken 44 Euro. Im ungünstigsten Fall investieren Sie Ihre 20 Euro und die anderen halten sich zurück. Dann bekommt jeder von Ihnen 8 Euro; die anderen haben aber noch ihre 20, verfügen nun also über 28 Euro, während Ihnen nur die 8 Euro bleiben.

Ein Spiel wird über zehn Runde gespielt. Die 20 Euro sind das Startkapital, werden also nicht von Runde zu Runde aufgefüllt. Die vier Teilnehmer bleiben immer dieselben. Sie können verfolgen, wer wie viel einzahlt und wie viel er herausbekommt. Allerdings haben sie keine Möglichkeit, sich mit den anderen auszutauschen.

Vertrauensfragen: Das „Gemeinwohlspiel"
Versetzen Sie sich in die Lage eines Spielers. Wie viel von Ihren 20 Euro würden Sie in die Gemeinschaftskasse investieren?
Stellen Sie sich vor, die anderen haben mehr eingezahlt als Sie. Dadurch machen Sie einen größeren Gewinn als die anderen. Ihre Strategie ist also erfolgreich. Würden Sie jetzt in der nächsten Runde mehr oder weniger investieren?

Würde jeder Spieler eine eigennützige Strategie verfolgen, würde von Anfang an keiner etwas investieren. Denn von jedem eingezahlten Euro fließen nur 40 Cent an ihn zurück. Tatsächlich verhalten sich die meisten jedoch anders. Viele zahlen in den ersten Runden mindestens die Hälfte ihrer 20 Euro ein. Doch dann setzt eine Entwicklung ein, wie wir sie häufiger beobachten können, wenn darauf gesetzt wird, dass jeder schon sein Teil in die gemeinsame Sache einbringen wird: Nach einigen Runden nimmt die Bereitschaft, etwas einzuzahlen, rapide ab. Und in den Schlussrunden trägt kaum noch jemand etwas zur Gemeinschaftskasse bei.

Eine solche Entwicklung ist fast unvermeidlich – auch wenn alle in den ersten Runden etwas einzahlen. Aber diejenigen, die am wenigsten beitragen, profitieren am meisten. Das führt sie nur selten dazu, ihre Erfolgsstrategie zu ändern. Und die anderen fahren ihre Beiträge nach einer Reihe von enttäuschenden Erfahrungen ebenfalls zurück. Am Ende gilt das Prinzip: Wenn jeder nur an sich denkt, ist an alle gedacht. Die gemeinsame Kasse bleibt leer – obwohl es sich für alle lohnen würde zu investieren. Denn Sie erinnern sich: Für jeden investierten Euro bekommt die Gruppe 1,60 Euro ausbezahlt.

Die süße Rache der Altruisten

Die Situation ändert sich grundlegend, wenn eine kleine Regeländerung eingeführt wird: Nunmehr können die Teilnehmer ihre Mitspieler bestrafen. Gegen eine Gebühr von 30 Cent ist es möglich, einem anderen eine Strafe von einem Euro aufzuerlegen. Der gesamte Betrag von 1,30 Euro wandert allerdings nicht in die Gemeinschaftskasse, sondern fließt dem Versuchsleiter zu. Jede Strafe kostet also etwas, die eigenen Geldmittel werden ein weiteres Mal strapaziert, ohne etwas dafür zu gewinnen. Die Forscher nannten diese Maßnahme daher „altruistisches Strafen", auch wenn sich das Opfer in bescheidenen Grenzen hält. Aber: Wer nur seinen eigenen finanziellen Vorteil im Blick hat, wird von einer Strafe absehen. Allenfalls wird er darauf hoffen, dass ein anderer Mitspieler dem Trittbrettfahrer die Buße auferlegt.

Tatsächlich geschieht jedoch etwas völlig anderes: Die meisten Teilnehmer sind „geradezu versessen", schreibt Fehr, „Strafen an jene Mitspieler auszuteilen, die mit ihren Beiträgen hinterherhinken". Und die Wirkung ist geradezu durchschlagend: Die Bereitschaft zu kooperieren nimmt im Verlaufe der zuvor festgelegten Runden nicht etwa ab. Vielmehr zahlen die Teilnehmer immer höhere Beiträge in die gemeinsame Kasse ein. Gegen Ende „investieren mehr als 80 Prozent der Spieler ihr gesamtes Kapital", berichtet Fehr.

Ein eindrucksvolles Ergebnis. Eine Gruppe kann offenbar besser kooperieren, wenn Trittbrettfahrer abgestraft werden. Doch was die Forscher vor allem beeindruckte, das war die Verve, mit der sich die anderen Gruppenmitglieder ans Bestrafen machten. Es gab offensichtlich kein nüchternes Abwägen, ob sich Strafe finanziell überhaupt lohnen würde. Und doch trat ja genau dieser Effekt ein. Wer einer Gruppe mit Strafmöglichkeit angehörte, erzielte in diesem Experiment ein wesentlich besseres Ergebnis als ein Teilnehmer, der keine Sanktionen verhängen konnte.

Daher wurde in einer weiteren Studie untersucht, ob nicht vielleicht doch ein gewisses ökonomisches Kalkül hinter dem vermeintlich selbstlosen Strafen steht: Als „Erziehungsmaßnahme" der Gruppe, die darauf abzielt, die eigennützigen Kollegen „auf Linie" zu bringen, um anschließend die Früchte der Kooperation einzufahren. Doch das ist ganz offenbar nicht so. Denn in diesem Experiment wurden die Gruppen nach jeder Runde neu zusammengestellt. Als Teilnehmer trafen sie nur ein einziges Mal auf einen wenig kooperativen Kollegen. Ein „Lerneffekt" ist zwar nicht ausgeschlossen, aber sie profitieren nicht davon, sondern allenfalls eine andere Gruppe. Und dennoch wurde nicht weniger gestraft. Im Übrigen mit demselben Effekt: Die Beiträge in der Gemeinschaftskasse stiegen an.

Eine Extradosis Wohlgefühl

Mittlerweile hat man die Gehirne der Teilnehmer in einem Computertomografen durchleuchtet. Dabei zeigte sich, dass die kleinen Racheakte durchaus einen gewissen Eigenwert besitzen, ja dass sie regelrecht Vergnügen bereiten. Im Nucleus caudatus, der für solche Annehmlichkeiten zuständigen Hirnregion, maßen die Forscher um Dominique de Quervain und Ernst Fehr erhöhte Aktivität, wenn es darum ging, Trittbrettfahrern eine Geldstrafe aufzuerlegen. Dabei wird das Vergnügen keineswegs dadurch getrübt, dass man selbst für solche Strafaktionen etwas zahlen muss. Allerdings zeigt in diesem Fall eine Region im Stirnhirn, dem präfrontalen Cortex, erhöhte Aktivität, in der unterschiedliche Ziele miteinander verrechnet werden. Demnach wird also schon geprüft, ob sich der Aufwand lohnt. Und wenn das der Fall ist, dann fühlen wir uns gut.

Es geht also weder um Eigennutz noch um Erziehung, sondern um puren Lustgewinn. Die Strafe war auch nicht Ausdruck einer Verärgerung über den Trittbrettfahrer, sondern der Weg zur Geldbuße war kürzer: Da hatte sich einer auf Kosten der Gruppe Vorteile zu schaffen versucht. So jemanden zu bestrafen, bereitet offenbar Vergnügen, egal, ob er mir später noch einmal über den Weg läuft oder nicht.

Das ist nicht zufällig so, meinen die Wissenschaftler. Vielmehr hat sich dieses Verhalten in der menschlichen Evolution herausgebildet und ist tief in uns verwurzelt. Wir Menschen sind eben nicht nur auf unseren eigenen Vorteil bedacht, sondern wir sind auch Gruppenwesen: Teamplayer – von Natur aus. Wir wollen hier gar nicht das Bild von der jagenden Urhorde heraufbeschwören. Aber evolutionspsychologisch gesprochen ist unser emotionaler Apparat durch die Jahrmillionen des Zusammenlebens in kleinen Gruppen geprägt. Dazu gehört eben auch, dass wir es nicht dulden, wenn sich jemand in der Gruppe auf Kosten der anderen Vorteile verschafft. Er muss zur Rechenschaft gezogen werden, auch wenn das mit Aufwand verbunden ist. Und dafür, dass wir diesen Aufwand auf uns nehmen, werden wir mit einer Extradosis Wohlgefühl belohnt.

Gruppen werden durch das Vertrauen ihrer Mitglieder zusammengehalten. Trittbrettfahrer schwächen diesen Zusammenhalt, und zwar gar nicht so sehr, weil sie wenig leisten und ebenso stark profitieren wie alle anderen. Das tun ja auch die schwächeren Gruppenmitglieder. Und denen gilt in nicht wenigen Gruppen ja nun sogar die besondere Fürsorge. Es ist aber der Vertrauensbruch, den die Gruppe nicht hinnehmen kann. Sie lebt ja von der Unterstellung, dass ihre Mitglieder gemeinsame Sache machen, worum es sich dabei auch immer handelt. Als Gruppenmitglied handeln Sie im Sinne dieser gemeinsamen Sache. Eben darin besteht Ihre „riskante Vorleistung" (→ S. 30). Im Gemeinwohlspiel ist das die Einzahlung in den gemeinsamen Topf. Wer nichts oder zu wenig beisteuert, begeht so etwas wie einen Vertrauensbruch. Dabei gilt es zu unterscheiden: Am Anfang ist ja noch unklar, wie viel eingezahlt werden soll. Doch alle Spieler schaffen durch ihre Einzahlung einen Rahmen, in dem künftige Zahlungen bewertet werden. Hat jemand in der ersten Runde weniger in die Gemeinschaftskasse getan als die anderen, war er womöglich nur vorsichtig. Bleibt er jetzt allerdings bei seiner niedrigen Summe, sieht die Sache anders aus. Er wird zum Trittbrettfahrer, nutzt die anderen aus und bricht ihr Vertrauen. Und damit gefährdet er die gesamte Gruppe.

Zumindest läuft es so, wenn er mit diesem Verhalten durchkommt, was in kleinen, überschaubaren Gruppe nicht sehr wahrscheinlich ist. Ein Vertrauensbruch ist eine ernste Sache und muss geahndet werden. Ist dies nicht möglich, fühlen wir uns der Gruppe nicht mehr so stark verbunden. Es ist dann nicht allein der Trittbrettfahrer, der unser Vertrauen enttäuscht, sondern die Gruppe, die solch ein Verhalten duldet – oder sogar noch belohnt, denn der Trittbrettfahrer profitiert ja häufig stärker als die uneigennützigen Mitglieder, deren „riskante Vorleistung" ins Leere läuft. Die Gruppe hat unser Vertrauen verspielt. Sie funktioniert nicht mehr richtig. Also ändern wir unser eigenes Verhalten in Richtung Eigennutz. Und wenn das ausreichend viele Mitglieder tun, fällt die Gruppe auseinander.

Strafe für die Guten

Die vertrauensfördernde Wirkung der Strafen beruht allerdings auf einer wichtigen Voraussetzung: Diejenigen, die viel in die Gemeinschaftskasse einzahlen, lassen die weniger spendablen Mitspieler „bluten". Vielleicht haben Sie sich aber schon bei dem machiavellistischen Gedankengang ertappt: Was ist eigentlich, wenn es nicht die „Altruisten" sind, die strafen, sondern die Trittbrettfahrer? Immerhin können sie für 30 Cent einem Mitspieler einen Verlust von einem ganzen Euro bescheren. Finanziell haben sie zwar nichts davon. Aber womöglich gibt es im Nucleus caudatus ein wahres Feuerwerk an Wohlgefühl.

In den bisher erwähnten Studien war es nicht zu einem solchen „Backlash" gekommen, sondern die Strafen hatten den gewünschten Effekt gehabt. Allerdings wurde das „Gemeinwohlspiel" an vielen Orten in zahlreichen Ländern wiederholt. Und da zeigte sich ein erstaunliches Ergebnis: Mancherorts waren die bestraften Trittbrettfahrer keineswegs bereit, in künftigen Spielrunden mehr in die Gemeinschaftskasse zu legen. Stattdessen reagierten sie auf ihre Weise und bestraften im Gegenzug die „Altruisten", deren finanzielle Bilanz sich weiter verschlechterte. In den folgenden Runden konnten sie weder viel in den Gemeinschaftstopf einzahlen noch die Trittbrettfahrer bestrafen. „Antisoziale Bestrafung" nannten die Wissenschaftler dieses Vorgehen. Und wie eine vergleichende Studie von Benedikt Herrmann, Christian Thöni und Simon Gächter zeigt, ist „antisoziale Bestrafung" vor allem in Ländern verbreitet, in denen demokratische Institutionen nicht stark entwickelt sind: Oman, Saudi-Arabien, Griechenland, Russland, Türkei und Weißrussland. Dagegen weisen die USA, Großbritannien, Deutschland, Dänemark, Australien und die Schweiz die geringsten Werte auf.

Als Grund vermuten die Wissenschaftler: Während es in den westlichen Industrieländern üblich ist, dass man mit Personen kooperiert, die man nicht kennt und auch nicht einordnen kann, verhält sich das in den anderen Ländern nicht so. Es gibt keinen Grund, den anderen Mitgliedern der Gruppe Vertrauen zu schenken. Auf ihr Wohlwollen kann man nicht bauen. Und schließlich gibt es noch einen entscheidenden Unterschied: In den westlichen Ländern wird es als Trittbrettfahren empfunden, wenig in die Gemeinschaftskasse einzuzahlen und von den Beiträgen der anderen zu profitieren. Auch diejenigen, die wenig gezahlt haben, bestraft werden und ihre Zahlungen dann erhöhen, handeln ganz in diesem Sinne. Sie zahlen mehr in den gemeinsamen Topf – nicht unbedingt weil sie egoistische Nutzenmaximierer sind, die noch höhere Strafen befürchten, sondern weil ihnen ihr Verhalten auch ein wenig peinlich ist. Ganz anders das Empfinden in Ländern, in denen Vertrauen vor allem eine Sache der persönlichen Verbindung ist. Die Mitspieler, denen ich mich nicht weiter verbunden fühle, brummen mir eine Strafzahlung auf. Gegen weitere Strafzahlungen kann ich mich schützen, indem ich den Mitspielern die gleiche Strafe auferlege.

Der Vertrauensvorschuss gegenüber Unbekannten, wie wir ihn in unserer anonymen Massengesellschaft nur allzu gut kennen und tagtäglich praktizieren, erfordert ein Vertrauen in die gesellschaftlichen Institutionen. Von diesem Vertrauen war bereits die Rede. Es handelt sich um das überaus nützliche „Grundrauschen", das unsere Gesellschaft durchzieht. Dieses Vertrauen gibt den Sockel ab, auf dem wir dann weiteres Vertrauen aufbauen können. Es ist leichter, Fremden zu vertrauen, mit dem Grundgefühl: Wenn mich der andere wirklich betrügt, dann gibt es immer noch die Polizei und die Justiz, die mir hilft, meine Ansprüche durchzusetzen.

Der Aufbau von Reputation

Und doch: Strafen ist nicht alles. Vor allem kann es sehr kostspielig sein, weit kostspieliger als im Laborexperiment von Fehr und Gächter. Und dann? Schmelzen die Kooperationsgewinne dahin und mit ihnen das Vergnügen an der gerechten Strafe. Die Folge: Es wird nicht mehr kooperiert und nicht mehr vertraut. Es gibt aber einen Ausweg. Und der heißt: Reputation.

Bettina Rockenbach, Professorin für Mikroökonomie an der Universität Erfurt, und Manfred Milinski, Direktor am Max-Planck-Institut für Evolutionsbiologie, haben das näher untersucht. Auch sie ließen ihre Versuchspersonen das „Gemeinwohlspiel" spielen. Doch hatten die Teilnehmer diesmal die Möglichkeit so etwas wie Reputation aufzubauen. Das heißt, sie waren nicht anonym. Jeder wusste, wer an der Spielrunde teilnahm und wie er oder sie sich zuvor verhalten hatte. Zugleich gaben Rockenbach und Milinski die Möglichkeit, zwischen zwei Gruppen zu wechseln: In der einen riskierten die Teilnehmer nur, ihren guten Ruf zu verlieren, in der anderen war es außerdem möglich, wie im Experiment von Gächter und Fehr auf eigene Kosten Strafen zu verhängen.

Zunächst entschieden sich die meisten Teilnehmer für das reine Reputationsspiel, ohne Strafmöglichkeit. Doch im Verlauf des Experiments wechselten immer mehr zu der Gruppe mit zusätzlicher Strafmöglichkeit. Dabei zeigten sich drei interessante Effekte: Es wurde deutlich seltener gestraft als in einer Vergleichsgruppe, bei der es nicht möglich war, Reputation aufzubauen und die dreimal so häufig Strafen verhängte. Wenn aber gestraft wurde, dann „überraschend massiv", wie Milinski findet. Und schließlich fiel die Bilanz dieser Gruppe auch am besten aus. Das heißt, unter dem Strich nahm jeder am meisten mit nach Hause, weil am meisten eingezahlt und doch relativ selten gestraft wurde. Es ist offenbar diese Kombination, die uns am ehesten liegt und die auch die besten Ergebnisse bringt.

Weitere Experimente von Milinski unterstreichen die große Bedeutung der Reputation: Wer kooperiert, gilt als vertrauenswürdig und wird in Zukunft als Kooperationspartner bevorzugt. Auch wer sich großzügig zeigt, kann daraus soziales Kapital schlagen. So konnte Milinski zeigen, dass in einem Kooperationsspiel diejenigen die größte Unterstützung erhielten, die zuvor bei einer Spende für einen gemeinnützigen Zweck den größten Beitrag geleistet hatten. Dabei hatten das Spiel und die Spende inhaltlich nichts miteinander zu tun.

Zum Thema Reputation bleibt noch nachzutragen, dass sie vor allem dann zum Tragen kommt, wenn wir uns Vorteile von ihr versprechen. Die Teilnehmer des „Gemeinwohlspiels" mussten davon ausgehen, dass noch weitere Runden folgen. Die Kooperation bricht sofort zusammen, wenn es auf den guten Ruf gar nicht mehr ankommt, weil das Trittbrettfahren in der letzten Runde gar keine Folgen mehr hat. Und noch etwas ist ganz entscheidend: Wir tun nur dann etwas für unsere Reputation, wenn wir uns beobachtet fühlen. „Handelt ein Mensch im Glauben, er sei anonym, überwiegt der Egoismus", stellt Milinksi fest. „Doch schon kleinste Anzeichen, beobachtet zu werden, genügen, damit er sich sozial verhält."

Die Augen des Milchautomaten

Wie tief verwurzelt dieses Verhalten ist, lässt ein Experiment der britischen Verhaltensbiologin Melissa Bateson erahnen. In einer Cafeteria stellte sie einen Milchautomaten auf. Wer sich ein Getränk zog, dem blieb es freigestellt, wie viel er dafür zahlen wollte. Der besondere Pfiff bei dem Experiment: Bateson brachte an dem Automaten eine Verzierung an. Es ist gar nicht sicher, ob die Milchtrinker die überhaupt bewusst wahrgenommen haben. In der einen Woche war das ein Blumenmuster, in der anderen ein Augenpaar, das direkt auf die Person gerichtet schien, die sich die Milch nahm. Obwohl die Augen ja nur aufgedruckt waren, zeigten sie ihre Wirkung: In der zweiten Woche zahlten die Besucher der Cafeteria deutlich mehr für ihre Milch.

Die Zugehörigkeit zu einer Gruppe

Wem Sie in welcher Angelegenheit vertrauen, das hängt auch davon ab, welcher Gruppe Sie angehören. Jeder von uns gehört einer Vielzahl von Gruppen an – ob er will oder nicht. Nun gibt es höchst unterschiedliche Arten von Gruppen: Freundeskreise, Arbeitsgruppen, Familien, Vereine, Peer Groups, soziale Netzwerke, Religionsgemeinschaften und vieles mehr. Diesen Gruppen fühlen wir uns in unterschiedlichem Maße verbunden. Und es sind auch unterschiedliche Bereiche, für die die jeweiligen Gruppen bedeutsam sind.

Gruppen helfen uns dabei, in der Welt zurechtzukommen. Sie bieten uns Orientierung und schaffen ein Gefühl der Zugehörigkeit. Gruppen verfügen über bestimmte Normen, die wir übernehmen, sie prägen unsere Ansichten, unser Verhalten und geben uns Bestätigung. Vor allem aber sorgen Gruppen für eine immense Vereinfachung: Aus der Perspektive der Gruppe gibt es nur ein Innen und ein Außen. Es gibt nur „meine Leute", denen ich vertrauen kann, und „die anderen", denen ich gleichgültig, misstrauisch oder sogar feindselig gegenüberstehe. Dieser Gruppeneffekt ist mehr oder weniger stark ausgeprägt, je nachdem wie fest die Gruppe zusammenhält. Denn es ist eine vielfach bestätigte Grundregel: Je feindseliger sich die Außenwelt darstellt, desto ausgeprägter ist das „Binnenvertrauen" innerhalb der Gruppe. Minderheiten, die vom Rest der Gesellschaft eher argwöhnisch betrachtet werden, verfügen häufig über eine sehr umfassende Vertrauenskultur. Einerseits hilft die ihnen, in einem Meer von Misstrauen zurechtzukommen. Andererseits verstärkt diese Vertrauenskultur jedoch auch den Argwohn der anderen, die eben nicht dazugehören.

Ähnliches lässt sich auch in der Arbeitswelt beobachten: Ein „eingeschworenes Team" ist vor allem dann „eingeschworen", wenn es sich in einer feindlichen Umgebung behaupten muss. Und bei ihren „Feinden" handelt es sich nicht selten um die Kollegen, die aus ihrem Kreis ausgeschlossen sind. Die verfolgen die Aktivitäten des „eingeschworenen Teams" mit großem Misstrauen und sind redlich bemüht, sie zum Scheitern zu bringen – vor allem wenn sie Mitglied eines anderen „eingeschworenen Teams" sind.

Nicht weniger wichtig ist ein zweiter Aspekt: Die Zugehörigkeit zu einer bestimmten Gruppe kann darüber entscheiden, für wie vertrauenswürdig Sie gehalten werden. Dabei müssen Sie selbst sich dieser Gruppe nicht einmal besonders stark verbunden fühlen. Ja, es ist sogar möglich, dass Sie sich überhaupt nicht dieser Gruppe zurechnen. Aber andere tun dies. Und auf die kommt es an. Denn sie entscheiden darüber, ob sie Ihnen vertrauen sollen oder nicht. Und diese Entscheidung machen wir eben auch daran fest, welcher Gruppe wir jemanden zuordnen. Das halten Sie gewiss auch nicht anders. Sie haben fast keine andere Wahl. Denn dass Ihnen der eine vertraut und der andere nicht, weil Sie einer bestimmten Gruppe angehören, beeinflusst auch Ihr Verhalten.

Vertrauensfragen: Gruppenzugehörigkeit

Gibt es in dem Unternehmen oder der Organisation, für die Sie arbeiten, unterschiedliche Gruppen? Wodurch unterscheiden sie sich, was hält die Gruppen zusammen? Gehören Sie selbst zu einer dieser Gruppen? Und wie stark fühlen Sie sich dieser Gruppe verbunden? Würden Sie gerne zu einer anderen Gruppe überlaufen, wenn Sie könnten? Erleichtert die Zugehörigkeit zu einer bestimmten Gruppe Ihre Arbeit? Oder haben Sie dadurch Nachteile?

Auf welcher Seite stehen Sie?

„Vorurteile", schreibt der Sozialpsychologe Jens Förster, „sind durch Erwartungen gefärbte Urteile, die zunächst nichts mit der Person an sich zu tun haben, sondern mit ihrer Gruppenzugehörigkeit". Und genau darum handelt es sich, wenn Sie wegen Ihrer Gruppenzugehörigkeit bevorzugt oder benachteiligt werden: Um Vorurteile, Stereotypen und Diskriminierung, diese unschönen Dinge, die ja nun gerade nicht maßgebend sein sollten, wenn es um Vertrauen geht. Sind sie aber doch. Und zwar in einem Ausmaß, dass man nicht einfach darüber hinweggehen kann, sondern mit dieser Tatsache rechnen muss: Menschen vertrauen vorzugsweise denen, die sie als „ihre Leute" betrachten. Dieses Prinzip können auch „Diversity Programme" nicht außer Kraft setzen, mit denen die Vielfalt im Unternehmen gefördert werden soll.

Und doch geht es auch um etwas anderes. Es können nämlich ganz verschiedene Merkmale eine Rolle spielen, um die entscheidende Frage festzulegen: Wer gehört zu „unseren Leuten"? Und wer gehört zu „den anderen"? So können sich beispielsweise die altgedienten Mitarbeiter von den Neulingen abgrenzen. Oder die Ausbildung spielt eine Rolle: Betriebswirtschaftler schütteln den Kopf über Ingenieure, die den Kopf schütteln über Geisteswissenschaftler, die wiederum den Kopf schütteln über Betriebswirtschaftler und Ingenieure. Nach einer Fusion ist es kaum zu vermeiden, dass die Mitarbeiter ihrer alten Betriebszugehörigkeit entsprechend zu „uns" oder zu „ihnen" gezählt werden. Und wer in einem internationalen Unternehmen arbeitet, der erlebt häufig, dass die Nationalitätenzugehörigkeit mit einem Mal große Bedeutung bekommt. Mehrere meiner Gesprächspartner berichteten ein wenig amüsiert, dass es ausgerechnet in multinationalen Unternehmen ganz entscheidend darauf ankommt, welcher Nation jemand zugerechnet wird. Dabei waren die Betreffenden gerade nicht besonders auf ihr Land fixiert. Ganz im Gegenteil, der eine oder andere war in das Unternehmen eingetreten, weil er besondere Sympathien für ein anderes Land hatte: Für England, Frankreich oder Italien etwa. Doch gerade in Unternehmen, die in zwei Ländern ihre Wurzeln haben, gruppieren sich die Mitarbeiter ihrer Nationalität entsprechend. Als frankophiler Deutscher, der in ein deutsch-französisches Unternehmen eintritt, stellen Sie sehr schnell fest, dass Sie nicht zu den Franzosen gehören. Es verbindet Sie viel mehr mit den eigenen Landsleuten, zumal die ja womöglich aus ähnlichen Motiven in das Unternehmen eingetreten sind.

Dabei gibt es keinen Grund, warum die Angehörigen verschiedener Nationen nicht vertrauensvoll zusammenarbeiten könnten. Vielfach tun sie das ja auch. Doch in dem angesprochenen Fall ist die Nationalität nur das Vehikel, um den folgenreichen Unterschied zu machen zwischen „uns" und „denen". Denn im Prinzip kann nahezu jedes Merkmal hergenommen werden, um Gruppen zu schaffen, auch wenn es völlig willkürlich ist. Das legen zumindest die „Minimal Group"-Experimente des britischen Sozialpsychologen Henri Tajifel nahe. Bei einem dieser Experimente teilte er eine Schulklasse willkürlich in zwei Gruppen. Er ließ die Schüler einen Test ausfüllen – angeblich mit dem Ziel herauszufinden, ob sie den Maler Kandinsky oder Paul Klee bevorzugten. Tatsächlich bestimmte der Zufall, welcher Gruppe der Schüler zugeordnet wurde: Der Klee- oder der Kandinsky-Gruppe. Anschließend sollten die Schüler Geldbeträge zuteilen. Für uns keine Überraschung: Die Angehörigen der eigenen „Gruppe" wurden deutlich bevorzugt.

Weitere Experimente zeigten, dass der Gruppeneffekt sogar dann eintrat, wenn die Zugehörigkeit ganz offen im Losverfahren ermittelt wurde. Auch dann schätzten die Versuchspersonen die Leistungen von Mitgliedern ihrer eigenen Gruppe höher ein, führten gute Ergebnisse auf überlegene Fähigkeiten zurück, während sie die Erfolge der anderen Gruppe als Zufallstreffer bewerteten. Zu dieser schmeichelhaften Selbsteinschätzung neigen wir auch als Individuum. Wir sind die Könner – und unsere Konkurrenten haben einfach Glück gehabt. Die Sozialpsychologie nennt dies die „selbstwertdienliche Verzerrung". Wenden wir diese Verzerrung auf die Gruppe an, der wir zugelost werden, darf man den Schluss ziehen: Wir identifizieren uns mit ihr.

Jenseits der Laborexperimente dürfte die Zugehörigkeit zu einer bestimmten Gruppe eher noch folgenreicher sein. Dabei können in verschiedenen Situationen ganz unterschiedliche Gruppenzugehörigkeiten den Ausschlag geben, „salient" werden, wie es im Vokabular der Sozialpsychologie heißt. Das hat zur Folge, dass Sie ein und derselben Person einmal vertrauen – zum Beispiel weil sie für dieselbe Firma arbeitet wie Sie. Sie ist eine von „Ihren Leuten". Bei anderer Gelegenheit misstrauen Sie derselben Person, denn sie steht auf der anderen Seite. Aus welchen Gründen auch immer: Vielleicht arbeitet sie für den Intimfeind Ihres Chefs, vielleicht gehört die Kollegin zu den „Traditionalisten" und Sie zu den „Erneuerern", vielleicht wird auch einmal die Geschlechtszugehörigkeit „salient" oder Ihre Herkunft aus den neuen oder den alten Bundesländern. Und es gibt noch eine interessante Variante der Gruppenbildung: In manchen Fällen schließen sich besonders leistungsfähige Mitarbeiter zusammen, um sich gegenseitig zu unterstützen.

Der Club der Outperformer

Beschrieben hat dieses Phänomen der amerikanische Soziologe Peter Blau: In einer Studie über die Arbeit von Justizangestellten nahm er deren „soziale Austauschbeziehungen", wie er es nannte, genauer unter die Lupe. Die Ausgangslage war folgendermaßen: Die Angestellten waren mit sehr komplexen Rechtsfällen befasst. Brauchten sie einen Rat, was sehr oft vorkam, so durften sie sich offiziell nur an ihren direkten Vorgesetzten wenden. Weil sich jedoch keiner diese Blöße geben wollte, taten nahezu alle das Verbotene: Sie suchten Unterstützung bei ihren Kollegen. Nun beobachtete Blau, dass deren Wissensstand recht unterschiedlich ausgebildet war. Eigentlich liegt es nahe anzunehmen, dass in dieser Situation die weniger kompetenten Mitarbeiter bei denen anfragten, die am besten Bescheid wussten. Doch das geschah eher selten. Weit häufiger beratschlagten sie sich mit denen, die ein ähnlich begrenztes Fachwissen hatten wie sie selbst, während sich ihre kompetenten Kollegen ungleich qualifiziertere Hilfe holten und dadurch noch bessere Ergebnisse erzielten.

Die Ursache für dieses Ungleichgewicht führt Blau auf die „sozialen Austauschbeziehungen" zurück: Die weniger Kompetenten hatten qualifizierten Rat zwar am bittersten nötig, doch hatten sie denen, die ihn erteilen konnten, zu wenig anzubieten. Sie konnten nur ihre Dankbarkeit und Unterwürfigkeit in die Waagschale werfen, konstatierte Blau. Und das taten sie auch, wenn sie einen Experten befragten. Allerdings ist diese „Währung" nur von begrenztem Wert, der bei zunehmendem Gebrauch weiter abnimmt. Im Ergebnis führten diese Austauschbeziehungen dazu, dass sich zwei Gruppen herausbildeten: Wer über geringe Kenntnisse verfügte, fand keinen Anschluss an den Club der Outperformer. Und weil die ihre Wissensdefizite immer besser ausgleichen konnten, nahm der Abstand zwischen beiden Gruppen weiter zu.

Auf das Modell von Blau werden wir in diesem Buch noch zurückkommen. Für den Moment bleibt festzuhalten: Vertrauen ist immer eingebettet in soziale Austauschbeziehungen. Das heißt auch: Sie können sich nicht immer aussuchen, wem Sie vertrauen dürfen.

Oxytocin – die Neuroökonomie des Vertrauens

Wenn wir jemandem vertrauen, so ist dies auch ein körperlicher Vorgang. Insoweit lohnt sich ein Blick auf die biologischen Grundlagen, die belegen, unter welchen Bedingungen Vertrauen zustande kommt, zumal die Wissenschaftler in den vergangenen Jahren einige bemerkenswerte Entdeckungen gemacht haben. An erster Stelle wäre da die Schlüsselrolle des „Vertrauenshormons" Oxytocin zu nennen.

Angefangen hatte alles mit den Präriewühlmäusen. Diese friedlichen Nagetiere sind im mittleren Westen der USA beheimatet. Sie leben in Gruppen und bilden Paare, die sich gemeinsam um den Nachwuchs kümmern und ein Leben lang zusammenbleiben. Zumindest hat man noch nichts Gegenteiliges herausgefunden. Aus menschlicher Sicht könnte man sagen, sie pflegen einen grundsoliden, vertrauenerweckenden Lebensstil, vor allem wenn man sie mit ihren nahen Verwandten vergleicht, den Bergwühlmäusen. Die sind aggressive Einzelgänger, von Treue und gemeinsamer Brutpflege kann keine Rede sein. Wie kommt es zu diesem gravierenden Unterschied? Im Gehirn der Präriewühlmäuse entdeckten die Wissenschaftler wesentlich mehr Rezeptoren für das Hormon Oxytocin. Um der Sache auf den Grund zu gehen, verabreichten sie den Mäusen einen Blocker, der diese Rezeptoren ausschaltete. Und prompt zeigten die friedlichen Präriewühlmäuse das gleiche Verhalten wie ihre Verwandten aus den Bergen. Das umgekehrte Verfahren war etwas aufwändiger, doch gelang es den Wissenschaftlern ebenfalls, die Bergwühlmäuse zu friedlichen, monogamen Tieren zu machen, indem sie deren Rezeptoren manipulierten.

Der Amerikaner Paul J. Zak, einer der Begründer der „Neuroökonomie", entwickelte daraufhin ein Experiment, um zu untersuchen, welchen Einfluss Oxytocin auf das Verhalten des Menschen hat. Genauer gesagt interessierte ihn, ob das Hormon eine Rolle spielte, wenn wir anderen vertrauen. Und so ließ er seine Versuchspersonen im Labor das „Trust Game" spielen, das Sie bereits kennen gelernt haben (→ S. 48). Anschließend nahm er ihnen Blut ab. Dabei stellte sich heraus, dass Versuchspersonen, denen ihre Mitspieler Geld anvertraut hatten (in der Hoffnung, etwas zurückzubekommen), einen deutlich erhöhten Oxytocinspiegel aufwiesen. Im Vergleich zum Kontrollexperiment (die Geldsumme wird von einem Zufallsgenerator festgelegt) war er doppelt so hoch! Anders gesagt: Wenn Ihnen ein Mitmensch Vertrauen schenkt, steigt Ihr Oxytocin-Spiegel erheblich an. Kommen Sie in den Genuss derselben Vergünstigung, ohne dass Vertrauen im Spiel ist, bleibt er unverändert.

Ein erhöhter Oxytocin-Spiegel sorgt zunächst einmal dafür, dass Sie sich wohl fühlen. Oxytocin gilt auch als Kuschelhormon, das beim Orgasmus ausgeschüttet wird, um die Bindung zum Sexualpartner zu festigen (beim Menschen offenbar mit mäßigem Erfolg). Zudem blockiert es die Ausschüttung des Stresshormons Cortisol. Und es macht Sie bereit, das Vertrauen, das Ihnen entgegengebracht wurde, zu erwidern. Fast alle Versuchspersonen erstatteten ihrem Mitspieler einen nennenswerten Geldbetrag zurück. Nicht überraschend: Je spendabler der Mitspieler, desto höher die Summe, und das, obwohl das Spiel nur über eine Runde gespielt wurde, das „Gesetz des Wiedersehens" also außer Kraft gesetzt war. Allerdings gab es fünf Versuchspersonen, die das Geld, das ihre Mitspieler vorgestreckt hatten, zur Gänze in die eigene Tasche steckten, das Vertrauen also nicht erwiderten. Es zeigte sich, dass diese Personen emotional sehr labil waren. Sie hielten ihre Mitmenschen für vertrauenswürdig, sich selbst sogar für sehr vertrauenswürdig und stimmten dem Statement zu: „Es ist in Ordnung Reichtum anzuhäufen, während andere in Armut leben."

Interessanterweise konnte Zak bei den Versuchspersonen, die den Geldbetrag investiert hatten, also die das Vertrauen geschenkt hatten, *keinen* erhöhten Oxytocin-Spiegel feststellen. Demnach steigt das Oxytocin unter natürlichen Bedingungen nur dann an, wenn wir auf einen Vertrauensakt reagieren. Und auf noch etwas macht Paul J. Zak aufmerksam: Die Rezeptoren für Oxytocin befinden sich in Gehirnbereichen, die evolutionsgeschichtlich schon recht früh ausgebildet wurden, und nicht in der Großhirnrinde, die für die rationalen Erwägungen zuständig ist. Deshalb können die meisten auch gar nicht so genau sagen, warum sie das Vertrauen überhaupt erwidern. Sie denken nicht darüber nach. „Sie spüren nur, dass es das ist, was sie tun müssen", schreibt Zak.

Vertrauenszufuhr durch die Nase

In einem weiteren Experiment, an dem neben Zak eine Schweizer Forschungsgruppe um Ernst Fehr beteiligt war, bekamen die Versuchspersonen eine Extradosis Oxytocin verabreicht. Als Nasenspray, denn nur so lässt sich das Hormon problemlos von außen zuführen. Wieder einmal wurde das „Trust Game" gespielt. Doch diesmal zeigte sich ein etwas anderer Effekt. Das „Trust Game" beginnt ja damit, dass der erste Spieler von seinem Startgeld eine bestimmte Summe dem zweiten Spieler anvertraut. Dieses Vertrauensgeld wird verdreifacht, und der zweiten Spieler kann dann dem ersten wieder etwas zurückgeben. Bei einem erhöhten Oxytocin-Spiegel zeigten sich die ersten Spieler deutlich großzügiger. Wesentlich mehr vertrauten ihrem Partner den Maximalbetrag an. Auf das Verhalten des zweiten Spielers hatte die Extradosis Oxytocin jedoch keinen Einfluss. Vertraute ihnen der erste Spieler einen hohen Betrag an, erstatteten sie viel zurück. Zeigte er sich knauserig, waren auch sie zurückhaltender, gleichgültig, ob sie nun Oxytocin bekommen hatten oder ein Placebopräparat (wie die Kontrollgruppe). Woran liegt das? Die Bereitschaft, den Vertrauensvorschuss des ersten Spielers zu erwidern, wird ja auch bei den Spielern erhöht, die kein zusätzliches Oxytocin bekommen haben. Bei ihnen wird das Hormon ja durch den Vertrauensvorschuss – sagen wir: auf natürliche Weise –ausgeschüttet. Fällt der Vorschuss mager aus, hilft auch zusätzliches Oxytocin nicht, es wird weniger zurücktransferiert. „Vertrauen ist nicht Freigiebigkeit", schreibt Ernst Fehr.

Zwei Aspekte sind noch bemerkenswert: Das Oxytocin machte die Spieler keineswegs optimistischer. Tatsächlich rechneten die investierenden Spieler, die das Placebo erhalten hatten, sogar mit einer leicht höheren Rückzahlung als ihre Kollegen mit dem erhöhten Oxytocin-Spiegel. Dennoch vertrauten diese dem Mitspieler wie erwähnt einen höheren Geldbetrag an. Daher hätte man meinen können, das Oxytocin steigere die Risikobereitschaft. Doch auch das konnten die Forscher ausschließen. Denn sie wiederholten das Experiment und ersetzten den zweiten Spieler durch einen Computer. In einem solchen

Spiel ging es dann nicht mehr um Vertrauen, sondern um bloße Risikoabschätzung, da der Computer mit einer bestimmten Wahrscheinlichkeit mehr oder weniger vom eingesetzten Betrag zurückzahlen würde. In diesem Fall hatte das Oxytocin keinerlei Einfluss auf das Verhalten der Spieler.

Ganz anders sieht die Sache aus, wenn – wie in einer Nachfolgestudie – die Rückzahlungen des zweiten Spielers eher gering ausfallen. Dann gehen die Investitionen in den folgenden Runden im Normalfall stark zurück. Nicht so bei einem künstlich erhöhten Oxytocin-Spiegel. In diesem Fall bleiben die Investitionen auf demselben hohen Niveau. Tritt jedoch der gleiche Effekt beim Spiel mit dem Computer ein, reduzieren die Spieler den eingesetzten Betrag – auch wenn ihr Gehirn in Oxytocin schwimmt.

Womöglich erscheinen Ihnen diese Experimente ein wenig kompliziert und spitzfindig. Doch geben sie uns Aufschluss darüber, wie es um die biologische Basis von Vertrauen bestellt ist. Und da lassen sich einige wichtige Schlussfolgerungen ziehen:

- Vertrauen ist immer gekoppelt an Menschen. Es ist etwas grundsätzlich anderes, ob Sie sich auf ein bestimmtes Risiko einlassen oder einem Menschen vertrauen.

- Wird einem Menschen Vertrauen geschenkt, so steigert das sein Wohlbefinden ganz erheblich. Und er fühlt sich verpflichtet, dieses Vertrauen zu erwidern – noch bevor er darüber nachgedacht hat.

- Je höher der Vertrauensvorschuss ausfällt, umso stärker fühlt man sich zu einer Gegenleistung verpflichtet.

- Der künstlich erhöhte Oxytocin-Spiegel stellt eine unrealistische Situation her. Tatsächlich wird der Oxytocin-Spiegel und damit die Bereitschaft zu vertrauen dadurch reguliert, dass uns jemand Vertrauen entgegenbringt oder nicht.

- Ob wir jemandem vertrauen, ob wir uns selbst vertrauenswürdig verhalten, das ist nicht Gegenstand rationaler Kalkulation. Mitunter wird uns die Sache nicht einmal bewusst.

Um die Ergebnisse nicht zu verzerren, musste bei den Experimenten eine wichtige Bedingung erfüllt sein: Das Spiel hatte in völliger Anonymität abzulaufen. Die Personen wussten allenfalls, dass sie es mit demselben oder einem neuen Spieler zu tun hatten. Doch auch das beeinflusste bereits das Spielverhalten: Eine kooperative Mitspielerin konnte über mehrere Runden eine gewisse Reputation aufbauen, ohne dass mehr über sie bekannt war als eben dies: Sie verhält sich kooperativ. Außerhalb des Labors kommen vertrauensvolle Beziehungen aber vor allem dadurch zustande, dass man den anderen kennt, und zwar möglichst gut. Ja, wir sind begierig, mehr über unsere Mitmenschen zu erfahren, um die alles entscheidende Frage zu beantworten: Kann man ihnen trauen?

Auf der Suche nach vertrauenswürdigen Mitmenschen

Wenn wir anderen Menschen begegnen, dann urteilen wir sehr schnell über ihre Vertrauenswürdigkeit. Bei manchen haben wir „von Anfang an so ein ungutes Gefühl". Irgendwie trauen wir ihnen nicht. Wir können nicht einmal genau sagen, warum das so ist. Denn ihre Äußerungen klingen klug und vernünftig. Oder sie unterbreiten uns ein interessantes Angebot. Und doch haben wir starke Vorbehalte, uns darauf einzulassen. In anderen Fällen sind wir vielleicht selbst erstaunt, wie schnell wir zu jemandem Vertrauen fassen. Zwar muss sich das Vertrauen dann in der Folge bewähren, doch geben wir diesen Menschen einen beträchtlichen Vertrauensvorschuss. Und manchmal halten wir sogar noch daran fest, wenn es erste Anzeichen gibt, dass derjenige das Vertrauen gar nicht verdient hat.

Wie es zu solchen unterschiedlichen Einschätzungen kommt, hat verschiedene Psychologen beschäftigt. Demnach halten wir uns an bestimmte Signale, achten auf Stimme, Mimik, Körpersprache unseres Gegenübers und bilden uns unser Urteil, ohne dass uns die tieferen Ursachen bewusst werden. Das ist auch gut so. Denn wüssten wir, auf welche Signale wir und unsere Mitmenschen achten, wären wir leichter imstande, sie vorzutäuschen. Und damit wären die Signale wertlos. Unsere Intuition kann nur so lange zuverlässig arbeiten, wie sie ihre Betriebsgeheimnisse für sich behalten kann.

Auf Vertrauen eingestellt
Interessanterweise scheinen wir unsere Mitmenschen erst einmal für vertrauenswürdig zu halten. „Vertrauen ist so etwas wie unsere Standardeinstellung", meint Robyn Dawes, Psychologe an der Carnegie

Mellon Universität. „Von der weichen wir nur ab, wenn es einen Grund gibt." Und auch die Sozialpsychologin Susan Fiske aus Princeton hält Vertrauen für die „Grundlinie", von der wir bei jeder Begegnung ausgehen.

Auf den ersten Blick wirkt das vielleicht etwas überraschend. Immerhin machen wir doch auch die Erfahrung, dass viele Menschen zunächst skeptisch, misstrauisch und abweisend reagieren, ehe sie dann auftauen – oder auch nicht. Vertrauen zu gewinnen braucht Zeit. Wer hingegen mit der Tür ins Haus fällt, erregt doch eher Misstrauen. Oder etwa nicht? Aus Sicht der Psychologen stellt sich die Sache ein wenig anders dar. Demnach gibt es eine Art stillschweigender Übereinkunft, die uns die Verständigung mit anderen immens erleichtert: Solange es keine Anzeichen gibt, das Gegenteil anzunehmen, unterstellen wir uns gegenseitig, vertrauenswürdig zu sein. Dabei handelt es sich zunächst nur um ein Minimalvertrauen, das wir dem anderen spendieren und er uns. Jedoch kann es den Weg bereiten für gewichtigere und riskantere Vorleistungen, wer auch immer die zu erbringen hat. Nach der Hypothese von der „Standardeinstellung" müsste es genügen, keine Fehler zu machen, um vertrauenswürdig zu *bleiben*. Die schlafenden Hunde des Argwohns dürfen nicht geweckt werden. Das ist schon alles.

Dass diese Sicht der Dinge einiges für sich hat, können Sie bei nächster Gelegenheit einmal überprüfen. Führen Sie mit jemandem ein Gespräch. Solange Ihnen nichts auffällt, werden Sie dem anderen nicht misstrauen. Sie führen Ihre Unterhaltung, ohne darüber nachzudenken, per „Autopilot" sozusagen. Erst wenn etwas Ungewöhnliches eintritt, schalten Sie vom „Normalmodus" um in den „Misstrauensmodus". Irgendetwas stimmt nicht, Ihre „inneren Warnlampen leuchten auf", wie man so sagt. Aber selbst dann führen Sie das Gespräch häufig noch eine Weile weiter, als wäre nichts geschehen. Genauer gesagt sind Sie bestrebt, das Gespräch zu einem gütlichen Ende zu führen. *Gütlich*: Denn es ist eine gewaltige Demütigung, dem anderen offen mitzuteilen: Ich vertraue Ihnen nicht. *Ende*: Denn es hat keinen rechten Sinn mehr, das Gespräch fortzusetzen. Ganz im Sinne unseres Eingangszitats von Kafka: „Alles Reden ist sinnlos, wenn das Vertrauen fehlt."

Darüber hinaus ist es so, dass Sie *Gründe* brauchen, um zu misstrauen. Sie stellen sich die Frage: Was ist denn nur los? Warum misstraue ich ihr eigentlich? Und dann suchen Sie nach Anhaltspunkten, Ungereimtheiten oder spüren Ihren „unguten Gefühlen" nach. Bemerkenswerterweise setzen sich viele über ihre „unguten Gefühle" hinweg, was sie später beklagen, wenn sich herausstellt, dass ihr Misstrauen berechtigt war. War es unberechtigt, wird die Sache hingegen nicht mehr erörtert. Über ein „gutes Gefühl" setzt sich hingegen kaum jemand hinweg. Und sehr selten stellen wir uns die Frage: Warum vertraue ich diesem Menschen eigentlich? Weit öfter lautet die Frage: Warum *habe* ich diesem Menschen nur vertraut? Im Sinne von: Wie konnte ich nur so leichtsinnig sein? Im Gegenzug unterbleibt dann aber wiederum die Frage: Warum *habe* ich diesem Menschen bloß misstraut? Denn wenn wir einmal unsere Gründe haben zu misstrauen, dann stellen wir sie selten wieder in Frage.

Aber steht die Hypothese von der „Standardeinstellung" des Vertrauens nicht im Widerspruch zu der vorhin geäußerten Behauptung, Vertrauen müsse wachsen und sich bewähren? Keineswegs. Denn es geht ja gerade darum, sich situationsgerecht zu verhalten. Beanspruchen Sie hingegen ein Vertrauen, das Ihnen (noch) nicht zusteht, so erwecken Sie augenblicklich Argwohn. Ja, Sie setzen Ihre ganze Vertrauenswürdigkeit aufs Spiel, wenn Sie sich so einen groben Schnitzer erlauben.

Die verdächtigen Unstimmigkeiten

Worauf das menschliche Misstrauen sehr schnell anspringt, das sind Ungereimtheiten, Widersprüche oder auch Lügen. Dabei ist nicht entscheidend, ob Sie die lautere Wahrheit gesprochen haben – solange dem anderen Ihr Verhalten ungereimt erscheint, wird er Ihnen nicht vertrauen. Manchmal sind es auch nur seine Erwartungen, denen Sie nicht entsprechen – und Sie sehen sich einer Mauer von Misstrauen gegenüber. In manchen Situationen verfügen wir über ein äußerst feines Gespür für solche Unstimmigkeiten. Wenn nämlich einiges auf dem Spiel steht und wir solche Situationen sehr gut kennen. Dann sind es manchmal nur Nuancen, die uns misstrauisch werden lassen: Ein übertriebenes Lachen, ein ausweichender Blick, unangemessen langer Augenkontakt, allzu detaillierte Erinnerungen. Verräterische Formulierungen wie „Da bin ich ganz ehrlich." Oder auch Sätze, die so klingen, als wären sie einstudiert.

Nach Ansicht der Evolutionspsychologen Leda Cosmides und John Tooby von der University of California in Santa Barbara sind wir als kooperierende Spezies mit einem regelrechten Detektor ausgestattet, um Betrüger zu entlarven. Ausgangspunkt ihrer Überlegungen war ein psychologischer Test, den der britische Kognitionspsychologe Peter Wason in den 1960er Jahren entwickelt hatte.

Vertrauensfragen: Peter Wasons Kartentest

Auf dem Tisch vor Ihnen liegen vier Karten. Auf der Vorderseite jeder Karte befindet sich eine Zahl, auf der Rückseite ein Buchstabe. Zwei der Karten vor Ihnen zeigen eine Zahl: 3 und 8. Die beiden anderen einen Buchstaben: E und L. Ihre Aufgabe besteht darin, die folgende Regel zu überprüfen: Jede Karte, die eine gerade Zahl auf der Vorderseite hat, ist auf ihrer Rückseite mit einem Vokal beschrieben. Welche Karten müssen Sie umdrehen, um festzustellen, ob die Regel hier eingehalten wurde? Dabei gilt: Drehen Sie eine Karte um, die Sie nicht hätten umdrehen müssen, haben Sie verloren.

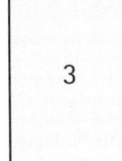 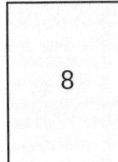 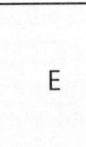 

Versuchen Sie, möglichst schnell zu einer Entscheidung zu kommen. Bereitet Ihnen die Aufgabe Probleme, so trösten Sie sich: Sie sind nicht allein. Den meisten fällt es schwer, eine Antwort zu finden. Würden Sie die Karten mit der geraden Zahl 8 und mit dem Vokal E umdrehen? Dann haben Sie die Lösung gefunden, für die sich die meisten entscheiden. Leider ist es nicht die richtige Lösung. Die besteht nämlich darin, die Karte mit der 8 und die mit dem L umzudrehen. Immerhin hieß die Regel: Jede Karte mit einer geraden Zahl auf der Vorderseite ist auf ihrer Rückseite mit einem Vokal beschrieben. Um die Karten mit einer ungeraden Zahl auf der Vorderseite brauchen Sie sich überhaupt nicht zu kümmern. Es ist mit der Regel vereinbar, dass ein Vokal oder ein Konsonant auf ihrer Rückseite steht. Hingegen müssen Sie die L-Karte umdrehen. Denn steht da eine gerade Zahl auf der Vorderseite, ist die Regel verletzt. Ganz schön knifflig, finden Sie? Bei solchen Aufgaben sind Sie schon in der Schule immer ausgestiegen? Dann variieren wir die Aufgabe ein wenig.

Vertrauensfragen: Der Biertest

Stellen Sie sich vor, Sie sind Rausschmeißer in einer Bar. Sie müssen sich um die Einhaltung der folgenden Regel kümmern: Jede Person, die Bier trinkt, muss mindestens 16 Jahre alt sein. Und nun haben Sie vier Personen vor sich, die alle etwas trinken. Von zwei Personen kennen Sie das Alter, bei den anderen beiden sehen Sie, was sie trinken: Die eine ist 14 Jahre, die andere 20 Jahre, die dritte trinkt Bier, die vierte Cola. Wen von den vieren müssen Sie genauer überprüfen?

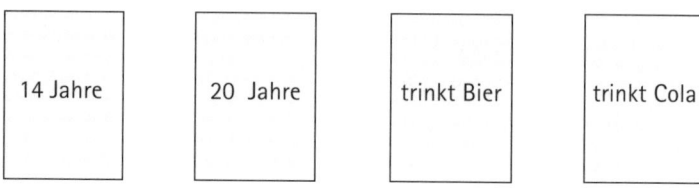

Obwohl die Logik dieser Aufgabe exakt die gleiche ist, gelingt es vielen Menschen ohne Schwierigkeiten, sie zu lösen: Bei der 14-jährigen Person ist zu überprüfen, was sie trinkt. Und die Bier trinkende Person ist zu überprüfen: Ist sie schon 16? Die beiden anderen Personen lassen Sie unbehelligt. Vielleicht meinen Sie: Die Aufgabe ist anschaulich, sie hat mit Menschen zu tun, also ist sie deswegen leichter. Doch das trifft nicht den Kern. Denn Tooby und Cosmides überprüften die Leistungen der Versuchspersonen noch mit einer Aufgabe, bei der die Regel lautete: „Jede Person, die Peperoni isst, trinkt auch kaltes Bier". Und die erwies sich als ebenso knifflig wie der Kartentest.

Daher glauben Tooby und Cosmides: Dass wir das Bierrätsel so viel leichter lösen können, liegt daran, dass es um die Einhaltung von sozialen Regeln geht. Wer dagegen verstößt, ist ein Betrüger und nicht vertrauenswürdig. Auf die Entlarvung solcher Betrüger ist der menschliche Geist spezialisiert. Wir wissen, dass etwas faul ist, sogar wenn wir die dahinter liegende Logik nicht durchschauen.

Wir sind also gewiss nicht schlecht darin, Trittbrettfahrer auszumachen, denen wir unser Vertrauen entziehen. Und doch sind wir bei weitem nicht so gut, wie wir selber glauben. Denn wenn es etwas gibt, das für das Überleben der Menschen noch wichtiger gewesen ist, als Betrüger zu entlarven, so ist es dies: vertrauenswürdig zu erscheinen.

Shortcuts für Vertrauenswürdigkeit

Wir haben es schon angesprochen: Menschen treffen recht schnell die Entscheidung, ob sie ihr Gegenüber für vertrauenswürdig halten oder nicht. Dabei lassen wir uns offenbar von einigen wenigen Signalen leiten, wie eine ganze Reihe von sozialpsychologischen Studien belegt. Wir haben gar nicht die Zeit, die Vertrauenswürdigkeit des anderen gründlich zu prüfen. Also nehmen wir geistig eine Abkürzung und halten uns an ein paar bewährte Indizien, so genannte „shortcuts", die wir nicht einmal bewusst verarbeiten.

Sehr wichtig ist beispielsweise der Ort, wo uns eine Person erstmals begegnet. Wir beurteilen ihre Vertrauenswürdigkeit nach diesem Ort. Hochstapler wissen so etwas und treiben sich vorzugsweise in exklusiven Lokalitäten herum: Country Clubs, Luxushotels, VIP-Bereiche. Das mag Ihnen plump erscheinen. Doch das Beunruhigende ist, dass es funktioniert. So denken wir nun einmal mit unserem Urmenschengehirn. Findet unsere erste Begegnung im Baumarkt statt, werde ich Sie vermutlich für weit weniger vertrauenswürdig halten, als wenn Sie mir – sagen wir: auf einem wissenschaftlichen Kongress – begegnen. Und bei Ihnen verhält es sich ebenso.

Noch wichtiger ist jedoch die Körpersprache. Denn Gestik und Mimik lassen sich nur begrenzt bewusst steuern. Daher verraten sie immer auch etwas über die verborgenen Absichten des anderen. Zu Recht misstrauisch werden wir vor allem aus zwei Gründen: Wenn Worte und Körpersprache nicht zusammenpassen. Oder wenn uns Gestik und Mimik übertrieben, aufgesetzt und „gewollt" erscheinen, also bewusst gesteuert werden und nicht einfach Ausdruck des inneren Zustands sind. Bekanntestes Beispiel ist das künstliche Lächeln, das „Pan Am"-Lächeln, an dem die Gesichtsmuskeln um die Augen nicht beteiligt sind, weil sie sich nicht bewusst steuern lassen. Ein solches Lächeln erweckt kein Vertrauen; ein echtes Lächeln dagegen schon, weil es Ausdruck freundlicher Absichten ist.

Allerdings sind wir bei der Deutung der Körpersprache nicht immer so fein gestrickt. Für besonders vertrauenswürdig halten wir nämlich diejenigen, die sich körpersprachlich so ähnlich gebärden wie wir. Nicht sehr schmeichelhaft, aber wahr: Wer uns imitiert, auf den fallen wir herein. Das ist mehrfach mit erschreckender Deutlichkeit belegt worden, erst kürzlich von Tanya Chartrand, Professorin für Psychologie an der renommierten Duke Universität. Und die Medienwissenschaftler Jeremy Bailenson und Nick Yee aus Stanford haben herausgefunden, dass wir sogar einer computeranimierten Kunstfigur mehr Glauben schenken, wenn sie unsere Bewegungen nachahmt.

Dass sogar oberflächliche Ähnlichkeit eine erstaunliche Wirkung entfalten kann, belegt eine schon etwas angejahrte, aber wegweisende Studie des amerikanischen Psychologen Timothy Brock. Dabei ging es darum, ob die Kunden dem Ratschlag des Verkäufers in einem Malergeschäft folgen würden oder nicht. Eine Frage des Vertrauens, könnte man sagen. Im ersten Fall erzählte der Verkäufer, dass er kürzlich die gleiche *Menge* an Farbe gekauft habe und Produkt xy empfehlen könne. Im zweiten Fall erzählte er, dass er kürzlich ebenfalls Farbe gekauft habe, aber in einer anderen Menge. Man mag es kaum glauben, aber die Kunden verließen sich weit eher auf den Rat des ersten Verkäufers.

Als wäre die Angelegenheit nicht schon ernüchternd genug, haben die beiden Psychologen Nikolaas Oosterhof und Alexander Todorov aus Princeton herausgefunden, dass wir auch auf die Physiognomie unseres Gegenübers reagieren, mit mehr oder weniger Vertrauen. Gesichter mit hohen Augenbrauen und ausgeprägten Backenknochen erscheinen demnach wesentlich vertrauenswürdiger als Gesichter mit niedrigen Augenbrauen und/oder flachen Backenknochen. Dabei steht außer Frage, dass kein Zusammenhang besteht zwischen der Höhe der Augenbrauen oder der Backenknochen und der Vertrauenswürdigkeit eines Menschen. Und doch urteilen wir offenbar auf dieser Grundlage. Oosterhof und Todorov haben auch eine Vermutung, warum das so ist. Wenn man die betreffenden Gesichtszüge etwas übertreibt, ergibt sich im ersten Fall ein fröhliches Gesicht (= mimisches Signal, sich der Person zu nähern = vertrauenswürdig) und im zweiten Fall ein wütendes Gesicht (= mimisches Signal, die Person zu meiden = nicht vertrauenswürdig). Wir übertragen diese grundlegenden mimischen Signale auf die Physiognomie des Gesichts und ziehen unsere (unzutreffenden) Rückschlüsse.

Eine Schlüsselrolle spielt dabei eine Hirnregion, die für Angstreaktionen und die emotionale Bewertung von Situationen zuständig ist, die Amygdala. Auf eine kurze Formel gebracht lässt sich sagen: Alles, was uns beunruhigt und Angst einflößt, erscheint uns nicht vertrauenswürdig. Das ist gewiss keine Überraschung, hat aber weitreichende Folgen für das Auftreten einer Führungskraft. Erscheint sie allzu dominant, ja einschüchternd, fördert das nicht gerade unser Vertrauen. Stärke darf sie schon ausstrahlen. Ja, womöglich ist gerade das der Grund, warum wir ihr vertrauen. Doch sobald sich diese Stärke gegen uns selbst kehren könnte, werden wir misstrauisch. So berichtet der Hirnforscher Gerhard Roth von einem Kollegen in einflussreicher Stellung. Dieser Mann ist recht groß und reicht anderen seine Hand immer von oben herab – und zwar mit dem Handrücken nach oben. Mit dieser Dominanzgeste verhindert er geradezu, dass man ihm Vertrauen schenkt, obwohl er sonst ausgesprochen freundlich auftritt.

Das Bemühen um eine authentische Fassade

Wenn Sie solche vertrauensbildenden Effekte kennen, stehen Sie vor einem gewissen Dilemma. Sollen Sie davon Gebrauch machen? Sollen Sie bei der nächsten Verhandlung die Bewegung Ihres Gegenübers dezent „spiegeln" – wenn Sie dadurch sein Vertrauen gewinnen? Sollen Sie sich Ihre Dominanzgesten abgewöhnen und sich die Augenbrauen abrasieren, wenn die zu tief stehen? Man kann ja nie wissen. Und überhaupt: Warum denn nicht? Schließlich verfolgen Sie ja keine bösen Absichten … Sie wollen nur den einen oder anderen bewährten Kniff für sich nutzbar machen. So machen es doch alle, oder? Und wenn Sie auf solche kleinen Hilfsmittel verzichten – die Konkurrenz kennt alle Tricks und hat da viel weniger Skrupel. Also haben Sie eigentlich keine Wahl, oder?

Die Sache ist nur die: Sobald die kleinen Tricks und Kniffe ins Spiel kommen, die kalkulierten Manöver, mit denen Sie den anderen für sich einnehmen wollen, ohne dass er es merkt, unterhöhlen Sie das Vertrauen. Ja, Sie machen es unmöglich, dass Ihnen der andere noch vertraut – sobald er bemerkt, welches Spiel Sie mit ihm treiben. Denn Sie manipulieren ihn. Und das ist nicht nur ein Indiz für unlautere Absichten. Es zeugt auch von mangelndem Respekt dem anderen gegenüber. Wie soll dieser noch an Ihre Loyalität (→ S. 34) glauben?

> **Vertrauensfragen: Spiegelungen**
> Stellen Sie sich vor, Sie führen eine wichtige Verhandlung. Die Sache kommt gut voran. Doch mit einem Mal fällt Ihnen auf, dass Ihr Verhandlungspartner Ihre Bewegungen „spiegelt": Ändern Sie Ihre Sitzposition, tut er es auch. Kratzen Sie sich am Kopf, verfährt er genauso. Sie sind irritiert. Würden Sie über dieses Verhalten hinweggehen? Sprechen Sie es an, reagiert Ihr Gegenüber verständnislos. Er weiß gar nicht, was Sie überhaupt meinen. Mit welchem Gefühl setzen Sie die Verhandlung fort?

Vermutlich können wir uns einem Menschen kaum mehr unbefangen nähern, wenn wir bemerken, dass er in die Trickkiste greift, um unser Vertrauen zu gewinnen. Das ist schäbig. Wir wollen Aufrichtigkeit, Authentizität. Darauf wollen wir unser Vertrauen bauen. Die Sache hat nur einen Haken: Sie funktioniert nicht, schon gar nicht im Beruf. Wir gründen unser Vertrauen nicht auf schonungslose Ehrlichkeit. Wir wirken auch nicht immer besonders vertrauenerweckend, wenn wir ganz authentisch sind. Es ist ein Trugschluss anzunehmen, dass Vertrauen rückhaltlose Offenheit braucht. Vielmehr kann diese Offenheit Vertrauen auch gefährden.

Einmal hat jeder von uns Seiten an sich, mit denen er die anderen nicht zu behelligen braucht. Ja, er sollte es nicht tun, nicht aus Verlogenheit, sondern aus Taktgefühl. Dann aber kann Ehrlichkeit auch unangenehm und verletzend sein, ja eine regelrechte Zumutung. Als Ihr Vorgesetzter muss ich gar nicht wissen, was Sie „wirklich" über mich denken, ebenso wenig als Ihr Kollege, mit dem Sie vertrauensvoll zusammenarbeiten, oder als Ihr Kunde, der gerne bei Ihnen kauft. Womöglich würde ich dann nämlich nicht mehr mit Ihnen kooperieren oder bei Ihnen kaufen.

Dabei handelt es sich um eine Gratwanderung. Denn ganz ohne Aufrichtigkeit und Authentizität geht es nun auch wieder nicht. Gelegentlich geht es auch nicht ohne Zumutungen. Doch dazu müssen Sie wissen, was Sie dem anderen überhaupt zumuten können. Vertrauen gewinnen Sie nicht einfach so. Sie müssen sich auf den anderen einstellen. Und das heißt, Sie müssen Fassaden für ihn aufbauen, damit er Sie für vertrauenswürdig hält. Das scheint ein Widerspruch zu sein, denn eine Fassade ist die Außenseite, die das Innere, das Eigentliche verdeckt. Das klingt verdächtig. Und doch, ein wenig ist das auch beim Thema Vertrauen so. Wer Vertrauen gewinnen will, tut gut daran, sich nicht vollständig „hinter die Kulissen" blicken zu lassen. Vertrauen ist in erheblichem Maße *Zuschreibung* von Vertrauenswürdigkeit. Und diese Zuschreibung bekommen Sie nur, wenn Sie sich in einer bestimmten Art und Weise verhalten: vertrauenswürdig eben.

Und so errichten wir Fassaden der Vertrauenswürdigkeit, die dem anderen das beruhigende Gefühl geben, dass er sich auf uns verlassen kann, und zwar was beide Säulen des Vertrauens betrifft: unsere Kompetenz und unsere Loyalität. Ohne diese Fassade der Authentizität wird es schwierig, Vertrauen zu gewinnen. Dabei geht es nicht um

Täuschung und Irreführung, sondern um eine geeignete Methode. Auch wenn Sie sich in die Karten schauen lassen, so *lassen* Sie sich in die Karten schauen. Sind Sie hingegen gezwungen, Ihre Karten auf den Tisch zu legen, hat das nichts mehr mit Vertrauen zu tun.

Das gilt im Übrigen auch für die Gegenseite. Solange Sie ihr vertrauen, sollten Sie von ihr weder verlangen, dass sie sich Ihnen offenbart, noch sollten Sie das erwarten. Auch die anderen gestalten ihre Fassaden, um glaubwürdig und integer zu wirken – was sie hoffentlich auch sind. Verwechseln Sie die Fassade nicht mit dem, was sich dahinter verbirgt. Dazu haben wir nämlich keinen Zugang. Und eben das macht unser Vertrauen aus: Wir wissen nicht, worauf wir uns einlassen, sondern urteilen stets nach der Fassade, die uns jedoch gewisse Einblicke und Rückschlüsse erlaubt, was wir zu erwarten haben.

Die zehn wichtigsten Aussagen im Überblick

Zum Abschluss des Kapitels sollen noch einmal einige Kernaussagen darüber in Erinnerung gerufen werden, was Vertrauen auszeichnet, warum wir es brauchen und warum wir es immer wieder in Frage stellen müssen.

- Vertrauen ist die Grundlage unseres gesellschaftlichen Lebens. Wir müssen uns auf zahllose Menschen verlassen, um daran teilzuhaben.
- Je mehr wir anderen vertrauen, umso weiter erstreckt sich unser Einfluss. Es gibt einen „Hebeleffekt" des Vertrauens.
- Vertrauen beruht auf Vertrautheit: Wir müssen die Gegenseite einschätzen können, Erfahrungen mit ihr sammeln. Aber auch uns selbst müssen wir für sie durchschaubar machen.
- Es gibt Situationen, in denen wir vertrauen „müssen", um handlungsfähig zu bleiben. Vertrauen wir ohne „gutes Gefühl", können wir von einem „Notwehr-Vertrauen" sprechen, das nicht sehr belastbar ist.
- Vertrauen gibt es nicht ohne Risiko: Wem vertraut wird, kann dem Vertrauenden einen Schaden zufügen. Je größer der ist, umso stärker die Sogwirkung von Vertrauen.
- Vertrauen beruht auf Loyalität und Kompetenz. Nur wer etwas leisten kann, was einem andern nützt, findet Vertrauen.

- Vertrauen ist keine nüchterne Nutzenkalkulation: Wir empfinden es als besonders schmerzlich, wenn Vertrauen enttäuscht wird. Haben wir zurecht vertraut, empfinden wir das als beglückend, auch wenn der materielle Gewinn bescheiden ausfällt.

- Wer einen guten Ruf aufbauen kann, verhält sich vertrauenswürdiger, als jemand, der im Schutz der Anonymität handelt.

- Vertrauen ist eine Frage der Gruppenzugehörigkeit: Gehört jemand zu „unseren Leuten", schenken wir ihm eher Vertrauen. Gehört er zu den „anderen", vertrauen wir ihm nicht.

- Um das Vertrauen der anderen zu gewinnen, errichten wir eine Fassade der Vertrauenswürdigkeit und Authentizität. Wir machen uns für den anderen „durchschaubar". Unberechenbarkeit zerstört Vertrauen.

Vertrauen aufbauen

In dem folgenden Kapitel sollen unterschiedliche Methoden und Techniken vorgestellt werden, wie Vertrauen aufgebaut wird. Dabei können durchaus gegensätzliche Wege eingeschlagen werden. So scheint sich die Technik „Auf leisen Sohlen" kaum mit der „Pfauenstrategie" zu vertragen. Und die „Ich-bin-wie-Sie"-Methode legt noch einmal einen völlig anderen Schwerpunkt, von den „Kennenlernspielen" gar nicht zu reden. Es geht hier ausdrücklich nicht um Empfehlungen oder gar Anweisungen nach dem Muster: So bauen Sie eine vertrauensvolle Beziehung auf. Vielmehr geht es mir darum, die Vielfalt an Vorgehensweisen einzufangen. So kommen durchaus auch fragwürdige Methoden zur Sprache, wie das „Schlangenöl" oder „Fallobst ernten". Auch an ihnen können wir lernen, wie das funktioniert mit dem Aufbau von Vertrauen.

Dabei decken die Methoden, die hier zur Sprache kommen, nur einen kleinen Teil des Spektrums ab. Nach meinem Eindruck gibt es noch weit mehr Möglichkeiten und interessante Varianten, je nachdem, zu welchem Zweck und zu welchem Menschen Vertrauen aufgebaut werden soll. Ich habe mich jedoch bemüht, einige wesentliche Aspekte anzusprechen: so die Bedeutung von Vertrautheit, die vertrauenstiftende Wirkung von Geschichten, die Pflege des Expertenstatus und die Umleitung von enttäuschtem Vertrauen auf die „eigenen Mühlen".

Die „Ich-bin-wie-Sie"-Methode

Sie gehört zu den unverzichtbaren Grundtechniken, ist vielfältig einsetzbar und erstaunlich wirksam. Die „Ich-bin-wie-Sie"-Methode hilft Ihnen den Boden zu bereiten, auf dem Vertrauen wachsen und gedeihen kann. Insoweit kommt diese Technik oft recht früh zum Einsatz. Wenn Sie in eine neue Situation hineinkommen, mit Menschen zu tun haben, die noch nicht genau wissen, was sie von Ihnen halten sollen, dann greifen Sie dezent zur „Ich-bin-wie-Sie"-Methode. Ob Sie nun eine neue Arbeitsstelle antreten, sich vor einem etwas skeptischen Publikum präsentieren müssen oder es mit neuen Kollegen zu tun bekommen, der Aufbau von Vertrauen beginnt häufig mit der Botschaft: Ich bin wie Sie.

Doch auch versierte Verkäufer und Verhandlungsführer setzen diese Methode gezielt ein, um sich bei ihrem Gegenüber als vertrauenswürdig zu empfehlen. Etwas schwieriger gestaltet sich die Sache für Führungskräfte, die ebenfalls von der „Ich-bin-wie-Sie"-Methode Gebrauch machen, wenn sie um das Vertrauen ihrer Mitarbeiter werben. Das tun sie vornehmlich bei zwei Gelegenheiten: Wenn sie neu sind – und wenn es für die Belegschaft die eine oder andere „Kröte zu schlucken" gibt. Im zweiten Fall reagieren erfahrene Mitarbeiter daher etwas beunruhigt, wenn es der Chef mit der „Ich-bin-wie-Sie"-Methode wieder einmal kräftig menscheln lässt.

Alles in allem muss man aber sagen: Es ist eine der Stärken der Methode, dass sie unverfänglich ist und einen zu nichts verpflichtet. Sie gehen ein vergleichsweise niedriges Risiko ein. Sogar wenn Ihr Gegenüber das Manöver durchschaut, müssen Ihnen daraus keine Nachteile entstehen.

Der riskante Gleichmacher

In hierarchischen Beziehungen ist die „Ich-bin-wie-Sie"-Methode häufig problematisch. Vom Chef, der es menscheln lässt, war gerade die Rede. Doch noch weniger ist es zu empfehlen, als Mitarbeiter gegenüber seinem Vorgesetzten mit dieser Botschaft aufzutreten. Immerhin stellen Sie sich mit ihm auf eine Stufe. Und das kommt bei allen ganz schlecht an, die in der Hierarchie über Ihnen stehen, sogar wenn Ihr Beitrag gemäß der „Ich-bin-wie-Sie"-Methode harmlos bis nichtssagend ausfällt. Erinnern Sie sich an die Studie von dem Verkäufer, der dezent darauf hinwies, dass er neulich die gleiche Menge an Farbe gekauft hat (→ S. 76). Vertrauensbildend für den ratsuchenden Kunden, doch verstörend für den Vorgesetzten. Unterschwellig lautet für ihn die Botschaft: Heute kauft sie schon die gleiche Menge an Farbe. Und morgen will sie das Gleiche verdienen wie ich!

Überhaupt eignet sich die Methode nicht so sehr für ungleichartige Beziehungen, die auch ungleichartig sein sollen: So wie beim Experten und beim Laien, beim Meister und beim Schüler; und auch bei der Kundin und beim Verkäufer/Berater kann es unpassend sein, die Gemeinsamkeiten allzu sehr zu betonen. Man denke etwa an den öligen Anzugverkäufer aus einem bekannten Loriotsketch und seinen klassischen Satz: „Trag ich selbst gern."

Gemeinsamkeiten gesucht

Der Name der Methode sagt ja schon, worum es geht. Sie knüpfen an eine Gemeinsamkeit an und sorgen dadurch für eine gewisse Vertrautheit. Das klingt nach wenig, doch sollten Sie die Wirkung nicht unterschätzen. Auch nur ein Quäntchen Vertrautheit kann Ihnen einen entscheidenden Vorteil verschaffen. Denn es ist nun einmal so, dass Menschen am ehesten Vertrauen fassen, wenn sie etwas mit Ihnen verbindet. Können sie hingegen keinen Bezug zum Ihnen herstellen, bleiben sie misstrauisch.

Die Frage ist allerdings: Welche Gemeinsamkeiten sind überhaupt geeignet? Und wie finden Sie die heraus? Das hängt ganz von den jeweiligen Umständen ab. Bei einem Vortrag vor einem anonymen Publikum sind die Maßstäbe andere als bei einem Menschen, mit dem Sie über einen längeren Zeitraum persönlich zu tun haben. Über den können Sie natürlich mehr herausfinden und eher in die Tiefe gehen. Und doch ist das Prinzip das gleiche. Als geeignete Felder für Gemeinsamkeiten gelten:

- Regionale Herkunft: Dabei können Sie sowohl an Ihren Geburtsort, Ihren Wohnort als auch an die Orte anknüpfen, an denen Sie Ihre Ausbildung durchlaufen haben.

- Ausbildung: Sowohl die Fachrichtung wie auch der Ort. Juristen, Betriebswirte, Ingenieure, Geisteswissenschaftler finden schnell einen Draht zueinander. Haben Sie an der gleichen Hochschule studiert, verbindet Sie das auch.

- Hobbys und Interessen: Je spezifischer, desto besser. Eine gemeinsame Vorliebe für Kochen oder Reisen verbindet bei weitem nicht so stark, wie wenn Sie entdecken, dass Sie beide Bigbandjazz der 30er Jahre mögen.

- Ehemaliger Beruf und Werdegang: Haben Sie früher einen ähnlichen Beruf ausgeübt wie Ihr Gegenüber heute, können Sie mit einem dezenten Hinweis das Eis brechen.

- Temperament und Charakter: Finden Sie Gemeinsamkeiten, wie Sie die Dinge anpacken, ob Sie Kopfmensch sind, Gefühlsmensch, Zahlenmensch, kreativer Chaot oder eigenwilliger Tüftler.

Womöglich stoßen Sie aber auch auf ganz andere Verbindungspunkte: gemeinsame Bekannte, ähnliche Lebensgeschichte, Gewohnheiten, Reiselektüre, Schulausbildung, was auch immer. Hauptsache, Sie finden etwas, das Sie mit dem anderen verbindet. Sie sind dann keine Unbekannten mehr, sondern Sie gehören zumindest ein wenig zusammen. Und das ist eine günstige Voraussetzung, um Vertrauen aufzubauen, übrigens von beiden Seiten.

Beispiel: Einer von uns

Ein Unternehmensberater hält einen Vortrag über modernes Klinikmanagement. Das Publikum ist ein wenig skeptisch. Als der Berater erzählt, dass er früher Krankenpfleger, dann Klinikarzt gewesen ist, ändert sich die Situation grundlegend. Die Zuhörer betrachten ihn nun als „einen von uns", die Vorbehalte schwinden. Der Berater verstärkt diese „Ich-bin-wie-Sie"-Tendenz noch. Immer wieder streut er Wendungen ein, die erkennen lassen: Ich bin medizinischer Insider.

Wie aber bringen Sie die Gemeinsamkeiten in Erfahrung? Nun, manches werden Sie als Vorwissen mitbringen: Für welches Unternehmen und in welcher Position der andere arbeitet, in welcher Stadt er lebt. Andere Dinge müssen Sie aufschnappen oder sich einfach darüber austauschen. Der entspannte Small Talk vor einer Besprechung oder in den Pausen kann ja auch dazu dienen, ein wenig über den anderen zu erfahren. Außerdem kann der Small Talk selbst Ihnen ein „Ich-bin-wie-Sie"-Erlebnis verschaffen. Wenn Sie nämlich feststellen, dass Sie mit Ihrem Gegenüber mühelos plaudern können, so baut auch das Misstrauen ab.

Mit Sprache und Körpersprache arbeiten

Sie müssen gar nicht immer inhaltlich die Verbindung zu Ihrem Gegenüber suchen. Nicht weniger wirksam ist es, wenn Sie sich sprachlich und körpersprachlich auf den anderen einstellen. Von den „Spiegelungen" der Gestik und Mimik war bereits die Rede (→ S. 75). Doch auch Ihre Worte können Sie so wählen, dass für den anderen deutlich wird: Wir sprechen dieselbe Sprache. Wir verstehen uns.

Das ist durchaus auch wörtlich gemeint: Sprechen zwei Menschen denselben Dialekt, kann das eine sehr starke Verbindung schaffen – gerade in einem Umfeld, in dem gar kein oder ein anderer Dialekt gesprochen wird. Aber auch wenn sich jemand sehr gewählt ausdrückt und Sie mithalten können, ist das eine gute Grundlage.

Umgekehrt schaffen Sie die Distanz, wenn Sie sich anders ausdrücken als Ihr Gesprächspartner. Aber in bestimmten Situationen kann eben gerade das sinnvoll sein, beispielsweise wenn Sie sich als Experte profilieren möchten. Doch das ist eben eine völlig andere Methode, Vertrauen aufzubauen. Die Expertin darf ja gerade nicht so sein wie ich, damit ich ihr vertraue. Ich muss sie verstehen können, aber sie muss mir immer noch fremd genug bleiben, damit ich mir sage: Lass sie mal machen, ich kenne mich da nicht aus.

Vorsicht vor Anbiederei

Gemeinsamkeiten sind ja durchaus etwas Angenehmes. Daher können Sie den anderen darauf ansprechen, wenn Ihnen etwas in dieser Richtung auffällt. Allerdings geht der Effekt „nach hinten los", wenn Sie es übertreiben. Jemand, der demonstrativ auf irgendwelchen Gemeinsamkeiten herumreitet, wirkt nicht vertrauenerweckend, sondern aufdringlich. Jede Art von Anbiederei verstärkt bei Ihrem Gegenüber die Tendenz, sich von Ihnen abzugrenzen. Daher empfiehlt es sich, die Sache eher dezent zu handhaben. Anders gesagt: Wenn Sie Gemeinsamkeiten ins Spiel bringen, so muss das immer durch die Situation gedeckt sein.

Noch verheerender ist die Wirkung, wenn Gemeinsamkeiten beschworen werden, die gar nicht bestehen. Da kann die Sache noch so unbedeutend sein. Nehmen wir an, Ihr Gesprächspartner fährt gerne in die Bretagne. Sie packen die Gelegenheit beim Schopf und beschwören die raue Schönheit der bretonischen Landschaft. Sie schwärmen von der Felsküste; von Dolmen und Menhiren, von Crepes und Cidre. Dabei waren Sie erst einmal in der Bretagne – als Kind. Sobald Ihr Gesprächspartner das feststellt, wird er Sie für alles Mögliche halten, nur nicht für besonders vertrauenswürdig.

Anerkennungströpfchen

Wonach sehnen sich die Menschen? Und wovon bekommen sie fast immer zu wenig? Sie haben Recht, es ist Anerkennung. Geben Sie dem anderen Anerkennung und Sie verstärken seine Bereitschaft, Ihnen zu vertrauen. Das bedeutet allerdings nicht, dass Sie den anderen wahllos mit Lob überschütten dürfen. Überhaupt ist Lob, ganz gleich in welcher Dosis, gar nicht so sehr vertrauensbildend, sondern Anerkennung. Der Unterschied ist folgender: Wenn Sie loben, dann sind Sie derjenige, der sich auf den Richterstuhl setzt und die herausragende Leistung würdigt. Gelobt wird in der Regel von oben nach unten. Der Vorgesetzte lobt gelegentlich seine Mitarbeiter, aber sie nicht ihn, zumindest wenn alles mit rechten Dingen zugeht. Bei der Anerkennung ist das anders. Sie funktioniert in alle Richtungen – und sie muss sich gar nicht immer in Worten ausdrücken. Melde ich mich für ein Projekt, weil es von Ihnen geleitet wird, so liegt auch darin eine Anerkennung.

„Anerkennungströpfchen" können Sie allerdings nur dann spenden, wenn Sie Ihr Gegenüber recht gut kennen. Sie müssen die Leistungen oder besonderen Eigenschaften wahrgenommen haben, brauchen einen Wertmaßstab und Urteilsvermögen. Schmeichelei ist geradezu das Gegenteil von Anerkennung. Denn die kennt weder Wertmaßstab noch Urteilsmögen. Und sie wird im Allgemeinen im Übermaß gespendet. Während Anerkennungströpfen – wie der Name richtig vermuten lässt – sparsam eingesetzt werden müssen, um zu wirken.

Verstehen und wertschätzen

Auf den ersten Blick scheint es etwas überraschend, aber Sie werten den anderen auf – damit er Ihnen vertraut. Es ist der vertraute Mechanismus der Gegenseitigkeit. Die Aufwertung geschieht jedoch nicht willkürlich, sondern sehr gezielt. Sie konzentrieren sich auf das Wesentliche, umso stärker ist der Effekt. Als erstes muss es Ihnen gelingen, den anderen zu verstehen. Was treibt ihn an? Worauf legt er Wert? Wie möchte er gesehen werden? Das gibt Ihnen wichtige Anhaltspunkte. Denn Ihre Anerkennungstropfen bleiben wirkungslos, wenn Sie sich auf Leistungen oder Eigenschaften beziehen, die für den anderen keine Rolle spielen.

Wohlverstanden: Es geht nicht darum, dem anderen nach dem Mund zu reden oder ihn in seiner Selbstüberschätzung zu bestärken (obwohl daraus gewiss auch Nutzen zu ziehen wäre, aber solche Methoden gehören in die Kategorie „Giftschrank"). Vielmehr bemühen Sie sich darum, den anderen zu verstehen. Und dazu gehört auch, dass Sie sich mit seinen Wertmaßstäben auseinandersetzen. Sie müssen sie ja nicht für sich übernehmen, aber Sie sollten nicht Ihre eigenen dem anderen überstülpen. Sie wollen ja herausfinden: Wie tickt er? Doch das Verstehen ist erst der Anfang. Hinzu kommt: das Wertschätzen.

Dabei kommt es nicht darauf an, wie Sie Ihre Wertschätzung zum Ausdruck bringen. Wichtig ist nur, dass die Botschaft bei Ihrem Ge-

genüber ankommt: „Er/Sie versteht mich und er/sie schätzt mich."
Erst auf der Grundlage von Verstehen bekommt die Wertschätzung
überhaupt Gewicht. Wer sich hingegen verkannt fühlt, mag sich durch
die Wertschätzung zwar geschmeichelt fühlen. Vertrauen wird er Ihnen deshalb noch lange nicht.

Welcher Mensch möchte der andere sein?

Die ganze Sache funktioniert nur, wenn Sie bereit sind, sich auf den
anderen einzulassen. Das erfordert Zeit und Aufmerksamkeit. Doch ist
das kein Argument gegen die Methode, sondern für sie. Denn allein
Ihr Bemühen, den anderen zu verstehen, ist ein Zeichen Ihrer Wertschätzung. Würde er Ihnen nichts bedeuten, könnten Sie sich den
ganzen Aufwand sparen. So wird es im Übrigen auch von Ihrem Gegenüber empfunden.

Dabei müssen Sie keineswegs den anderen durchgängig in seiner Sicht
der Dinge bestätigen. Sie können Leistungen und Eigenschaften
durchaus etwas anders bewerten, ihn auf verborgene Stärken ebenso
hinweisen wie auf leichte Tendenzen der Selbstüberschätzung (jemanden, der stark zur Selbstüberschätzung neigt, werden Sie ohnehin
nicht erreichen). Der entscheidende Punkt ist aber, dass Sie immer auf
der Grundlage bleiben, den anderen zu verstehen. Lassen Sie sich von
der Frage leiten, welcher Mensch der andere sein möchte, und Sie
werden ihn wesentlich tiefer erreichen, als wenn Sie einfach nur Leistungen würdigen.

Die Tröpfchenmethode

Wieso aber Anerkennung nur „in Tröpfchen"? Dafür gibt es zwei
Gründe: Richtig betrieben ist die Methode recht aufwändig. Sparsam
dosiert schont Anerkennung Ihre Kräfte. Wichtiger noch: Ein einziger
wirklich fundierter Hinweis kann eine ungeheure Wirkung entfalten.
Dieses Gefühl, verstanden und wertgeschätzt zu werden, kann schon
recht lange vorhalten. Und doch muss es von Zeit zu Zeit aufgefrischt
werden – durch ein neues Anerkennungströpfchen.

Anerkennungströpfchen light

Wir haben es schon angesprochen: Diese Methode empfiehlt sich eher,
um „höherwertigen" Vertrauensverhältnissen den Boden zu bereiten,
also solchen, die auf „höherer Betriebstemperatur" laufen, wie wir

gesagt haben (→ S. 38). Allerdings können Sie mit ein wenig Menschenkenntnis die „Anerkennungströpfchen" auch bei niedrigerer Betriebstemperatur einsetzen, als „Light"-Version gewissermaßen, beispielsweise als Verkäufer im Umgang mit Ihren Kunden. Haben Sie ein Gespür dafür, welcher Mensch Ihr Kunde sein möchte, können Sie ihn wesentlich gezielter beraten. Fühlt er sich von Ihnen verstanden, wird er Ihnen Vertrauen schenken. Das Verstehen erstreckt sich zwar nur auf das Produkt oder die Dienstleistung, die Sie anbieten. Aber genau hier können Sie mit etwas Geschick eine vertrauensvolle Kundenbeziehung schmieden. „Endlich mal jemand, der versteht, worum es mir geht", sagen Ihre Kunden und folgen Ihrem Rat im Vertrauen darauf, dass Sie schon wissen, was das Beste für den Kunden ist. Diesem Vertrauen müssen Sie natürlich gerecht werden.

Vorsicht vor übertriebenen Erwartungen

Die Gefahr bei dieser Methode besteht darin, dass Sie Erwartungen wecken, denen Sie dann doch nicht gerecht werden. Dadurch könnten Sie das mühsam aufgebaute Vertrauen wieder verlieren. Zwar lassen sich übertriebene Erwartungen durchaus dämpfen, aber häufig bemerken wir es gar nicht, wenn die Gegenseite überspannte Erwartungen hegt. Und wenn wir es doch registrieren, dann fühlen wir uns geschmeichelt und lassen uns von diesem „Vertrauensbeweis" davontragen. Berauscht von der eigenen Großartigkeit überschätzen wir unsere Möglichkeiten.

Auf leisen Sohlen

Sie erinnern sich an die Aussagen der Psychologen Robyn Dawes und Susan Fiske: In sehr vielen Situationen ist Vertrauen so etwas wie unsere „Voreinstellung". Erst wenn etwas nicht stimmt, werden wir argwöhnisch. Um Ihnen zu vertrauen, brauche ich keine Gründe. Wenn ich Ihnen misstraue, schon. Diesen Effekt kann man sich zunutze machen, um sich gewissermaßen „auf leisen Sohlen" in die Vertrauenswürdigkeit zu stehlen. Das klingt verdächtig, muss es aber gar nicht sein. Denn es geht ja nicht darum, andere zu täuschen, sondern ihr Vertrauen zu gewinnen, was immer Sie dann damit anstellen (→ Kapitel „Vertrauen nutzen").

Und dafür bietet sich die Methode „Auf leisen Sohlen" geradezu an. Sie hat gleich mehrere Vorzüge: Der Aufwand hält sich in Grenzen, sie ist vielfältig einsetzbar und noch unverfänglicher als die „Ich-bin-wie-Sie"-Methode. Besonders kommt sie für die „kleineren" Vertrauensverhältnisse auf kühler bis mittlerer Betriebstemperatur in Frage. Aber als Starter kann man sie durchaus auch einsetzen, um sich zu „höherwertigen" Beziehungen emporzuarbeiten. Und schließlich gibt es noch ein weiteres gutes Argument für diese Methode: Viele vertrauenswürdige Menschen verhalten sich so. Ja, sie ist ein Indiz für Vertrauenswürdigkeit.

Die selbstverständlichste Sache der Welt

Hartnäckig hält sich die Ansicht, man müsste besondere Überzeugungsarbeit leisten, um das Vertrauen seiner Mitmenschen zu gewinnen. Tatsächlich ist das Gegenteil der Fall. Je stärker Sie den anderen von Ihrer Vertrauenswürdigkeit zu überzeugen versuchen, umso weniger vertrauenswürdig wirken Sie. Es ist ein typischer Anfängerfehler: Wir meinen, wenn wir viele gute Gründe anführen und eine beeindruckende Liste an Referenzen vorlegen, würde uns die Gegenseite schon vertrauen. Nun, das ist eben ein Irrtum. Vielmehr erwecken Sie dadurch erst den Argwohn: „Nanu? Was stimmt denn da nicht?", fragt sich die Gegenseite unwillkürlich. Denn die Erfahrung lehrt: Wer vertrauenswürdig ist, der hat es gar nicht nötig, seine Vertrauenswürdigkeit zu thematisieren. Sie versteht sich von selbst.

Daher sollten Sie, wie wir gesagt haben, gar nicht erst „die schlafenden Hunde" des Argwohns wecken. Was Sie zu tun haben – und wofür Sie einen Vertrauensvorschuss benötigen – das gehen Sie so an, als wäre es die selbstverständlichste Sache der Welt. Dass Sie Ihre Kunden zu ihrem Vorteil beraten, müssen Sie nicht noch begründen und belegen. Dass Sie in der Lage sind, auf das Kind, das man Ihnen anvertraut, aufzupassen, versteht sich von selbst. Dass Sie Ihren Auftraggeber nicht betrügen, ihn nicht bestehlen, nicht Mitglied einer dubiosen Sekte sind, sondern sorgfältig und professionell Ihre Arbeit erledigen, darüber sollten Sie von sich aus kein Wort verlieren.

Beispiel: Lernen von Staubsaugervertretern
Wenn Sie an der Haustür Staubsauger verkaufen wollen, schlägt Ihnen nicht gerade eine Welle des Vertrauens entgegen. In dem preisgekrönten Dokumentarfilm „Die Blume der Hausfrau" lässt sich verfolgen, wie es die

Profis machen. Sie treten höflich, aber selbstbewusst auf und haben nichts Marktschreierisches an sich. Sie erwecken den Eindruck, als sei es ein ganz alltäglicher Vorgang, die Wohnung von fremden Leuten zu betreten, um dort ganz unverbindlich den Teppich zu reinigen.

Die Eigendynamik der Situation nutzen

Wenn Sie „auf leisen Sohlen Vertrauen" aufbauen, dann lassen Sie die Logik der Situation für sich arbeiten. Sie brauchen ein Gespür dafür, was Ihr Gegenüber als der Situation angemessen empfindet. Bewegen Sie sich in diesem Bereich, ist vieles möglich, unter Umständen mehr, als Sie anfangs gedacht haben. So bringen Sie vielleicht schon einen Folgeauftrag unter Dach und Fach, weil es einfach naheliegend schien, den schon mal „abzustimmen". Dabei ist es allerdings nicht immer empfehlenswert, das Maximale aus der Situation herauszuholen. Denn Sie können sich mit dem Vertrauen, das der andere Ihnen entgegenbringt, auch überladen. Aber Sie haben es selbst in der Hand, die Situation zu beeinflussen und die Dynamik im Bedarfsfall wieder etwas abzubremsen.

Vorsicht vor Vertrauensbeweisen

In aller Deutlichkeit: Vertrauensbeweise haben Sie dann nötig, wenn Ihre Vertrauenswürdigkeit in Frage steht. In einigen Fällen ist so etwas gar nicht zu vermeiden. Beispielsweise wenn Sie in einer Branche arbeiten, in der sich einige „schwarze Schafe" tummeln, wenn Sie verlorenes Vertrauen wieder zurückgewinnen möchten, wenn es einfach üblich ist, Referenzen anzugeben. Oder wenn Sie neu in der Branche sind. Dann haben Sie auch keinen Anspruch darauf, dass man Ihnen unbesehen vertraut. Ansonsten aber gilt der Grundsatz: Stellen Sie nicht Ihre eigene Vertrauenswürdigkeit in Frage, indem Sie von sich aus Vertrauensbeweise erbringen.

Allerdings ist es ja häufig die Gegenseite, die solche Beweise fordert. Sie gibt Ihnen zu verstehen: Vertrauen wird nun dann geschenkt, wenn Sie den anderen überzeugen, dass Sie vertrauenswürdig sind. Dieses Anliegen kann durchaus berechtigt sein, aus den gerade erwähnten Gründen. Vielleicht steht auch sehr viel auf dem Spiel oder man hat gerade schlechte Erfahrungen gemacht und möchte nun auf Nummer sicher gehen (ein Vorhaben, das allerdings ausschließt, dass man Vertrauen schenkt). Der Punkt, um den es hier geht: Machen

Sie sich klar, dass jemand, der Beweise Ihrer Vertrauenswürdigkeit fordert, Ihnen erst einmal misstraut. Gibt es keinen Anlass, Ihre Vertrauenswürdigkeit in Zweifel zu ziehen, sollten Sie sich gut überlegen, ob Sie sich überhaupt auf die Sache einlassen. Denn wenn der andere Ihnen schon jetzt ohne Grund misstraut, spricht einiges dafür, dass er Ihnen weiterhin misstrauen wird, auch wenn Sie ihn mit Vertrauensbeweisen überhäufen. Ja, Sie setzen sich dem Verdacht aus, sein Misstrauen sogar verdient zu haben, wenn Sie so mit sich umspringen lassen.

Der Einwand in eigener Sache

Nicht immer können Sie sich „auf leisen Sohlen" in das Reich des Vertrauens vortasten. Denn leider versteht sich unsere Vertrauenswürdigkeit keineswegs immer von selbst. Vor allem wenn es um schwierige, verantwortungsvolle Aufgaben geht, ist es nahe liegend, dass Ihr Gegenüber erst einmal skeptisch ist und Anhaltspunkte dafür braucht, ob Sie überhaupt in der Lage sind, seine Erwartungen zu erfüllen. Keine Frage, da müssen Sie Überzeugungsarbeit leisten, um dem anderen das Gefühl zu geben: Sie werden das schon schaffen.

Allerdings geht es nicht nur darum, die eigenen Qualitäten ins rechte Licht zu rücken. Mindestens ebenso wichtig ist es, Aufrichtigkeit und Glaubwürdigkeit auszustrahlen. Das geht aber nicht, wenn man „dick aufträgt", sich alles zutraut und nirgendwo Probleme sieht. Für die eigene Glaubwürdigkeit ist es geradezu verheerend, „auf gut Wetter" zu machen. Stattdessen empfiehlt es sich, selbstbewusst gegenzusteuern – mit Einwänden in eigener Sache. Dies gilt sowohl, wenn Sie als Vorgesetzter um das Vertrauen Ihrer Mitarbeiter werben, wie auch umgekehrt, wenn sich Ihr Vorgesetzter mit einer vertrauensvollen Aufgabe an Sie wendet. Und unter Kollegen ist es nun auch kein Nachteil, als glaubwürdig zu gelten.

Als Bedenkenträger den eigenen Ruf schützen

Neigt Ihr Vorgesetzter zum „positiven Denken", könnte er Ihr Verhalten als Schwäche und Zögerlichkeit auslegen. Stehen Sie dann noch im Wettbewerb mit anderen, die erwartungsgemäß alle Bedenken vom Tisch wischen, haben Sie mit Ihrer zurückhaltenden Einschätzung keine „guten Karten". Vermutlich bekommen Sie nicht einmal die

Chance zu zeigen, dass Sie weit eher das Vertrauen verdient hätten. Und doch sollten Sie sich zweimal überlegen, ob Sie sich am Wettrennen der Großsprecher beteiligen wollen. Denn so etwas kann Ihren Ruf schädigen. Und wenn die Angelegenheit dann doch nicht so problemlos abläuft, fällt das nun erst recht auf Sie zurück. Warum mussten Sie auch den Mund so vollnehmen?

Alles nicht so einfach

Natürlich dürfen Sie keine ernsthaften Zweifel aufkommen lassen, ob Sie der Aufgabe gewachsen sind. Wenn Sie die hegen, dürfen Sie sich auf die ganze Sache gar nicht einlassen. Auch das ist natürlich möglich: Lehnen Sie es ab, für eine Aufgabe eingespannt zu werden, bei der Sie vermutlich scheitern werden. Auch auf diese Weise kann man sich Respekt erwerben und Ärger ersparen. Doch worum es hier geht: Sie bringen zum Ausdruck, dass Sie die Sache nicht auf die leichte Schulter nehmen. So etwas schafft Vertrauen. Zeigen Sie Problembewusstsein. Sprechen Sie die Hindernisse und Unwägbarkeiten ruhig an, die Ihr Gegenüber vermutlich ohnehin selbst im Kopf hat. Sie machen es sich nicht einfach. Das ist die Botschaft, die zählt.

Keine Schönfärberei

Die Einwände in eigener Sache können Sie sogar noch rückblickend geltend machen, indem Sie ein Projekt, an dem Sie mitgewirkt haben und das nach allgemeinem Urteil gut gelaufen ist, betont nüchtern beurteilen. Natürlich wäre es ein Fehler, einen eigenen Erfolg schlecht zu machen oder zu zerreden. Doch ein wenig Unzufriedenheit im Sinne von „Das hätte noch besser laufen können" dürfen Sie schon kundtun. Dabei geht es jedoch nicht um eine Pose. Vielmehr geht es um einen Grundzug, den Sie nach außen vermitteln: Sie betreiben keine Schönfärberei. In der Vergangenheit nicht und daher auch nicht in der Gegenwart und Zukunft.

Die Wirkung der Methode lässt sich spürbar erhöhen, wenn mit Ihrem Einwand in eigener Sache ein gewisses Risiko verbunden ist. Wer einfach nur rummäkelt und ankündigt, es wird schwierig, der erwirbt sich wenig Respekt und stärkt auch nicht unbedingt seine Glaubwürdigkeit. Wenn Sie hingegen das Risiko eingehen, dass Ihnen ein Kunde abspringt, der Auftrag anderweitig vergeben wird oder sich jemand von Ihnen abwendet, dann erst bekommt die Sache Substanz. „Da traut sich jemand was", meint Ihr Gegenüber und ist deshalb bereit, Ihnen zu vertrauen.

Beispiel: Der Börsenhändler mit dem „Hau"

Einer der bekanntesten Börsenhändler in Deutschland ist Dirk Müller, populär vor allem wegen seines „losen Mundwerks", wie die Süddeutsche Zeitung schreibt. Er räumt offen ein, dass er sich dann und wann auch einmal irrt. Über seinen Beruf sagt er, als Aktienhändler müsse man „einen Hau haben, sonst geht der Job nicht". Gerade weil er in einer Position arbeitet, in der solche freimütigen Bekenntnisse eher unüblich sind, gilt er vielen als vertrauenswürdig.

Kritik vorwegnehmen

Ein positiver Nebeneffekt ergibt sich dadurch, dass Sie ja frühzeitig auf mögliche Risiken hingewiesen haben. Mit anderen Worten, wenn die Sache nicht ganz so gut ausgeht, ist nicht gleich Ihre Glaubwürdigkeit beschädigt. Dabei sollten Sie sich allerdings keine übertriebenen Hoffnungen machen: Scheitern ist stets negativ. Und immer muss es jemanden geben, der dafür verantwortlich ist. Das heißt, auch wenn Sie vor den Gefahren gewarnt haben, können Sie nicht in jedem Fall verhindern, dass Ihnen die ganze Sache „um den Hals gehängt" wird. Und wenn Sie ganz großes Pech haben, dann heißt es noch: „Kein Wunder, dass es nicht funktioniert hat; der hat ja von Anfang an nicht an die Sache geglaubt."

Und doch befinden Sie sich in einer günstigeren Ausgangsposition, wenn Sie derjenige sind, der von Anfang an zur Vorsicht geraten hat. Womöglich sind Sie dann der einzige, der unbeschadet davonkommt, und es wird allgemein beklagt, dass man nicht mehr auf Sie gehört hat, eine schmeichelhafte Unterstellung, die Sie umgehend zurückweisen. Denn so einfach ist die Sache ja nun auch wieder nicht ... Haben Sie sich hingegen ganz und gar einer Sache verschrieben, die dann schiefgeht, könnte es sein, dass Sie untragbar geworden sind, sogar für diejenigen, die es eigentlich gut mit Ihnen mein(t)en. Weil Sie Ihre Glaubwürdigkeit verloren haben.

Dialektik für Anfänger

Bei allen Einwänden in eigener Sache sollten Sie jedoch im Auge behalten, dass Ihnen die Gegenseite die Angelegenheit, um die es geht, noch zutraut. Sie wollen ja die Aufgabe übernehmen. Und da wäre es fatal, Zweifel an Ihrer Bereitschaft, Fähigkeit oder Ernsthaftigkeit zu säen. Vielmehr vermitteln Sie den Eindruck, alle Hindernisse, Nachteile, Gegenargumente schon berücksichtigt zu haben – mit einem klaren Ergebnis: „Sie können sich auf mich verlassen!"

Dabei machen Sie sich die innere Dialektik zunutze, die bei solchen Konstellationen greift: Indem Sie derjenige sind, der die Vorbehalte formuliert, ist diese Rolle bereits besetzt. Ihr Gegenüber kann jetzt also nicht auch noch den Bedenkenträger spielen. Sonst wäre das Gespräch zu Ende (oder es müsste sich drehen). Auf diese Weise wird der andere subtil dazu bewegt, die Gegenposition einzunehmen: Die Bedenken zu entkräften und Zuversicht zu verbreiten. Auf jeden Fall sind Sie derjenige, der für die Einwände zuständig ist. Wenn Sie sich jetzt selbst auch noch grünes Licht geben, dann haben Sie das Vertrauen bestimmt verdient.

Das Schlangenöl

> *„Für jedes komplexe Problem gibt es immer eine einfache Lösung: Klar, einleuchtend und falsch!" – Informatikerweisheit*
> *(frei nach H. L. Mencken)*

Beim „Schlangenöl" bewegen wir uns in Richtung „Giftschrank", in dem sich die Methoden befinden, von deren Gebrauch abzuraten ist. Wenn diese Technik hier dennoch vorgestellt wird, so gibt es dafür zwei Gründe: Sie ist außerordentlich erfolgreich. Viele Menschen vertrauen dem „Schlangenöl". Denn diese Methode kommt dem tief verwurzelten menschlichen Wunsch nach einfachen Lösungen entgegen: Das „Schlangenöl" gehört also unbedingt in das Kapitel, wie man Vertrauen aufbaut. Sie können es auch als Warnung lesen, die Ihnen helfen soll, dieser Methode nicht „auf den Leim" zu gehen. So weit Grund eins. Grund zwei: Es gibt auch eine nützliche, gewissermaßen weiße Variante des magischen „Schlangenöls", die dann vielleicht doch für Sie in Frage kommt.

Große Versprechen – keine Wirkung

Der Begriff „Schlangenöl" entstammt dem Dunstkreis des Wilden Westens. „Snake oil" wurde damals als Wundermittel gegen Gebrechen aller Art verkauft, von zwielichtigen Gestalten, die wir als „Quacksalber" bezeichnen würden. Im heutigen Sprachgebrauch ist das „Schlangenöl" ein Produkt, das viel verspricht, aber keinen Nutzen hat. Im Deutschen bezieht sich diese Bezeichnung vor allem auf nutzlose Software: Verschlüsselungsprogramme, die versprechen, unsere Datenübertragung absolut sicher zu machen, Applikationen, die unseren Computer beschleunigen oder den Arbeitsspeicher verdoppeln sollen. Die Wirkung von Schlangenöl-Produkten ist gleich null. Aber für den normalen Nutzer, der seiner „unknackbaren 256-Vollbit-Verschlüsselung" vertraut, ist das gar nicht so leicht herauszufinden.

Für komplizierte Probleme eine einfache Lösung

Entscheidende Voraussetzung für die Schlangenöl-Methode: Die Angelegenheit ist kompliziert, undurchschaubar für denjenigen, der da vertrauen soll. Und wenn sie nicht kompliziert genug ist, dann muss noch ein wenig nachgeholfen werden. Der Schlangenöl-Imperativ lautet: „Gestalte den Bereich, den du beherrschst, so unübersichtlich und verwirrend wie möglich." Auf diese Weise entsteht bei dem anderen überhaupt erst der Bedarf, jemandem zu vertrauen. Wenn er sich selbst gut genug auskennen würde, könnte er die Angelegenheit ja auch in die eigene Hand nehmen. Oder er könnte zumindest beurteilen, was da vor sich geht. Und genau das gilt es zu verhindern.

Es muss aber noch etwas hinzukommen. Kompliziertheit allein genügt nicht, sonst würde der andere einfach nur die Finger von der Sache lassen. „Davon verstehe ich nichts", würde er sagen und sich abwenden. Nicht jedoch, wenn es etwas zu gewinnen gibt. Etwas, das man allzu gerne hätte, das man aber aus eigener Kraft kaum erreichen kann: Viel Geld, Gesundheit – oder sichere Datenübertragung im Internet. Es ist also der erwähnte „Hebeleffekt des Vertrauens" (→ S. 28), der hier zum Tragen kommt. Ich muss einfach nur Vertrauen schenken. Dann kann ich in Bereiche vordringen, die mir sonst verschlossen bleiben.

Und noch etwas ist wichtig: Für den, der vertraut, muss alles ganz einfach sein. Mit der Überkomplexität der Welt soll sich der andere herumschlagen. Darum vertraue ich ihm ja. Er hat die Sache im Griff. Er weiß, worauf es ankommt, nicht ich. Ich kenne mich nicht aus. Ich muss mich auf den anderen verlassen. So viel im Übrigen auch zum Thema: „Nur wer sich selbst vertraut, kann anderen vertrauen."

Die Sehnsucht nach dem Wundermittel

Lassen wir einmal den betrügerischen Aspekt beiseite, so zeigt sich, dass eine ganze Reihe von Vertrauensverhältnissen nach dem Schlangenöl-Prinzip funktioniert. Wer vertraut, der liefert sich dem anderen aus. Er versteht nichts von Geldanlage, von Medizin, von Computern oder Ernährung. Gerade deshalb braucht er den anderen, sagen wir: die Expertin. Und die zeigt sich eben dadurch als vertrauenswürdig, dass sie denjenigen, der ihr vertraut, nicht hintergeht. Sie dreht ihm eben kein wirkungsloses Schlangenöl an, sondern ... Ja, was eigentlich? Mit einem konventionellen Medikament wird sie sein Vertrauen gerade nicht gewinnen. Und genau darin liegt das Problem, auf das wir hinauswollen. Denn die Vertrauensverhältnisse nach dem Schlangenöl-Prinzip gründen ja gerade auf der Verheißung, ein Wundermittel verabreicht zu bekommen.

In Bereichen, in denen wir uns gründlich auskennen, wissen wir nur allzu gut: Es gibt gar keine Wundermittel. Doch fatalerweise nimmt die Bereitschaft zu, an Wundermittel zu glauben, wenn wir die Orientierung verloren haben, verunsichert sind, nicht mehr durchblicken. Dann klammern wir uns an jemanden, dem wir vertrauen wollen. Je mehr er uns verspricht, umso attraktiver scheint es, ihm zu vertrauen: Sofortheilung, die garantiert wirksame Diät, die Geldanlage mit 40 Prozent Rendite bei null Prozent Risiko (schon das Messen des Risikos in Prozent sollte uns stutzig machen). In solchen Fällen ist die Grundlage unseres Vertrauens Wunschdenken. Und davon sind wir wohl alle nicht ganz frei. Oder von welchem Arzt würden Sie sich operieren lassen: von dem, der Ihnen eröffnet, dass der Eingriff in zehn Prozent aller Fälle misslingt, oder von seinem Kollegen, der Ihnen zusichert, die Operation werde gelingen?

Beispiel: Finanz-, Erfolgs- und Gesundheitsgurus

Sie versprechen das Blaue vom Himmel herunter: Geld, Glück, Gesundheit. Den Beweis ihrer Wirksamkeit bleiben sie in der Regel schuldig. Ja, es soll vorkommen, dass der Finanzguru über beide Ohren verschuldet ist, Mister Gesundheit Schleichwerbung macht und der Erfolgspapst wegen dubioser Praktiken ins Gefängnis muss. Der Bereitschaft, ihnen zu vertrauen, tut das keinen Abbruch.

Die Verteidigung des Schlangenöls

Im Wilden Westen war der Wunderheiler meist schon über alle blauen Berge, ehe das Schlangenöl seine Wirkung tun konnte. Bei heutigen Schlangenölen lässt sich häufig ein ganz anderer Effekt beobachten. Diejenigen, die auf das Schlangenöl hereingefallen sind, wollen das nicht wahrhaben. Sie leugnen, dass ihr kostspieliges Schlangenöl nicht gewirkt hat, und zwar umso energischer, je stärker ihnen von außen zugesetzt wird. Die erwähnte „betrayal aversion" (→ S. 51), die Abneigung, hintergangen zu werden, hat eben auch diesen Effekt: Man möchte sich einfach nicht eingestehen, dass man nach Strich und Faden betrogen wurde. Denn so etwas fällt immer auch auf uns selbst zurück. Wenn wir den falschen Menschen vertrauen, dann nagt das an unserem Selbstbewusstsein.

Und wenn wir uns in Sachen Schlangenöl richtig verausgabt und fest an den Erfolg geglaubt haben, dann fällt es immens schwer, diesen Fehler einzuräumen, zumal wenn Erklärungen angeboten werden: Dass wir noch nicht Millionär sind, liegt nicht an der Methode, sondern an der Finanzkrise, am Getreide- oder Ölpreis. Oder irgendwelche Neider versuchen, uns vom rechten Weg abzubringen. Davor hatte man uns gewarnt. Jetzt bloß durchhalten, um die reiche Ernte einzufahren. Es ist atemberaubend, zu welchen Leistungen der menschliche Verstand in der Lage ist, um die bittere Realität nicht zur Kenntnis zu nehmen.

Der Bedarf an einfachen Lösungen schafft Wundermittel

Dabei sollte eines nicht übersehen werden: Diejenigen, die ihr Schlangenöl auf den Markt bringen und damit glänzende Geschäfte machen, sind für ihre fragwürdigen Manöver nicht allein verantwortlich zu machen. Vielmehr stillen sie einen Bedarf: den Bedarf an einfachen Lösungen. Gerade in einer Zeit, in der uns die Komplexität über den Kopf zu wachsen scheint, sind sie enorm gefragt, diese einfachen Lösungen, und – wenn der Eindruck nicht täuscht – durchaus auch bei denen, die anderen die Welt erklären müssen. Und die immer weniger dazu in der Lage sind.

„Bitte verschont uns mit komplizierten Erklärungen", lautet die Botschaft. „Macht uns die Welt einfach. Dann werdet ihr mit Vertrauen belohnt. Wir wollen gar nicht so genau wissen, was sich hinter den

Kulissen abspielt, solange wir uns einen Reim darauf machen können, was sich auf der Bühne abspielt."

Diese Haltung mag zwar verständlich sein. Doch es liegt auf der Hand, dass sie nicht trägt. Die einfachen Lösungen für die komplexen Probleme, sie funktionieren nicht, sondern verursachen oft noch komplexere Probleme. Das Verlangen nach einfachen Lösungen macht uns anfällig für Manipulationen aller Art. Es liefert uns denen aus, die unser Vertrauen nicht verdient haben. Denn sie täuschen uns, nutzen uns aus und verkaufen uns – Schlangenöl. Gerade wenn alles so wunderbar einfach zu sein scheint, ist Misstrauen angebracht.

Das weiße Schlangenöl

Die Menschen vertrauen auf das, was sie für wahr halten. Sie vertrauen aber auch auf das, was sie für wahr halten möchten. Dies kann man durchaus ins Kalkül ziehen, ohne den anderen zu hintergehen oder ihn zu schädigen. Die Abmachung heißt vielmehr: Ich mache für dich die Welt so einfach, dass du sie begreifst – und du vertraust mir dafür.

Im Idealfall haben beide Seiten ihren Nutzen. Und so sollte es ja auch sein beim Vertrauen. Sie holen den anderen dort ab, wo er steht. Sie kommen seinem Bedürfnis nach Sicherheit und Orientierung entgegen. Sie nehmen ihm die Unsicherheit ab und geben ihm das beruhigende Gefühl, dass sich alles zum Besten wendet. Und genau das streben Sie an, wenn Sie auch ungleich skeptischer sind, ob das alles so hinkommt. Aber diese Skepsis muten Sie dem anderen nicht zu. Er kann damit nichts anfangen, sie würde ihn nur verunsichern oder in die Arme derer treiben, die mit dem betrügerischen Schlangenöl ihr Geschäft treiben.

Sie übernehmen für den anderen Verantwortung. Eine Verantwortung, die Ihnen gelegentlich auch aufgenötigt wird: „Was soll ich tun? Sie kennen sich doch aus. Sagen Sie es mir! Aber bitte in drei kurzen Sätzen. Sonst verstehe ich nichts!" Da haben Sie fast keine andere Wahl, als zum weißen Schlangenöl der Vereinfachung zu greifen. Sonst droht Ihnen womöglich sogar der Entzug von Vertrauen. „Die macht immer alles so kompliziert. Ich weiß gar nicht, wie ich mich entscheiden soll!" Also geben einige Fachleute bereitwillig Auskunft, wie man sich entscheiden soll: Wie man für das Alter vorsorgt. Was man für seine Gesundheit tun kann. Wie man leichter lernt. Dabei machen sie alles ganz einfach, damit es jeder versteht. Dafür ernten sie

oftmals Kopfschütteln bei Fachkollegen, die so etwas gar nicht vertrauenerweckend finden. Aber die dringen mit ihren Ansichten womöglich gar nicht zu „den Leuten" durch. Weil die ihnen nicht folgen
können und daher nicht vertrauen.

Insoweit muss man wohl sagen: Ohne weißes Schlangenöl kommen
wir nicht aus. Man darf es nur nicht übertreiben. Denn es liegt eine
gewisse Anmaßung in dieser Methode. Sie nehmen dem anderen die
Entscheidung aus der Hand, schirmen ihn von der Komplexität der
Welt ab, wiegen ihn in falscher Sicherheit. Das wird vor allem dann ein
Problem, wenn Sie sich getäuscht haben, Ihre Erwartungen sich nicht
erfüllt haben und Sie nun in Erklärungsnot geraten. Dann haben Sie
womöglich alles Vertrauen verspielt.

Kennenlernspiele

Wir vertrauen denen, die wir kennen. Das beginnt bereits auf einer
sehr niedrigen Stufe. Allein wenn ich Ihren Namen kenne, bin ich eher
geneigt, Ihnen Vertrauen zu schenken, als wenn Sie mir völlig unbe-
kannt sind. Das gilt nicht nur für den Fall, dass ich Ihren Namen
„schon mal gehört" habe. Sondern schon wenn Sie sich namentlich zu
erkennen geben, erweckt das mehr Vertrauen, als wenn Sie anonym
bleiben. Deshalb erfahren wir den Namen des Flugkapitäns, der uns
hoffentlich sicher zu unserem Ziel bringt. Deshalb wirkt das Verkaufs-
und Servicepersonal vertrauenerweckender, wenn es Namensschild-
chen trägt. Und deshalb nennen sogar die freundlichen Callcenteragenten ihren Namen, auch wenn wir in diesem Leben vermutlich
kein zweites Mal mit ihnen zu tun bekommen.

Wenn wir mal vom Callcenter absehen, ist unser Mehr an Vertrauen
auch berechtigt. Denn sobald sich jemand namentlich zu erkennen
gibt, handelt er gewissermaßen als Person. Das heißt, wenn er sich
schlecht verhält, fällt das auf ihn zurück und ruiniert seine Reputation.
Zahlreiche sozialpsychologische Experimente von Manfred Milinski
($\rightarrow$ S. 60) bis Philipp Zimbardo (Stanford Prison Experiment) lassen
darauf schließen: Im Schutz der Anonymität verhalten sich Menschen
egoistisch und rücksichtslos. Ja, sie handeln mitunter außerhalb ihrer
Persönlichkeit, was so viel heißt wie: Sie sind zu allen Schandtaten
fähig, sogar wenn sie die eigentlich missbilligen. Es hat also seinen

guten Grund, wenn wir denjenigen, die für uns anonym bleiben, nicht über den Weg trauen.

Erste Runde: Bekannte Gesichter – gute Gefühle

Zugleich bringen wir jemandem mehr Vertrauen entgegen, wenn er uns offensichtlich kennt, beispielsweise weil er uns mit unserem Namen anspricht, was manche Vertreter ja mit Vorliebe tun, weil sie den Effekt genau kennen. Aber auch hier ist unser Eindruck durchaus nicht unberechtigt. Denn Menschen fühlen sich anderen stärker verbunden, wenn die keine Nummern sind, sondern Personen, die man wiedererkennt, Personen mit einem Namen und einem Gesicht. Tatsächlich erhöht es unsere Bereitschaft, mit jemandem zu kooperieren, ganz erheblich, wenn wir denjenigen sehen können – und zwar ihm ins Gesicht sehen können. In unserem Gehirn gibt es ein spezialisiertes Areal, das für die Wahrnehmung und Deutung von Gesichtsausdrücken zuständig ist. Wir nehmen feinste Nuancen in der Mimik wahr und können auch nach Jahren, manchmal nach Jahrzehnten noch sagen, ob uns ein Gesicht bekannt vorkommt – auch wenn wir den Namen längst vergessen haben.

Daher besteht die erste Runde des Kennenlernspiels darin: Machen Sie sich mit dem Namen des anderen vertraut und sorgen Sie dafür, dass er oder sie Ihren Namen erfährt. Zugleich fördert es das Vertrauen, wenn Sie dem anderen persönlich begegnen und ihm oder ihr ins Gesicht sehen können. Dabei gilt schon hier: Die persönliche Begegnung kann jeden von Ihnen auch veranlassen, dem anderen gerade nicht zu vertrauen. Es entsteht der Eindruck: Irgendetwas stimmt mit ihr nicht, er wirkt unsympathisch, sie ist unsicher, er ist ein Großsprecher, die Chemie stimmt nicht. Doch nur deshalb wirkt die Begegnung überhaupt vertrauensbildend: Weil das Risiko besteht, dass die Sache schiefgeht. Man muss allerdings hinzufügen: Wer dieses Risiko offensichtlich scheut, erregt nun erst recht Argwohn. Es gibt aber eine noch zuverlässigere Methode, das Misstrauen zu schüren: Sie möchten den anderen unter die Lupe nehmen, sich selbst aber nicht in die Karten beziehungsweise in das Gesicht schauen lassen. Setzen Sie eine verspiegelte Sonnenbrille auf, und Sie werden bei Ihrem Gegenüber zuverlässig das Gefühl erzeugen, dass man sich vor Ihnen in Acht nehmen muss. Aber vielleicht wollen Sie das ja: kein Vertrauen, sondern Beunruhigung.

Zweite Runde: In der Berufsrolle

Vertrauen im Beruf festigt sich, wenn Sie immer wieder mit dem anderen zu tun haben. Allmählich wissen Sie, wie Sie ihn einzuschätzen haben, wie zuverlässig er arbeitet und was er zu leisten imstande ist. Dabei formt sich dieses Bild nicht allein durch die Erfahrungen, die Sie direkt mit ihm machen und er mit Ihnen. Sondern einen erheblichen Einfluss haben zwei weitere Faktoren:

- Ihr Gegenüber wird Zeuge, wie Sie mit anderen umgehen: Mit Kunden, Kollegen, Mitarbeitern oder auch mit Ihrem Vorgesetzten. Verhalten Sie sich da vertrauenswürdig?

- Ihr Gegenüber tauscht sich mit anderen darüber aus, wie vertrauenswürdig Sie sind. Womöglich werden Sie empfohlen, womöglich beklagt sich jemand über Sie – oder betreibt üble Nachrede.

Hier liegen häufig unsere blinden Flecken. Viele machen sich nicht klar, dass sie ihre Vertrauenswürdigkeit aufs Spiel setzen, wenn sie sich gegenüber Dritten schlecht benehmen. Werde ich Zeuge, wie Sie einen anderen Kunden „auflaufen" lassen, habe ich gewiss kein Vertrauen mehr zu Ihnen. Aber auch wenn Sie als Vorgesetzter Ihre Mitarbeiter schikanieren, werde ich mir gut überlegen, ob ich auf Sie zählen kann. Umgekehrt muss man aber auch sagen: Hier lassen sich entscheidende Pluspunkte sammeln. Bekomme ich mit, dass Sie mit Ihren Mitarbeiter fair umgehen, sich auch mit schwierigen Kunden Mühe geben oder gegenüber Ihrem Vorgesetzten Rückgrat zeigen, dann kann das Ihre Vertrauenswürdigkeit erheblich stärken. Der entscheidende Zusatz lautet jedoch: Gewinne ich den Eindruck, dass es sich um eine Showveranstaltung handelt, verkehrt sich der Effekt ins Gegenteil. Hinzu kommt noch der Ärger darüber, dass Sie mich für dumm verkaufen wollten.

Wie über Sie geredet wird, das haben Sie noch viel weniger im Griff. Ja, Sie wissen es nicht einmal. Auch wenn Ihnen jemand davon berichtet, was ja nicht ausbleiben kann. Solche Berichte sind immer gefärbt. Davon abgesehen müssen Sie einfach damit leben, dass es ab einer bestimmten Karrierestufe wohl kaum zu vermeiden ist, dass Ihnen nicht sehr schmeichelhafte Dinge nachgesagt werden, wie auch Ihnen das eine oder andere Gerücht über Ihre Kollegen, Konkurrenten und Kooperationspartner zu Ohren kommt. Das Fatale ist: Von dem Dreck, mit dem Sie beworfen werden, bleibt oft etwas hängen. Und manche beziehen ihre eigene Vertrauenswürdigkeit aus ihrem Talent zur üblen Nachrede: Alle anderen sind Blender und Schufte, die mal hier, mal da ihre kleinen Sauereien begehen. Doch von wem hat man nichts Nachteiliges gehört? Gelegentlich von dem größten Intriganten. Das müssen Sie gleich weitererzählen: natürlich nur den Leuten, denen Sie vertrauen.

Dritte Runde: Informationsaustausch

Kaum etwas interessiert uns so brennend wie die Frage, wie vertrauenswürdig jemand ist. Um das herauszufinden, tauschen wir uns auch mit anderen aus, nach Möglichkeit mit denen, die wir für vertrauenswürdig halten. Aber wen halten wir für vertrauenswürdig? In manchen Fällen ist es eine Frage der Verfügbarkeit: Mit wem können wir uns überhaupt austauschen? An wen kommen wir heran? Hier walten die Gesetze der „sozialen Austauschprozesse", wie sie Peter Blau (→ S. 65) beschrieben hat. Womöglich müssen Sie sich erst mal auf die Informationen von denen stützen, die Sie selbst als nicht sehr zuverlässig einschätzen oder die eine sehr eingeschränkte Perspektive haben.

Aber das ist ein Anfang und dabei muss es nicht bleiben. Sie können sich voranarbeiten. Je nachdem, was Sie in die „sozialen Austauschprozesse" einbringen können: bestimmte Leistungen, die für die anderen interessant sind, Zugang zu bestimmten Informationen, Zugang zu Personen, aber auch so unscharfe Dinge wie Zuwendung, Anerkennung, angenehmer Umgang. Gerade diese weichen und sehr subjektiven Qualitäten sollten nicht übersehen werden, wobei sie im beruflichen Zusammenhang eher als „Add-ons" eine Rolle spielen. Es genügt eben nicht, ein „netter Kerl" zu sein. Doch ist es, gerade wenn wir von sozialem Austausch sprechen, gewiss kein Nachteil, wenn einem in Ihrer Gegenwart nicht „das Blut in den Adern gefriert".

Der entscheidende Punkt an dieser Stelle ist jedoch, dass Sie durch die Informationen, die Sie über die Vertrauenswürdigkeit von anderen austauschen, Ihre *eigene* Vertrauenswürdigkeit beeinflussen. Bekomme ich von Ihnen zuverlässige Informationen über die Vertrauenswürdigkeit einer bestimmten Mitarbeiterin, so erhöht das für mich Ihre Vertrauenswürdigkeit, gleichgültig, ob Sie diese Mitarbeiterin empfehlen oder mich vor ihr warnen. Dabei sind drei Dinge zu beachten:

- Stellt sich Ihre Information als Fehlinformation heraus, nimmt Ihre eigene Vertrauenswürdigkeit schweren Schaden. Jemand, der üble Nachrede betreibt, disqualifiziert sich ebenso wie einer, der einen Blender empfiehlt.

- Besonders riskant und daher besonders vertrauensfördernd ist es, wenn Sie sich anerkennend über einen direkten Konkurrenten äußern. Das sollten Sie jedoch nur tun, wenn Sie halbwegs sicher sein können, dass er Sie nicht ausstechen wird. Sie wären nicht der erste, der seinen Nachfolger empfiehlt.

- Empfehlen Sie jemanden, den der andere nicht kennt, können Sie den Wert Ihrer Information noch erhöhen, indem Sie anbieten, den Kontakt herzustellen. Oder aber der andere soll sich bei seiner Kontaktaufnahme auf Sie berufen, damit der Empfohlene auch weiß, wem er den Kontakt zu verdanken hat.

Im Übrigen ist zu unterstreichen, dass es sich um einen *Austausch* handelt. Jemand, der nur einseitig Informationen abgreifen will, ruiniert seinen eigenen Ruf. Er muss dem anderen etwas bieten. Das müssen nicht unbedingt Informationen sein. Tatsächlich gibt es Konstellationen, da ist die eine Seite wesentlich besser informiert und vernetzt, und auch bereit, dieses Wissen weiterzugeben. Das ist eben ihr „soziales Kapital", das sie in den Austausch einbringen kann. Doch dafür muss die Gegenseite eben etwas Gleichwertiges bieten.

Und noch etwas ist wichtig: Alle Informationen, die ausgetauscht werden, sind absolut vertraulich. Stellt sich heraus, dass Sie meine Äußerungen über die Kollegin weitererzählen, haben Sie mein Vertrauen verloren. Das heißt allerdings auch, dass solche Informationen einen ganz besonderen Wert bekommen können. Und den könnten Sie in einer höherwertigen Beziehung nutzen, wenn Sie „ganz im Vertrauen" die brisante Information weitergeben. Womöglich sogar an die Kollegin selbst. Dabei gehen Sie allerdings ein doppeltes Risiko ein: Sie setzen die Beziehung zu mir aufs Spiel. Und ein wenig könnten Sie auch in den Augen dessen diskreditiert werden, dem Sie diese Information weitergeben. Denn immerhin begehen Sie gegenüber einer anderen Person einen Vertrauensbruch. Nicht jeder wird darin einen besonderen Vertrauensbeweis erblicken.

Überhaupt empfiehlt es sich, diesen vertraulichen Informationsaustausch mit Fingerspitzengefühl zu betreiben. Naivität oder gar Leichtfertigkeit kann einen schnell ins Abseits führen. Loyalität spielt eine ganz wesentliche Rolle und kann Sie vor schwierige Entscheidungen stellen (→ S. 34). Auch müssen Sie damit rechnen, (manchmal über mehrere Ecken) falsche Informationen zu bekommen oder auch auf Ihre Loyalität „getestet" zu werden. Je mehr auf dem Spiel steht, desto komplizierter wird die Angelegenheit und desto trickreicher gehen offenbar jene zu Werke, die nicht so vertrauenswürdig sind wie Sie.

Vierte Runde: Jenseits der Berufsrolle

Ohne Frage kann Sie der Informationsaustausch schon recht tief in das Thema der Vertrauenswürdigkeit verstricken. Daher bremsen manche bereits hier ab und äußern sich eher zurückhaltend über die Vertrauenswürdigkeit von Dritten. Andere gehen aber noch einen entscheidenden Schritt weiter. Denn bislang kennen wir nur die (mehr oder weniger) glatte Oberfläche, die jemand im Beruf zeigt. Wie der- oder diejenige „wirklich" ist, als Mensch nach Dienstschluss, das wissen wir nicht. Dabei offenbart sich hier doch viel eher das „eigentliche" Wesen, steht zu vermuten. Im Beruf, da müssen wir taktieren, uns anpassen und nicht wenige verstellen sich regelrecht. Im Privatleben dürfen wir so sein, wie wir tatsächlich sind. Wer den Privatmenschen kennt, der blickt gewissermaßen hinter die Kulissen und kann besser beurteilen, ob der andere „wirklich" vertrauenswürdig ist.

Das ist aber nur das eine. Das zweite: Im Privatleben beruhen unsere Beziehungen weit häufiger auf Vertrauen. Ja, mit wem wir uns privat abgeben, der genießt unser Vertrauen, wird gerne unterstellt. Denjenigen, die wir nicht mögen, können wir aus dem Weg gehen. Im Beruf geht so etwas nicht. Da können wir unseren Sympathien und Abneigungen nicht freien Lauf lassen – zumindest sollte es so sein. Gefragt ist die sachliche, zweckdienliche „Arbeitsbeziehung": Vertrauen auf niedriger Betriebstemperatur. Das hat ja auch manche Vorteile. Auf dieser unverbindlichen Ebene kommen Sie mit fast allen zurecht, auch mit Leuten, die Ihnen persönlich vielleicht nicht so behagen. Darüber hinaus wirkt es entlastend, wenn Sie sich nicht mit der Vollkraft Ihrer Persönlichkeit in das Berufsleben einbringen müssen. Sondern Ihnen bleibt ein Schonraum, in dem Ihre berufliche Vertrauenswürdigkeit nicht auf dem Prüfstand steht. Ihr Privatleben geht nur Sie etwas an.

Doch genau diese Barriere wird in der „vierten Runde" des Kennenlernspiels vorsätzlich durchbrochen. Man möchte gern genauer wissen, mit wem man es zu tun hat. Zugleich gibt man mehr von sich preis, zeigt sich als Privatmensch mit Rotweinkeller, Mountainbike oder Buntbarsch-Aquarium. Und auch die wohlgeratene Familie lässt sich bei besonderen Anlässen sehen, oder doch zumindest der Partner. Taucht der bei solchen Gelegenheiten nicht auf, erregt das augenblicklich Argwohn. Warum wird er einem nur vorenthalten? Dabei ist gar nicht mal so entscheidend, *wer* einem da vorenthalten wird, sondern *dass* einem jemand vorenthalten wird. Es ist wie eine Informationssperre. Da lässt uns jemand nicht in sein Privatleben gucken. Erleben Sie hingegen die sonst so souveräne Kollegin mit ihrem Partner: einem schimpfenden kleinen Männchen, das zwanzig Jahre älter ist als sie, dann denken Sie vielleicht: Sieh mal einer an. Und das Bild, das Sie sich von ihr gemacht haben, wird augenblicklich um einige entscheidende Nuancen reicher.

Genau darum geht es: Die Vertrautheit soll wachsen, und in der Folge auch das Vertrauen. Dabei handelt es sich um einen allmählichen Prozess: Anfangs wird noch eine möglichst glatte Seite des Privatlebens präsentiert: alles in Ordnung, harmonisches Familienleben, die üblichen Vorzeigehobbys. In diesem Stadium hält sich Vertrauen und Vertrautheit in Grenzen. Nicht selten bleibt es auch dabei. Womöglich ist die glatte Oberfläche die einzige Möglichkeit, den Zugriff auf das Privatleben abzuwehren. Denn darum handelt es sich: Sie sollen mehr von sich preisgeben – bekommen aber auch Einblicke in das Leben der anderen.

In solchen Fällen bleibt die Fassade nicht glatt. Sie nehmen an dem anderen Seiten wahr, die nicht unbedingt schmeichelhaft sind. Eben die Dinge, die man sonst hinter der Fassade verbirgt. Dass Sie die wahrnehmen dürfen, wertet Ihre Beziehung auf, bringt Sie aber auch ein wenig in Zugzwang. Denn Sie dürfen natürlich nicht mauern, sondern müssen Ihrerseits das eine oder andere aufbieten, was nicht jeder wissen soll. Man muss es unterstreichen: Nicht die menschliche Makellosigkeit begründet unser Vertrauen, sondern die Mangelhaftigkeit, die Schwäche, das Versagen. Es kommt etwas hinzu: Die Verletzlichkeit, denn die Mängel und Schwächen müssen vor den anderen, die nicht so vertrauenswürdig sind, verborgen bleiben. Ja, womöglich brächte es den anderen in ernsthafte Schwierigkeiten, wenn das allgemein bekannt würde. Das sind dann schon recht tiefe Vertrauensverhältnisse, die Zeit brauchen, um sich zu entwickeln, wenn sie sich denn überhaupt entfalten. Denn es ist kein Naturgesetz, dass Vertrauen und Vertrautheit im Laufe der Zeit zunehmen. Gerade im Berufsleben ist es eher die Regel, dass sie auf einer bestimmten Stufe verharren oder sich auch mal zurückentwickeln.

Dabei sind alle Abstufungen zwischen der Fassadenprivatheit und der tiefen Vertrautheit denkbar. Doch geht es bei der Einmischung des Privaten immer um zwei Dinge:

- Verständnis: Sie sollen den anderen besser verstehen, wenn Sie ihn von seiner privaten Seite kennen lernen („Jetzt wird mir klar, warum der so ist!").

- Verbundenheit: Sie nehmen den anderen nicht mehr nur als Vorgesetzten, Key Account Manager oder Mitarbeiter wahr, sondern als Mitmenschen. Er wächst Ihnen ans Herz – und Sie ihm.

Darin liegt natürlich auch eine gewisse Gefahr. Denn was Sie an menschlicher Nähe gewinnen, das verlieren Sie an professioneller Distanz. Wie Sie sich im Beruf verhalten, egal, ob als Vorgesetzter, Kollege oder Mitarbeiter, wird nun „persönlich" genommen. Das kann Sie erheblich einschränken. Und es kann verhindern, dass Sie Entscheidungen treffen, die sachlich geboten sind, weil Sie menschlich den anderen nicht enttäuschen wollen. Tun Sie es doch, riskieren Sie, Ihr Vertrauensverhältnis zu zerrütten, eventuell sogar so sehr, dass keine Zusammenarbeit mehr möglich ist.

Fünfte Runde: Kontrollverlust

Wir nähern uns allmählich den Themen, über die gewöhnlich der Mantel des Schweigens gebreitet wird. Vor allem, wenn es um ein so respektables Thema wie Vertrauen geht. Und doch gibt es die, man möchte fast sagen: weltumspannende Tradition des gemeinschaftlichen Kontrollverlusts, der dazu dienen soll, das Vertrauen zu festigen. In platten Worten heißt dies meist nichts anderes als: Man betrinkt sich zusammen.

Das mag man als Unart betrachten und sich grundsätzlich nicht daran beteiligen. Darüber hinaus dürften Sie in vielen Fällen durch forcierten Alkoholkonsum eher Zweifel an Ihrer Vertrauenswürdigkeit wecken. Doch um diese Fälle geht es nicht, sondern um ein regelrechtes Ritual, das seit den Tagen der alten Griechen durchaus auch von respektablen Persönlichkeiten gepflegt wird. Man trinkt eben nicht „einfach so" gemeinsam Alkohol, sondern das Ganze ist eingebettet in einen bestimmten Rahmen. Der gemeinsam herbeigeführte Kontrollverlust bildet einen Kontrast zu dem Umgang, den Sie sonst – im allzu nüchternen Zustand – miteinander pflegen. Da geht es um harte Verhandlungen, schwierige Projekte, um Zusammenarbeit, bei der viel auf dem Spiel steht.

Nun aber liefert man sich dem anderen aus, begibt sich in einen Zustand verminderter Zurechnungsfähigkeit und geht damit ein Risiko ein: Wer weiß schon, welche famosen Ansichten er zum Besten gibt, wenn der Alkohol ihm die Zunge löst? Worauf er sich einlässt, wenn der Alkohol ihm die Sinne vernebelt? Wir haben uns nicht mehr so recht im Griff. Womöglich plaudern wir etwas aus, was wir dem andern im nüchternen Zustand niemals anvertraut hätten. Dabei geht es gerade nicht darum, seinen Mitzecher auszuhorchen oder auf Unstimmigkeiten hin zu überprüfen. Das wäre ein Vertrauensbruch. Vielmehr dient das gemeinschaftliche Trinken auch dazu, das gegenseitige Wohlwollen zu bekunden. „Ich weiß, dass von Ihnen keine Gefahr droht. Und ich werde Ihnen auch nicht schaden. Mit einem Wort, wir vertrauen einander."

Dass ein durchzechter Abend durchaus als Vertrauensbeweis gehandelt wird, können Sie auch daran ablesen, dass die Beteiligten sich noch Jahre später daran erinnern, wie sie mit dem Geschäftsführer und dem Vertriebsleiter der Firma XY „gnadenlos abgestürzt" sind. Den Ritterschlag erhalten Sie allerdings erst, wenn es Ihnen gelingt, „aus einer Bierlaune" heraus ein gemeinsames Projekt zu schmieden, an das sich beide Seiten am nächsten Tag noch erinnern – und das sie auch im nüchternen Zustand noch umsetzen möchten.

Beispiel: Akquise an der Hotelbar

Die gemeinsamen „Absacker" an der Hotelbar können als vertrauensbildende Maßnahme durchaus eine beachtliche Eigendynamik entwickeln. Daher wird empfohlen, während Messen und Kongressen unbedingt darauf zu achten, wo „nachher" noch eingekehrt wird. Und es gibt Unternehmen, die ihre Mitarbeiter instruieren, während einer Firmenveranstaltung so lange an der Hotelbar durchzuhalten, bis auch der letzte wichtige Geschäftspartner berauscht auf sein Zimmer gewankt ist.

Sechste Runde: Die kleinen Betriebsgeheimnisse

Wir haben es schon bei der vierten Runde angedeutet: Der Klebstoff, der vertrauensvolle Beziehungen zusammenhält, sind die vertraulichen Informationen. „Sie können mir vertrauen, deshalb können Sie mir jedes Geheimnis anvertrauen. Zugleich weiß ich erst, wie sehr Sie mir vertrauen, wenn ich etwas weiß, was andere nicht wissen." Das müssen keineswegs anrüchige oder gar illegale Dinge sein (können es aber). Es kann sich um ganz unspektakuläre Vorfälle handeln, die dem anderen jedoch peinlich sind. Ereignisse, die ihn durchaus menschlich und sympathisch erscheinen lassen, oder auch weichherzig und gutmütig. Aber der andere möchte nicht, dass sich das herumspricht, nicht unbedingt aus Bescheidenheit, sondern weil das für ihn tatsächlich ein Nachteil sein kann.

Ein zweites Motiv, das vor allem im Beruf eine Rolle spielt, sind die persönlichen Betriebsgeheimnisse. Sie verraten mir Ihre ganz eigenen Tricks und Kniffe, die dazu beitragen, dass Ihnen Ihre Arbeit besser gelingt. Zum Ausgleich weihe ich Sie in meine Betriebsgeheimnisse ein, wenn ich welche habe. Oder Sie sind mein Mentor. Und ich zeige mich Ihnen gegenüber loyal, folge Ihren Ratschlägen und gebe Ihnen dadurch auch ein wenig Macht über mich. Selbstverständlich darf ich auch diese Informationen nicht einfach so weitergeben. Nicht nur weil ich mir selbst damit schaden würde, sondern auch die Stellung des Mentors beruht ja darauf, dass sein Wissen, das er weitergibt, nicht allgemein bekannt ist, sondern nur seinen Schützlingen.

Vertrauen ist „der Wille, sich verletzlich zu zeigen", lautet die bekannte Formel (→ S. 30). Und genau darum geht es hier: Der andere gibt mir Informationen, die ihm schaden könnten, wenn ich sie weitertrage. Dieses Wissen bindet mich und verpflichtet mich, oftmals sogar dann noch, wenn die vertrauensvolle Beziehung gar nicht mehr besteht. Das Ausplaudern von vertraulichen Informationen stellt einen schweren Vertrauensbruch dar. Der lässt sich überhaupt nur durch ein übergeordnetes Interesse rechtfertigen, also wenn Sie etwa illegale Machenschaften aufdecken oder die Information für denjenigen sehr nützlich ist, dem nun Ihre Loyalität gilt. Nur dann wird derjenige die Weitergabe der Information schätzen. Ansonsten würden Sie durch diese Aktion nur eines bewirken: dass Sie der andere ganz sicher nicht für vertrauenswürdig hält.

Die Kunst, den anderen zu vereinnahmen

Sagen wir offen, worum hier eigentlich gespielt wird: Sie wollen den anderen vereinnahmen – und er Sie. Im Unterschied zum Vertrauen hat Vereinnahmung jedoch einen entschieden negativen Beiklang.

Doch man kann es auch positiv wenden: Sie schaffen sich einen Verbündeten. Und schließlich handelt es sich im Prinzip um eine gegenseitige Vereinnahmung, von der beide Seiten profitieren. Allerdings dürfte es in den seltensten Fällen ganz ausgewogen zugehen. Eine Seite zieht aus der Verbindung größeren Nutzen als die andere. Doch muss das noch kein Problem sein. Heikel wird die Sache erst, wenn Sie durch unser Vertrauensverhältnis daran gehindert werden, ein anderes aufzubauen, das für Sie vielleicht lohnender wäre.

Es ist nämlich so: Vertrauen aufzubauen heißt auch, eine Auswahl zu treffen. Wenn Sie mir vertrauen und ich Ihnen, dann können Sie nicht beliebig vielen anderen vertrauen. Und schon gar nicht meinen Konkurrenten. Wenn Sie mir tief vertrauen, dann vertrauen Sie nicht meinem Konkurrenten. Tun Sie es doch, dann werde ich Ihnen nur sehr begrenzt mein Vertrauen schenken. Oder ich werde versuchen, Sie zu mir herüberzuziehen, Sie zu vereinnahmen. Das setzt voraus, dass Sie Ihr Vertrauen zu meinem Konkurrenten zurückfahren. Anderenfalls bleiben Sie für mich so vertrauenswürdig wie ein Doppelagent.

Beispiel: Karrierepfade
Für die Karriere in einer Organisation kann es ein schwerer Nachteil sein, wenn Sie ein tiefes Vertrauensverhältnis zu den falschen Personen aufgebaut haben. „Falsch" kann heißen: Sie setzen sich nicht für Sie ein, obwohl sie Einfluss haben. Vor allem aber kann es heißen: Sie können Sie gar nicht voranbringen, weil sie zu wenig Einfluss haben. Wie wenig Einfluss manche hochrangigen Personen haben, stellt sich erst nach einiger Zeit heraus. Denn der Einfluss hängt nicht allein von der Position ab, sondern vor allem von der Hausmacht. Außerdem ist der Fall ja gar nicht selten, dass Personen an Einfluss verlieren, ja dass sie regelrecht kaltgestellt werden. Dann landen Sie als Vertrauter gleich mit im Abseits.

Die Konsequenz heißt: Lassen Sie sich nicht zu leichtfertig und zu tief in ein Vertrauensverhältnis verstricken. Nicht jeder, der Sie mit vertraulichen Informationen füttert, hat es verdient, dass Sie dieses Vertrauen erwidern. Das schließt ja nicht aus, dass Sie mit dem Betreffenden gut, ja vertrauensvoll zusammenarbeiten. Sie wahren halt nur Ihre professionelle Distanz. Das kann zwar dazu führen, dass Informationen an Ihnen vorbeifließen, weil Sie eben nicht mehr ins Vertrauen gezogen werden, sondern andere. Doch kann es sich auf längere Sicht auszahlen, wenn Sie sich nicht zu sehr vereinnahmen lassen.

Ganz ohne Förderer und Vertraute (die als Netzwerker auch der gleichen Hierarchieebene angehören können) werden Sie allerdings kaum vorankommen. Das heißt, irgendwann sollten Sie sich vereinnahmen lassen – und selbst vereinnahmen. Erfahrene Netzwerker verstehen sich auch auf die Kunst, ihre vormals innigen Vertrauensverhältnisse rechtzeitig abkühlen zu lassen und sich dadurch für Verbindungen zu empfehlen, die ihnen mehr Vorteile bringen.

Fallobst ernten

Wir haben es ja schon mehrfach erwähnt: Vertrauen entsteht nicht immer dadurch, dass Sie Ihr Gegenüber davon überzeugen, wie kompetent, verlässlich und vertrauenswürdig Sie sind. Manchmal fließt Ihnen das Vertrauen auch einfach zu, weil andere versagt haben. Ihr Gegenüber vertraut Ihnen hauptsächlich, weil Sie so ganz anders sind als derjenige, der ihn so bitter enttäuscht hat.

Dieser Effekt ist vor allem dort ausgeprägt, wo sich das Vertrauen nicht einfach in Luft auflösen kann: Bei der Geldanlage misstrauen Sie Ihrer Bank, weil die Sie falsch beraten hat – doch wo legen Sie Ihr Geld nun an? Sie misstrauen Ihrem Arzt, weil der sich keine Zeit für Sie nimmt, wenn Sie in seine Sprechstunde kommen – doch was tun Sie, wenn Sie krank werden? Sie misstrauen der staatlichen Regelschule, weil Sie das mäßige Abschneiden der deutschen Schüler bei der PISA-Studie beunruhigt – doch wo schicken Sie Ihre Kinder hin? Die Antwort lautet: Irgendwohin, wo es möglichst anders ist. Diese Alternativen sind die stillen Nutznießer vom Vertrauensverlust der anderen. Sie werden mit einem dicken Vertrauensvorschuss bedacht.

Hauptsache anders

Den Alternativen soll hier gar nichts Negatives nachgesagt werden. Auch sie müssen sich schließlich bewähren. Aber erst einmal fällt ihnen das Vertrauen regelrecht in den Schoß, so wie das Fallobst vom Baum. Manche exotische Heilmethode dürfte auf diese Art ihre Anhänger gefunden haben: Mein Arzt hat versagt, also darf jetzt der „Schamane" ran, der sein Heilwissen in einem Wochenendseminar erworben hat. Doch das will ich gar nicht so genau wissen. Ich kann es mir jetzt gar nicht leisten, besonders misstrauisch zu sein. Ich brauche Hilfe, und zwar schnell. Also setze ich auf eine bewährte Faustregel:

Wenn Methode schwarz versagt, dann versuche es mit dem Gegenteil, also der Methode weiß.

Diesen Effekt können Sie auch im Unternehmen beobachten: Hat sich Ihr Chef als Visionär und Charismatiker profiliert und ist gescheitert, bekommt sein Nachfolger einen Vertrauensbonus, wenn er betont nüchtern auftritt. Kam der windige Pressesprecher, von dem sich Ihr Unternehmen getrennt hat, direkt von der Universität, gilt für den nächsten Kandidaten die Anforderung: Ein alter Hase mit guten Branchenkenntnissen muss her. Hat Herr Groß das Vertrauen verspielt, kann nur Frau Klein das Vertrauen wiedergewinnen.

Dabei muss die Alternative nicht immer das glatte Gegenteil sein. Doch ein deutlicher Kontrast ist schon nötig. Denn dass man ihr den Vertrauensvorschuss spendiert, hat ja genau diesen Grund: In einem wesentlichen Merkmal unterscheidet sich diese Lösung von derjenigen, die das Vertrauen verloren hat. Vorher hat man einen Fehler gemacht, aber jetzt hat man genau diesen Fehler ausgebügelt.

Der andere will handlungsfähig bleiben

Ohne Zweifel führt dieses Vorgehen manchmal zu etwas fragwürdigen Ergebnissen. Und doch hat es auch seinen Sinn. Es erlaubt dem anderen, handlungsfähig zu bleiben. Der Verlust von Vertrauen geht ja einher mit einer mehr oder weniger großen Desorientierung. Ich habe auf etwas vertraut und bin nun enttäuscht worden. Woran soll ich mich jetzt halten? Ich bin verunsichert und fühle mich hilflos.

Wenn es möglich ist, ohne großen Aufwand wieder Vertrauen zu fassen, bekomme ich recht schnell wieder Boden unter den Füßen. Das „gute Gefühl", das ich brauche, um zu vertrauen, kehrt nach kurzer Zeit wieder zurück, weil ich mir ja einen Reim auf das enttäuschte Vertrauen machen kann. Die Bank hat mein Vertrauen nicht verdient, also bringe ich mein Geld mit gutem Gefühl zur Sparkasse (ohne genau zu wissen, ob die überhaupt besser beraten hat als meine Bank). Aber ich bin nicht hilflos, ich kann etwas tun, was für mich einen Sinn ergibt. Für die seelische Hygiene ist das allemal besser, als wenn ich mir sagen muss: Egal, was ich tue, es läuft auf dasselbe hinaus. Also tue ich nichts.

Und es gibt noch einen weiteren Vorteil: Neue Lösungen bekommen leichter eine Chance, wenn die alten Lösungen an Vertrauen verloren haben. Dass sie dann einen Vertrauensvorschuss bekommen, eröffnet ihnen eine Gelegenheit, die ihnen unter anderen Umständen versagt bliebe. Sie dürfen diese Gelegenheit nicht ungenutzt lassen.

Wo gibt es Fallobst?

Wo immer Vertrauen bröckelt, gibt es möglicherweise Fallobst zu ernten. Das kann die unterschiedlichsten Bereiche betreffen: Kollegen oder Vorgesetzte, die sich nicht vertrauenswürdig verhalten, Konkurrenten, die sich übernehmen, Produkte und Dienstleistungen, die bei weitem nicht halten, was sie versprechen, Firmen und Institutionen, die ihre Reputation verspielen, Autoritäten aller Art, die sich zu sehr auf ihre Routine und ihren Nimbus verlassen und nicht bemerken, dass etliche, die ihren Rat suchen, von ihren Antworten enttäuscht sind. Wo immer Arroganz, Inkompetenz, Zynismus und Selbstherrlichkeit am Werk sind, da ergeben sich Möglichkeiten, als vertrauenswürdige Alternative ins Spiel zu kommen. Zuvor müssen Sie den anderen aber noch aus der „Vertrauensfalle" (→ S. 163) herausholen, ehe Sie Ihre verdiente Ernte einfahren können.

Dass Sie davon profitieren können, wenn jemand sein Vertrauen verspielt, ist ja nur gut so. Doch leider gibt es auch eine bedenkliche Kehrseite unserer „Fallobst"-Methode. Sie funktioniert nämlich auch, wenn der Vertrauensschwund sich nicht etwa von selbst einstellt, sondern gezielt herbeigeführt wird. Gerüchte werden gestreut, Personen werden herabgewürdigt, ihre Glaubwürdigkeit wird durch Unterstellungen beschädigt. Manche tappen auch naiv in eine Falle, lassen sich zu Äußerungen hinreißen, die später zu ihrem Nachteil ausgelegt werden oder sich zu einer vermeintlichen Indizienkette zusammenfügen. Dem Thema, wie Vertrauen verloren geht, ist ein eigenes Kapitel gewidmet. Hier nur so viel: Nicht immer muss dies durch eigenes Verschulden geschehen. Der „Fallobst"-Methode sei Dank gibt es immer einige, die ein großes Interesse daran haben, dass Sie und ich mit einem Mal als nicht vertrauenswürdig dastehen.

Und schließlich gibt es noch die wiederkehrenden Vertrauenskrisen, von denen ganze Berufsstände und Branchen erfasst werden können. Obwohl solche Krisen den alternativen Lösungen eine reiche Ernte an „Fallobst" versprechen, halten sich die Folgen dann doch meist in Grenzen. Und das liegt auch daran, dass die Alternativen das Vertrauen, das die anderen verspielt haben und das jetzt ihnen übergehängt wird, gar nicht immer schultern können. Der Schamane kann dann doch nicht den Facharzt ersetzen, die Waldorfschule nicht das vermeintliche Versagen der Regelschule ausgleichen und der Biometzger kann nicht mehr Biorinder schlachten, als auf der Weide stehen (zumindest wenn er vertrauenswürdig ist). Häufig sind die alternativen Lösungen auch gar nicht dafür vorgesehen, an die Stelle des diskreditierten „Originals" zu treten. Ja, es liegt sogar eine gewisse Gefahr darin, dass sie sich durch das großzügig spendierte Vertrauen in eine Rolle begeben, die sie überfordert. Erinnern wir uns noch einmal daran: Wer Ihnen vertraut, der will etwas von Ihnen. Daher ist es manchmal ratsam, überzogene Erwartungen einfach zurückzuweisen, auch wenn sich das enttäuschte Vertrauen jetzt ein neues Objekt suchen muss. Und so enden viele Vertrauenskrisen damit, dass sich die Enttäuschten bereitfinden, den Vertrauensbrechern von einst doch wieder zu vertrauen. Zumal diese Besserung geloben und jetzt alles dafür tun wollen, dass sich solche Vorfälle, die zur Vertrauenskrise geführt haben, nicht wiederholen (→ „Vertrauen zurückgewinnen", ab S. 205).

Die Treppe der Verwundbarkeit

Wenn ich Ihnen vertraue, gehe ich ein Risiko ein. Denn Sie könnten mein Vertrauen ausnutzen und mir schaden. Also bin ich zurückhaltend und warte erst einmal ab. Dadurch kann sich die Sache in die Länge ziehen. Doch gibt es ein bewährtes Mittel, mir den Einstieg in ein Vertrauensverhältnis zu erleichtern: Sie machen den Anfang, nehmen die erste Stufe und machen sich für mich verwundbar. Das heißt, Sie schenken mir Vertrauen, einfach, damit ich Ihnen später umso mehr vertraue.

Vertrauen geben und nehmen

Aus der Sozialpsychologie kennen wir die Reziprozitätsregel. Auf eine knappe Formel gebracht lautet sie: Wie du mir, so ich dir. Wenn uns jemand Vertrauen spendiert, dann geht von diesem Verhalten ein merklicher Druck aus, ihm gleichfalls zu vertrauen oder ihm zumindest das Vertrauen nicht zu verweigern, wenn er es in einem ähnlich gelagerten Fall für sich beansprucht.

Die Verpflichtung zur Gegenseitigkeit kann geradezu als universelles Prinzip gelten. Nach Einschätzung des amerikanischen Soziologen

Alvin Gouldner besteht sie in allen menschlichen Gesellschaften. Und wie der Sozialpsychologe Robert Cialdini anmerkt, gilt sie sogar, wenn uns die betreffende Person nicht einmal sympathisch ist. Als Beispiel dient Cialdini das Spendensammeln der Hare-Krishna-Jünger: Sie schenkten den Leuten ein Buch oder eine Blume und baten anschließend um eine Spende. Fast allen waren die Krishnas suspekt. Doch fast alle spendeten einen Betrag, der den Gegenwert des Geschenks deutlich überstieg.

Nun verhält es sich beim Vertrauen schon etwas anders. Wenn Sie mir Vertrauen schenken, dann setzt mich das zunächst einmal nur unter Druck, diesem Vertrauen gerecht zu werden. Sie gehen in Vorleistung – wie der Krishna-Jünger, der mir eine Blume in die Hand drückt, um die ich nicht gebeten habe. Und egal wie ich zu Ihnen stehe, ich werde eine Verpflichtung verspüren, die Situation nicht auszunutzen. Jeder kennt wohl Ähnliches: Wir haben beim Einkauf unser Geld vergessen (oder nicht genügend dabei). Die Ladenbesitzerin händigt uns dennoch die Ware aus und gibt uns Gelegenheit, das Geld am nächsten Tag vorbeizubringen. Dies nicht zu tun, würde uns regelrecht beschämen. Daher bemühen wir uns, das großzügig gewährte Vertrauen nicht zu enttäuschen. Allerdings schwächt sich dieser Effekt merklich ab, je mehr Zeit zwischen riskanter Vorleistung und Gegenleistung verstreicht. Ist das Geld am nächsten Tag zu zahlen, setze ich alle Hebel in Bewegung, um den Betrag zu begleichen. Gibt mir die Ladenbesitzerin hingegen zu verstehen, sie fahre morgen in den Urlaub und ich sollte das Geld in vier Wochen vorbeibringen, nimmt der Druck merklich ab. In vier Wochen kann man so etwas auch schon einmal „vergessen".

In abgeschwächter Form gilt das Reziprozitätsprinzip auch für die Erwiderung von Vertrauen. Ich werde Ihnen gewiss nicht vertrauen, *nur weil* Sie mir Vertrauen geschenkt haben. Aber Sie haben den Boden dafür bereitet, dass ich Ihnen vertrauen kann. Denn selbstredend vertraue ich Ihnen weit eher, wenn Sie mir bereits vertraut haben, selbst wenn es dabei um keine große Sache ging. Aber vielleicht benötigen Sie ja mein Vertrauen für eine große Sache. Dann sind Sie gut beraten, klein anzufangen.

Stufe um Stufe zu mehr Vertrauen

Verwundbarkeit beginnt mit kleinen Stichen, die ich Ihnen beibringen kann, wenn ich Ihr Vertrauen enttäusche. Ein kleines Projekt scheitert, Sie büßen Geld ein oder verlieren Zeit. Und ich ziehe daraus irgendeinen Nutzen: Ich kann meine Kräfte schonen, knüpfe an Ihnen vorbei einen wichtigen Kontakt oder mir fließt Geld zu – Ihr Geld. Aber genau das tue ich nicht, denn ich bin ja ein vertrauenswürdiger Mensch.

Je nachdem, in welchem Maße ich mich vertrauenswürdig verhalte, sind Sie bereit, Ihr Risiko zu erhöhen und sich noch etwas verwundbarer zu machen. Wenn ich jetzt versage, handeln Sie sich schon etwas größeren Ärger ein. Zugleich können aber auch Sie mein Vertrauen in Anspruch nehmen. Nun bin ich gefordert, mich Ihnen gegenüber verwundbar zu machen. Auch ich muss nun ein gewisses Risiko eingehen und Ihnen Vertrauen schenken. Tue ich das nicht, ja, weigere ich mich, Ihnen zu vertrauen, so bekommt unser Vertrauensverhältnis einen Knacks. Zwar gibt es – wie angesprochen – einseitige Vertrauensverhältnisse (zum Beispiel Sekretärin und Chef), aber nur solange über diese Einseitigkeit Einvernehmen besteht. Anders gesagt: Wenn Sie mein Vertrauen beanspruchen, dann kann ich das nur schwer zurückweisen, da Sie mir ja vertrauen. Tue ich es dennoch, werden auch Sie fast schon genötigt, Ihr Vertrauen zurückzufahren.

Doch die Reziprozitätsregel weist in eine andere Richtung: Wer vertraut, wird mit Vertrauen belohnt. Machen Sie sich verwundbar, bin auch ich bereit, mich verletztlich zu zeigen. Und zwar – solange alles gut geht – in immer stärkerem Maße. Auf diese Weise entsteht eine veritable „Treppe der Verwundbarkeit". Wir können uns gegenseitig immer größeren Schaden zufügen – und unterlassen das, weil wir von unserem gewachsenen Vertrauen profitieren und weil nach einem Vertrauensbruch beide Seiten ihre tiefen Verwundungen davontragen würden. Sind diese beiden Voraussetzungen für eine Seite nicht mehr gegeben, kann auch ein altbewährtes Vertrauensverhältnis mit großem Getöse zerbrechen (→ „Vertrauen verspielen", ab S. 185).

Beispiel: Björns Bohrrechte

In ihrem ebenso amüsanten wie informativen Buch „Wie ich einmal versuchte, reich zu werden", stellt Heike Faller einen äußerst umtriebigen Investor namens Björn vor. Über ihn ist zu erfahren, er halte „Anteile an einem Trockendock in Sewastopol, einer Ölpipeline in Sibirien, lettischen Fischerbooten, einer Internetfirma in Estland, und er besaß ‚Bohrrechte in

Aserbaidschan', was immer man sich darunter vorzustellen hatte". Mit Björn begibt sich Faller in den Irak, um sich dort über Möglichkeiten der Geldanlage zu informieren. „Alle Menschen sind nett, wenn du ihnen als Tourist begegnest", findet Björn. „Aber wirklich kennen lernst du sie erst, wenn du Geschäfte mit ihnen machst. Du fängst klein an, schaust, wie es läuft, ob du ihnen vertrauen kannst. Und dann machst du vielleicht ein größeres Geschäft."

Verwundbarkeit dosieren

Ein wichtiger Grundsatz für die „Treppe der Verwundbarkeit": Das Risiko, das Sie eingehen, sollte der Stufe angemessen sein, auf der sich Ihr Vertrauensverhältnis befindet. Es ist gefährlich, sich von Anfang an allzu verwundbar zu machen und allzu viel Vertrauen zu spendieren. Nicht nur, weil *immer* das Risiko besteht, dass Sie doch den Schaden davontragen, sondern weil Sie die *Wahrscheinlichkeit erhöhen*, dass der andere Ihr Vertrauen ausnutzt. Er wird Ihr Vertrauen weniger als Verpflichtung auffassen, sondern als Leichtsinn.

Daher muss sich Vertrauen immer wieder bewähren, wenn es wachsen soll. Und es muss verdient werden. Sonst ist es keine Auszeichnung, sondern es wird beliebig. Womöglich steckt sogar Bequemlichkeit dahinter. Sie vertrauen jemandem, um sich nicht selbst um die Sache kümmern zu müssen. Einen solchen Verdacht dürfen Sie gar nicht erst aufkommen lassen. Immerhin vertrauen Sie ja *mir* – und nicht jedem Beliebigen. Für Ihr Vertrauen gibt es gute Gründe: Ich habe mich in der Vergangenheit bewährt (oder ich bin Ihnen als besonders vertrauenswürdig empfohlen worden). Nur dann kann Ihr Vertrauen überhaupt seine ganze Bindekraft entfalten. Gehen Sie ein unverhältnismäßig hohes Risiko ein – aus Gründen, die ich nicht nachvollziehen kann („Sie haben braune Augen") –, bin ich irritiert und weiß nicht recht, was ich von Ihnen halten soll. Vertrauenswürdig erscheinen Sie mir nicht gerade. Dabei gilt aber: Der Vertrauensvorschuss, die erste Stufe, kann ohne guten Grund spendiert werden, damit die Sache überhaupt erst einmal angestoßen wird. Erst danach gilt es, das Vertrauen entsprechend zu dosieren.

Der wohlmeinende Experte

Eine entscheidende Voraussetzung, um Vertrauen zu gewinnen: Der andere muss Sie für kompetent halten, und zwar für so kompetent, dass er Ihnen „das Feld" überlässt und sich nicht weiter einmischt. Sie kennen sich aus und wissen schon, was zu tun ist. Sie sind der Experte, der andere kann gar nicht mitreden. Eben darum lohnt es sich für ihn, Ihnen freie Hand zu lassen. Sie verfügen über Fähigkeiten, Fachwissen und Erfahrung, auf die der andere vertrauen kann. Eben das ist ja die Grundlage Ihres Vertrauensverhältnisses. Die Sache ist nur: Wenn Sie das dem anderen gegenüber klar und deutlich zum Ausdruck bringen, säen Sie unvermeidlich Misstrauen.

Leistung und Sachverstand genügen nicht

Es ist schon richtig, dass Sie dem Gegenüber zu verstehen geben müssen: Ich bin kompetent und habe daher Ihr Vertrauen verdient. Sie können mir völlig freie Hand lassen. Aber das genügt eben nicht. Es muss noch etwas hinzukommen: der Ausdruck der Wertschätzung für den anderen. Sonst kommt kein Vertrauen zustande.

Manche Fachleute tun jedoch genau das Gegenteil. Um ihre eigene Kompetenz herauszustellen, lassen sie uns spüren, dass wir keine Ahnung haben. Sie legen es darauf an, den Abstand zu markieren, der uns von ihnen trennt, damit deutlich wird, wie sehr wir auf sie angewiesen sind und dass wir eigentlich keine andere Wahl haben, als ihnen, den „Profis", bedingungslos zu folgen. Darauf mag die Sache letztlich sogar hinauslaufen. Aber nur – wenn wir ihnen vertrauen. Doch genau das hintertreiben sie, wenn sie uns zu verstehen geben, dass wir uns nicht auskennen. Ob wir ihnen vertrauen, das liegt nämlich nicht bei ihnen, sondern bei uns. Ihnen fehlt aber jedes Wohlwollen und jede Wertschätzung. Warum sollten wir ihnen also vertrauen? Nur weil sie so kompetent erscheinen?

Was sie erreichen, ist allenfalls Einschüchterung und ein „Vertrauen aus Notwehr", das wir nur aufbringen, weil die Alternative hieße: Die Finger von der ganzen Sache zu lassen. Ganz wohl ist uns aber nicht dabei. Denn die Erfahrung lehrt, dass jemand, dem unkontrolliert das Feld überlassen wird, seine Machtposition ausnutzt. Vor allem ist damit zu rechnen, wenn er sich über diesen Umstand so offenkundig im Klaren ist. Daher meldet sich gerade in solchen Fällen der dringende

Wunsch, den Experten noch durch irgendeine andere Instanz überprüfen zu lassen.

Wohlwollen und Wertschätzung

Vertrauen stellt sich erst ein, wenn zu der Kompetenz so etwas wie
Anerkennung und Wertschätzung meiner Person hinzukommt. Die
drückt sich nicht dadurch aus, dass Sie mich mit Komplimenten überhäufen, sondern dass Sie mich ernst nehmen. Wenn ich mich an Sie
wende, dann habe ich ein Anliegen. Für dieses Anliegen erwarte ich
Verständnis. Das heißt, dass Sie ein Interesse für meine Sicht der Dinge aufbringen und sie nicht abtun, weil Sie aufgrund Ihrer Erfahrung
schon wissen, worum es geht.

Zu der Wertschätzung gehört auch, dass Sie mir erklären, was Sie unternehmen oder warum Sie mir als Experte einen bestimmten Rat
erteilen. Vertrauenswürdige Experten erkennt man eben daran, dass es
ihnen ein Anliegen ist, sich verständlich zu machen. Nicht dass es ihnen immer gelingt. Aber aus dem Bemühen, mir zu erklären, wie sie
zu einem bestimmten Urteil gelangt sind, spricht schon ein gewisser
Respekt. Oder auch nicht. Wenn mein Experte versucht, Eindruck zu
schinden und seiner Tätigkeit besondere Bedeutsamkeit zu verleihen,
verliert er an Vertrauen. Es erscheint paradox, aber je genauer ich
nachvollziehe (oder meine, nachvollziehen zu können), was mein Experte tut und rät, desto mehr vertraue ich ihm. Es ist eben ein grund-
legender Unterschied, ob mir meine Ärztin, mein Anlageberater,
Gärtner oder meine Steuerberaterin erklärt: „Halten Sie sich da raus.
Ich kenne mich aus und Sie nicht." Oder ob sie versuchen, mir „igno-
rantem Knochen" begreiflich zu machen, was sie für mich aus welchem Grund vorschlagen – und ich den absehbaren Satz äußere: „Aber
Herr Bittner, Sie kennen sich da aus. Und nicht ich. Tun Sie, was Sie
für richtig halten. Ich habe volles Vertrauen zu Ihnen." Und Herr Bittner seufzt, weil mich sein faszinierendes Betätigungsfeld nur begrenzt
interessiert.

Zugegeben, das wirkt ein wenig komödiantisch. Doch die Sache, um
die es hier geht, ist ganz sicher ernst zu nehmen: Als Experte können
Sie denjenigen, der sich an Sie wendet, nicht als Ignoranten behandeln.
Was immer er in dieser Sache bisher unternommen hat, verdient ein
Minimum an Anerkennung. Und wenn es wirklich nur Unheil war,
was Ihr Gegenüber angerichtet hat, dann zollen Sie ihm zumindest

Respekt, dass er jetzt zu Ihnen kommt. Dabei geht es nicht darum, dem anderen zu schmeicheln, sondern ihn als Person zu respektieren. Wann immer ich merke, der Experte fühlt sich verpflichtet, mir Rechenschaft zu geben, kann ich ihm das Feld überlassen. Spüre ich hingegen, dass er seinen Bereich gegen mich abschirmt, werde ich misstrauisch.

Reputationsmanagement

„Worauf es im Leben ankommt, das ist Aufrichtigkeit und Fairness. Sobald du das vortäuschen kannst, hast du es geschafft."
– Groucho Marx

Ein guter Ruf schafft Vertrauen. Nur: Wie erwerben Sie sich einen guten Ruf? Das ist gar nicht so leicht zu beantworten. Die konventionelle Methode „Tue Gutes und hoffe, dass es sich herumspricht" stößt schnell an ihre Grenzen. Denn nicht jeder hat ein Interesse daran, dass es sich „herumspricht", wie zuverlässig Sie Ihre Leistung erbringen. Oft besteht Anlass, das Gegenteil anzunehmen: Jemand, der aktuell von Ihrer Verlässlichkeit profitiert, hat erst einmal wenig Grund, gegenüber anderen Ihr Loblied anzustimmen. Womöglich kann er dann in Zukunft nicht mehr so bequem auf Ihre Leistung zugreifen. Und wer mit Ihnen im Wettbewerb steht, der hat nun erst recht kein Interesse daran, Ihren guten Ruf zu mehren. Viel eher ist er bestrebt, ihn zu beschädigen, um sich selbst als vertrauenswürdige Alternative ins Spiel zu bringen.

Lassen Sie Leistung sprechen

Doch unter bestimmten Bedingungen kann diese Zurückhaltung gerade die richtige Methode sein. Denn eigentlich finden wir ja genau das vertrauenerweckend: Wenn jemand ohne Selbstmarketing auskommt und „einfach nur" seine Leistung sprechen lässt. Voraussetzung ist aber, dass jemand diese Leistung angemessen würdigen kann, ja, dass er sie überhaupt zur Kenntnis nimmt – und Ihrer Person zurechnet. „Mir gefällt, was Sie da geleistet haben", das ist eine solide Grundlage für Vertrauen. Gerade in einem Umfeld, in dem es von Selbstdarstellern und Aufschneidern wimmelt, kann ein nüchtern schmuckloses, sagen wir: ehrliches Auftreten Vertrauen stiften. Allerdings können Sie sich diese Zurückhaltung nur leisten, wenn Ihre Verlässlichkeit auch bemerkt wird. Und das ist weniger selbstverständlich, als Sie vielleicht annehmen.

Aber es gibt noch eine zweite Chance: Sie werden weiterempfohlen – im Zuge der „sozialen Austauschbeziehungen", von denen schon die Rede war (→ S. 65). Jemand, der mit Ihnen gute Erfahrungen gemacht hat, empfiehlt Sie weiter, als „Geheimtipp" sozusagen. Im Gegenzug kann er hoffen, von seinem Gegenüber ähnlich nützliche Hinweise zu erhalten. Worauf es dabei ankommt, das haben wir bereits unter dem Stichwort „Informationsaustausch" angesprochen (→ S. 102). Kurzum, es ist durchaus möglich, dass andere zu Ihrer Reputation beitragen – wenn sie sich dadurch Vorteile versprechen.

Und noch ein dritter Hinweis gehört hierher: In manchen Fällen zählt gar nicht so sehr die pure Leistung (die sich eben nicht immer eindeutig bestimmen lässt), sondern es ist eigentlich die Inszenierung davon, die vertrauensstiftend wirkt. Sie geben sich geradlinig, verzichten auf jeden Schnickschnack, und an Ihrem Arbeitsplatz herrscht eine sachliche Werkstattatmosphäre.

Lassen Sie Ihre Leute Ihr Loblied anstimmen

Nicht immer können Sie sich darauf verlassen, dass sich Ihre Zurückhaltung und Verlässlichkeit auszahlt. Gerade wenn Sie um Vertrauen bei denen werben, die Sie noch nicht kennen, müssen Sie Ihrem guten Ruf ein wenig nachhelfen. Eine nicht ganz feine, aber wirksame Methode: Sie spannen Ihre eigenen Leute dafür ein, Sie zu loben oder Ihre Kompetenz hervorzuheben. Direktes Eigenlob ist demgegenüber weniger zu empfehlen. Es stößt ab und kann sogar Ihre Vertrauenswürdigkeit beschädigen. Wenn Sie sich (in Ermangelung eigener Leute) selbst loben müssen, dann verpacken Sie das wenigstens in eine Geschichte (→ „Vertrauensgeschichten", S. 123).

Ansonsten überlassen Sie die Sache Ihren Kollegen, Freunden oder Verbündeten. Vermutlich nehmen Sie an, dass niemand auf ein so durchsichtiges Manöver hereinfällt, da ja offensichtlich ist, dass der andere ein Interesse daran hat, Ihnen Gutes nachzusagen. Nun, das ist eben nicht so, wie sozialpsychologische Experimente verraten. Natürlich macht es mehr Eindruck, wenn Sie von einer unabhängigen und besonders kritischen Instanz für gut befunden werden. Doch wer wird das schon? Und daher können Sie sich einen Effekt zunutze machen, den die Psychologen den „fundamentalen Attributionsfehler" nennen.

Demnach neigen wir dazu, ein positives Urteil über jemanden sogar dann für bare Münze zu nehmen, wenn dieses Urteil erkennbar interessengeleitet ist. Versäumen Sie es daher nicht, Ihren eigenen Leuten dann und wann etwas Gutes nachzusagen, wobei Sie allerdings nicht Ihre Glaubwürdigkeit aufs Spiel setzen dürfen. Hält Ihr Gegenüber Ihren Kollegen für „eine Pfeife", sparen Sie sich besser Ihr Lob.

Beispiel: Unser Experte für Altersvorsorge

In ihrem Buch *Yes! Andere überzeugen. 50 gesicherte wissenschaftliche Geheimrezepte* weisen Noah Goldstein, Steve J. Martin und Robert Cialdini darauf hin, dass eine simple Ankündigung am Telefon bereits Wirkung zeigt: „Ich verbinde Sie mit Herrn Keller, unserem Experten für Altersvorsorge." Solche Aussagen führen dazu, dass wir Herrn Keller tatsächlich für einen „Experten für Altersvorsorge" halten.

Referenzen aufbauen

Zu einem guten Reputationsmanagement gehört es einfach dazu, dass Sie sich Referenzen sichern. Es wirkt einfach vertrauenerweckend, wenn Sie belegen können, was Sie geleistet haben und für wen Sie tätig waren. Andersherum gilt: Wer nichtssagende Referenzen auftischt oder Kontaktpersonen nennt, die von dieser Ehre keine Ahnung haben, verspielt leichtfertig Vertrauen. Und doch wird nach meinem Eindruck dieser Punkt oftmals vernachlässigt. Man hat gute Arbeit geleistet, wird womöglich gelobt, aber man scheut sich, Forderungen zu stellen. Dabei handelt es sich um ein vollkommen berechtigtes Anliegen, das Sie aber nur dann geltend machen können, wenn Sie es unmittelbar nach Auftragsabwicklung an Ihren Vertrauensgeber herantragen: „Darf ich Sie als Referenz angeben?" Diese Frage wird man Ihnen im Normalfall nur dann abschlägig beantworten, wenn die Sache ohnehin nicht gut gelaufen ist.

Lassen Sie allerdings Zeit verstreichen und kommen auf Ihren Auftraggeber erst dann zu, wenn Sie feststellen, dass Sie Referenzen benötigen, befinden Sie sich in einer wesentlich ungünstigeren Situation. Gut möglich, dass man Ihnen diesen Gefallen nicht tut, auch wenn alles bestens geklappt hat. Der Punkt ist doch: Je mehr Zeit ins Land geht, umso weniger fühlt man sich Ihnen verpflichtet. Nageln Sie Ihren Auftraggeber hingegen sogleich fest, müsste er wortbrüchig werden. Und das wird kaum jemand riskieren, zumal er kein besonderes Interesse haben dürfte, Ihnen zu schaden, wenn er Sie ohnehin halb aus den Augen verloren hat.

Darüber hinaus können Sie es sich zur Angewohnheit machen, Ihren Auftraggeber zu bitten: „Wenn Sie zufrieden waren, empfehlen Sie mich weiter." Ein kleiner Satz, der Sie wenig kostet, aber Ihnen viel einbringen kann.

Die Konkurrenz sanft herabsetzen

Eine anrüchige Methode, die in den erwähnten „Giftschrank" gehört und von der nur abgeraten werden kann: Man erhöht seine eigene Reputation, indem man die seiner Konkurrenten subtil beschädigt. Eigentlich sollte das denjenigen als vertrauenswürdigen Kooperationspartner disqualifizieren. Doch wenn jemand mit der erforderlichen Raffinesse vorgeht, lässt sich auch das Gegenteil beobachten. Natürlich redet man nicht schlecht über die Konkurrenz. Geschickte Vertrauensspieler verpacken ihre herabsetzenden Worte sogar in ein Lob. Nach dem Motto: Er hat sich bemüht. Oder sie greifen Gerüchte auf, um zu beteuern, dass sie nicht daran glauben.

Ihr eigentliches Bestreben ist es, die Konkurrenz in ein ungünstiges Licht zu setzen. Das kann einmal geschehen, indem immer wieder mal beiläufig an einen Fehler erinnert wird, der dem anderen unterlaufen ist, am besten in Form einer „lustigen Geschichte", denn irgendeinen Grund braucht man ja, den anderen herabzusetzen. Die zweite Möglichkeit: Man berichtet, was andere von dem Konkurrenten halten – nämlich angeblich gar nichts. Dritte Variante: Man spannt einen Kollegen ein, der sich an der richtigen Adresse über den Konkurrenten beklagt.

Nun ist dieses Verhalten zwar schäbig und abstoßend, aber gerade unter verschärften Konkurrenzbedingungen weit verbreitet. Auch kommt es vor, dass sich Mitarbeiter auf diese Art gegen ihre ruppigen Konkurrenten zur Wehr setzen. Und schließlich können die wenig schmeichelhaften Informationen ja sogar der Wahrheit entsprechen. Dennoch ist vor diesem Verhalten zu warnen. Es vergiftet das Arbeitsklima. Beobachten Sie hingegen, dass ein Mitarbeiter seine Kollegen mehr oder weniger subtil herabsetzt, sollten Sie sich fragen, wie viel Vertrauen so jemand verdient hat.

Vertrauensgeschichten

Menschen mögen Geschichten, denn sie helfen uns, die Welt zu verstehen. Geschichten machen unsere verwirrende Welt übersichtlicher.

Sie stiften Zusammenhänge und geben uns Orientierung. Überzeugende Geschichten können außerordentlich suggestiv sein, sie entwickeln eine Überzeugungskraft, der Sie mit rationalen Argumenten nicht beikommen. Daher sind Geschichten auch geeignet, Vertrauen und Zuversicht zu wecken. Was vielen Führungspersönlichkeiten nur allzu bewusst ist, die sich vorzüglich darauf verstehen, ihre ganz eigene schlüssige Geschichte zu erschaffen. Dabei müssen wir unterscheiden zwischen

- Geschichten, bei der Sie oder Ihr Unternehmen die „Hauptperson" sind. Diese Geschichten sollen belegen, dass man Ihnen vertrauen kann, weil Sie (oder Ihr Unternehmen) sich vertrauenswürdig verhalten haben.

- Geschichten, auf die Sie anspielen, weil es unübersehbare Ähnlichkeiten mit Ihrer gegenwärtigen Situation gibt. Hier greifen Sie bekannte Muster und Mythen auf, um sich selbst in ein vertrauenerweckendes Licht zu rücken.

Geschichten von Bewährungsproben

Ohne Zweifel stärkt es Ihre Position, wenn Sie eine eigene Geschichte „im Köcher" haben, die Ihre Vertrauenswürdigkeit belegt. Besonders geeignet sind solche, bei denen Sie (oder Ihr Unternehmen) eine Bewährungsprobe zu bestehen hatten. Die Situation war schwierig, es hätte den einfachen Weg gegeben, den Weg des Vertrauensbruchs. Aber man hat es sich nicht einfach gemacht – und wurde schließlich belohnt. Ein gutes Ende sollte sie schon haben, Ihre Story. Nicht dass jemand auf die Idee kommen könnte, Sie würden diesmal anders verfahren ...

Dabei ist es kein Nachteil, wenn die Geschichte nicht vollkommen glatt gelaufen ist, wenn es empfindliche Rückschläge gegeben hat. Zweifel. Mächtige Gegenspieler, womöglich sogar im eignen Unternehmen. Solche Elemente machen die Geschichte nicht nur lebendiger, sondern auch überzeugender. Pure Selbstbeweihräucherung möchte niemand hören. Und geglaubt wird sie auch nicht.

Doch wie kommt die Story in die Köpfe derer, die Sie für vertrauenswürdig halten sollen? Natürlich dürfen Sie nicht erst anfangen, die Geschichte zu verbreiten, wenn Sie um Vertrauen werben. Imagepflege ist ein langfristiger, kontinuierlicher Prozess. Und die Verbreitung von kleinen Geschichten, die einen nicht gerade in schlechtem Licht erscheinen lassen, gehört zu den beliebtesten Methoden. Auch wenn Sie der Ansicht sind, dass es vielleicht subtilere (und vertrauenswürdigere) Mittel gibt: Haben Sie niemanden, der Ihr Lied singt (weil er „Ihr Brot" isst, wie die Redensart verrät), müssen Sie das schon selbst besorgen. Die anderen halten es ja auch nicht anders. Und doch sollte etwas nicht vergessen werden: Wer Geschichten über sich (oder sein Unternehmen) verbreitet, die belegen, wie vertrauenswürdig er ist, der schürt auch Erwartungen. Wird er ihnen nicht gerecht, so verspielt er Vertrauen und seine Glaubwürdigkeit.

Beispiel: Tylenol wird vom Markt genommen
Die Geschichte hat Eingang gefunden in die Lehrbücher über Unternehmensethik. Und sie wird von dem betroffenen Konzern, Johnson & Johnson, wahrhaft in Ehren gehalten. Jeder, der neu in das Unternehmen eintritt, hat diese Geschichte zur Kenntnis zu nehmen. Noch heute spielt sie für das Selbstverständnis von Johnson & Johnson eine herausragende Rolle. Dabei ging es um einen Vorfall aus dem Jahr 1982. Es waren gefälschte Packungen des Schmerzmittels Tylenol aufgetaucht, damals Marktführer und wichtigstes Produkt von Johnson & Johnson. Sieben Menschen waren an dem gefälschten Medikament gestorben. Da entschloss sich das Unternehmen zu einer spektakulären Rückrufaktion, zu der es keineswegs verpflichtet gewesen wäre. Tatsächlich rieten mehrere externe Fachleute, darunter das FBI, von einer solchen Aktion ab (um die Kriminellen nicht noch zu bestärken). Doch der damalige Vorstandsvorsitzende James Burke setzte sich über alle Bedenken hinweg und ließ alle Verpackungen einziehen, was den Konzern 100 Millionen Dollar kostete. Es war in keiner Weise abzusehen, wie sich die Aktion ökonomisch auswirken würde. Doch als Tylenol sechs Woche später in neuer, fälschungssicherer Verpackung auf den Markt kam, griffen die Kunden zu. Zu einem solchen Unternehmen hatten sie Vertrauen.

Da zum Glück nicht jedes Unternehmen mit solchen existenzbedrohenden Gefahren zu kämpfen hat, fallen die Vertrauensgeschichten im Allgemeinen ein paar Nummern kleiner aus. Und doch können Sie punkten mit solchen Geschichten: Jemand steht zu seinem Wort, zeigt sich großzügig gegenüber Kunden oder Mitarbeitern. Die Wirkung sollten Sie nicht gering achten. Aber das Pendel kann natürlich auch in die Gegenrichtung ausschlagen: Kaum etwas ruiniert Ih-

ren Ruf so zuverlässig wie eine glaubhafte Misstrauensgeschichte. Also:
Jemand hat sein Wort gebrochen, hat nur seinen eigenen Vorteil ge-
sucht und die Gutgläubigkeit von Mitarbeitern oder Kunden ausgenutzt. Und geradezu verheerend wirken solche Geschichten, wenn die
Führungskraft oder das Unternehmen für sich in Anspruch nimmt,
sehr vertrauenswürdig zu sein. Denn dann werden sie besonders gerne
weitererzählt, was nur allzu berechtigt erscheint, wenn man nicht gerade selbst Held der Geschichte ist. Aber es gibt noch einen zweiten
Typ von Geschichten, der sich großer Beliebtheit erfreut: Erfolgsgeschichten, und zwar solche, in denen man selbst vorkommt.

Der unwiderstehliche Charme von Erfolgsgeschichten

Die Ökonomen George A. Akerlof und Robert J. Shiller weisen in ihrem Buch *Animal Spirits* auf die große Bedeutung von Geschichten
hin, die auch die wirtschaftliche Entwicklung entscheidend beeinflussen können. Als ein Beispiel nennen sie die Präsidentschaft von
José López Portillo in Mexiko, 1976 bis 1982. In dieser Zeit erlebte das
Land einen Aufschwung ohnegleichen. Vor seiner Präsidentschaft
hatte Portillo ein Buch geschrieben, eine Geschichte mit dem Titel
Quetzalcóatl. Die Titelfigur ist eine aztekische Gottheit, die eines Tages
wiederkehren wird, um die Weltherrschaft zu übernehmen. Vor der
Präsidentschaftswahl wurde das Buch neu aufgelegt. Es sollte einmal
an die vergangene Bedeutung Mexikos erinnern, als Heimat der Maya
und Azteken. Zugleich lag in der Geschichte aber auch die Verheißung
künftiger Stärke.

Ihre Überzeugungskraft bekam diese Geschichte durch die Entdeckung neuer Ölreserven in einer Zeit, die schon damals als „Ölkrise"
bezeichnet wurde. Mexiko strotzte vor Selbstbewusstsein. Portillo verhielt sich wie das Staatsoberhaupt eines mächtigen Landes. Er legte
einen „Globalen Energieplan" vor, der weltweit die Energieprobleme
lösen sollte. Das Land schmiedete Allianzen und ließ ärmeren Ländern
sogar finanzielle Unterstützung zukommen. Durch die Geschichte
vom wiederkehrenden Aztekengott erschien der wirtschaftliche Aufschwung völlig plausibel und er bekam seinen besonderen Drive. Das
Bruttosozialprodukt stieg in den sechs Jahren von Portillos Präsidentschaft um sagenhafte 55 Prozent. Eine solche Dynamik wäre wohl
kaum entfesselt worden, wenn es lapidar geheißen hätte: Neue Ölquel-
len entdeckt. So aber spielte der Präsident ganz bewusst immer wieder

auf die Geschichte an. Die Flugzeuge, mit denen er zu Staatsbesuchen aufbrach, nannte er *Quetzalcóatl* und *Quetzalcóatl II.*

Nun lassen sich solche Geschichten nicht einfach erfinden. Man muss sie vielmehr *vorfinden*, um sie dann für sich einzuspannen. Wirksam sind diese Storys und Mythen vor allem, wenn es einen traditionsgespeisten Bezug gibt. Wer sich auf den legendären Firmengründer berufen kann, ist deutlich im Vorteil – zumindest wenn dieser Bezug nicht völlig an Wert verloren hat, weil sich noch jeder auf dem Chefsessel auf diese Tradition berufen hat, um desto beherzter mit ihr zu brechen.

Viel wichtiger ist, dass es inhaltlich passt. Dann können Sie sich bedienen, wo Sie wollen: sich als David im Kampf gegen Goliath präsentieren. Sich auf Sportler berufen oder Sportteams (je nach aktueller Situation: die deutsche Fußballnationalmannschaft, Bayern München oder 1899 Hoffenheim). Auch Bezüge zu anderen erfolgreichen Unternehmensgeschichten kommen in Betracht: Seit einigen Jahren scheint Apple ein beliebtes Beispiel zu sein; die unterschiedlichsten Firmen und Führungskräfte berufen sich auf Apple, während der Konkurrenz die Rolle von Microsoft zugedacht wird.

Heldengeschichten

Von den Erfolgsgeschichten ist es nur ein kleiner Schritt zu den Heldengeschichten. Hier steht die besondere Persönlichkeit im Vordergrund. Ihr mustergültiges Verhalten, das man in aller Bescheidenheit für sich selbst reklamiert, wenn man solche denkwürdigen Geschichten auftischt. Wer Vertrauen aufbauen will, der wählt etwas zum Thema Ehrlichkeit oder Fairness. Denn als Überbringer dieser frohen Botschaft möchte man selbst für ehrlich und fair gehalten werden. Eine der beliebtesten amerikanischen Anekdoten handelt vom sechsjährigen George Washington, der seinem Vater tapfer gestand, dass er einen Kirschbaum im Garten mit seiner Kinderaxt umgehauen hatte. „Ich kann nicht lügen, Papa", rief der kleine George und wurde daraufhin von seinem Vater mit den Worten in die Arme geschlossen, dass ihm „solches Heldentum mehr wert ist als tausend Bäume".

Eine zeitgemäße Variante erzählt Stephen M. R. Covey in seinem Buch *Schnelligkeit durch Vertrauen.* Es ist die Geschichte des Tennisspielers Andy Roddick, der bei einem Turnier 2005 in Rom wahre Größe zeigte: Ihm fehlte noch ein Punkt. Sein Gegner hatte Aufschlag. Nach Ansicht des Schiedsrichters landete der Ball im Aus. Roddick erhob Einspruch und wies auf einen Abdruck im Sand, der deutlich zeigte, dass der Ball noch auf der Linie gelandet war. Der Schiedsrichter ließ sich überzeugen und sprach den Punkt Roddicks Gegner zu, der das Match schließlich noch gewann! So jemandem wie Roddick würden Sie doch auch vertrauen, oder? Tief beeindruckt tauft Covey dieses Verhalten „Roddick Choice": Die Entscheidung, auch dann aufrichtig zu sein, wenn es einen hohen Preis hat.

Das nötigt uns Respekt ab. Und doch gibt es eine sehr ähnliche Szene, die einen ganz anderen Eindruck hinterlassen hat, weil sie von den nachfolgenden Ereignissen stark überschattet wurde. Die Rede ist vom Radrennfahrer Jan Ullrich, der am Ende seiner Laufbahn mit Dopingvorwürfen konfrontiert wurde und bei seiner Reaktion eine ziemlich klägliche Figur machte. Einige Jahre zuvor hatte Ulrich jedoch einen ähnlich starken Auftritt wie Roddick: Bei der Tour de France stieg er nach dem Sturz seines ärgsten Rivalen Lance Armstrong von seinem Fahrrad und wartete, bis Armstrong wieder aufgestiegen war und weiterfahren konnte. Auch Ulrich hatte schließlich gegenüber Armstrong das Nachsehen, wodurch seine faire Geste überhaupt erst ihren Wert bekam. Der moralische Sieger kann nicht auch noch den Wettkampf gewinnen. Aber das macht ihn ja überhaupt erst vertrauenswürdig. Er verzichtet auf den Sieg, weil er sich keine unlauteren Vorteile verschaffen will, wenigstens nicht in dieser Hinsicht. Mit der Geschichte von Jan Ullrich werden Sie zwar kein Vertrauen aufbauen. Und doch ist sie tiefer und auf ihre allzu menschliche Art wahrhaftiger als die von Roddick. Denn sie vermittelt eine wichtige Einsicht: Jemand kann sich in einer Situation sehr beeindruckend verhalten. Das schließt nicht aus, dass er sich in anderen Situationen alles andere als vertrauenswürdig benimmt.

Vorsicht, Fortsetzung!

Die Geschichte von Jan Ullrich zeigt es ja schon: Es ist nicht ganz ungefährlich, Geschichten ins Spiel zu bringen, wenn die eine Wendung nehmen, die man sich nun gerade nicht erhofft hat. Das gilt auch für den Fall, dass Sie sich auf alte Muster beziehen, bei denen gewissermaßen nichts mehr schief gehen kann. Kann es aber doch. Denn Ihre eigene Geschichte wird ja vor dem Hintergrund des alten Musters wahrgenommen. Geht die Sache gut, stärken Sie dieses Muster noch. Endet das Ganze aber in einem Desaster, haben Sie nun auch gleich die

Geschichte beschädigt, auf die Sie sich berufen. So wie schließlich auch José López Portillo in Mexiko. Seine legendäre Präsidentschaft im Zeichen des Aztekengottes Quetzalcóatl endete im Chaos, mit Verschuldung, Korruption und einer Inflationsrate von 100 Prozent. Für seine Nachfolger ist es daher nicht ganz einfach, die alten aztekischen Götter wieder ins Spiel zu bringen.

Der „Machen-Sie-selbst"-Effekt

Der bereits erwähnte amerikanische Sozialpsychologe Robert Cialdini berichtet von einem bemerkenswerten Phänomen: Um die Verbraucher vor übereilt abgeschlossenen Haustürgeschäften zu schützen, wurde vor Jahren in den USA ein Rücktrittsrecht eingeführt, wie man es auch bei uns kennt. Nach Abschluss des Kaufvertrags hat man noch ein paar Tage Zeit, um den Vertrag wieder rückgängig zu machen. Firmen mit sehr aggressiven Verkaufsmethoden wurden durch diese Gesetzesänderung hart getroffen. Bis sie auf einen Trick verfielen, der zu einem drastischen Rückgang der aufgekündigten Verträge führte: Sie ließen die Kunden nunmehr selbst das Vertragsformular ausfüllen.

Das Geheimnis hinter diesem Trick: Wann immer wir etwas selbst tun, legen wir uns fest. Stärker jedenfalls, als wenn wir einfach nur zustimmen. Bin ich es gewesen, der das Formular ausgefüllt hat, dann geht das schon irgendwie in Ordnung. Waren Sie das, dann schaue ich mir die Sache schon noch einmal genauer an. Die Widerstände, mich selbst zu korrigieren, sind bedeutend höher, als wenn ich mir sagen kann: Ach, da bin ich Ihren Überredungskünsten aufgesessen. Oder schlimmer noch: Da haben Sie gegen unsere Abmachungen verstoßen – dabei haben Sie nichts anderes getan als das, was wir besprochen hatten, woran Sie mich penetrant erinnern, was ich Ihnen allmählich übel nehme. Denn meine Erinnerung sieht selbstverständlich ganz anders aus.

Spannen Sie den anderen ein

Um solche Zerwürfnisse zu verhindern, gibt es ein bewährtes Mittel: Sie lassen mich immer wieder mal mitmischen. Ideal ist es, wenn ich selbst buchstäblich „Hand anlegen" darf. Väter, die die Nabelschnur ihres Nachwuchses durchschneiden, beschweren sich nicht über schlechte medizinische Betreuung, sondern schwärmen von dem „unvergleichlichen Erlebnis", das ihr Leben bereichert hat. So weit müssen Sie vielleicht nicht gehen. Doch die „Eigenbeteiligung" ist ein stark vertrauensbildendes Modell.

Das Mindeste, was Sie tun können: Halten Sie den anderen immer auf dem Laufenden. Beziehen Sie ihn in Ihre Entscheidungen mit ein, ja, überlassen Sie ihm womöglich die Entscheidung. Umso weniger wird er Ihr Verhalten zu beanstanden haben. Und sollte es doch dazu kommen, so können Sie mit dem Ausdruck größter Verwunderung darauf verweisen, dass der andere stets informiert gewesen ist.

Beispiel: Der bayerische Kurfürst macht Gold

Kaum jemand lebt so stark vom Vertrauen der anderen wie der Scharlatan. Daher können auch diejenigen, die nur die besten Absichten haben, von ihm lernen. Einer der beeindruckendsten Abenteurer und Serienbetrüger der Barockzeit war der Alchemist Dominico Emanuele Caetano. Wie viele seiner Kollegen und Nacheiferer war er bestrebt, aus weniger edlen Zutaten Gold herzustellen, selbstredend ohne Erfolg. Doch gelang es ihm, den bayerischen Kurfürsten Maximilian II. Emanuel in sein Labor zu locken, wo der mit „heißem Verlangen einer reichen Goldernte" entgegensah. In der Folge bewies der Kurfürst eine Engelsgeduld und spendierte dem findigen Experimentator einen Vorschuss von sagenhaften 600.000 Gulden.

Die Pfauenstrategie

Im Tierreich gibt es kaum so etwas Prachtvolles wie einen balzenden Pfau. Was mag dieser extravagante Hühnervogel mit dem Aufbau von Vertrauen zu tun haben? Da geht es doch eben nicht um spektakuläre Showeffekte, auf die der Pfau setzen mag, wenn er sein Schmuckgefieder präsentiert. Oder am Ende doch? Tatsächlich gibt es eine interessante Verbindung zwischen dem Gebalze des Pfaus und dem Bemühen, bei seinen Mitmenschen als vertrauenswürdig zu gelten. Das Stichwort heißt Handicap-Effekt.

Zunächst müssen wir uns die Ausgangslage vergegenwärtigen: Der männliche Pfau muss sein Gegenüber, die paarungsbereiten Hennen, davon überzeugen, dass er eine Reihe von nützlichen Eigenschaften hat. Eigenschaften, die in ihrer Gesamtheit das Überleben in dieser gefährlichen Welt ermöglichen. Darauf legen die Hennen nämlich allergrößten Wert. Sie wollen gute Gene für ihren Nachwuchs, damit sich ihre Investition mit dem ganzen Gebrüte und der Aufzucht überhaupt lohnt. Nun sind diese Eigenschaften aber viel zu komplex, um sie direkt überprüfen zu können. Die Weibchen brauchen also einen zuverlässigen Anhaltspunkt, damit die Männchen nicht irgendwelche Eigenschaften vortäuschen, die sie in dem erforderlichen Maße gar nicht haben. Zumal zwei Bedingungen die Lage verschärfen: Die Weibchen können sich mit ihrer Wahl nicht viel Zeit lassen. Zweitens gilt bei den Pfauen das Prinzip: The winner takes it all. Nur ein Pfau macht das Rennen, fast alle anderen gehen leer aus.

Weibchen mögen bunte Vögel

Damit erschließt sich der tiefere Sinn der Pfauenstrategie: Die Weibchen müssen darauf vertrauen, unter Zeitdruck die richtige Wahl zu treffen. Und hier kommt der Balztanz ins Spiel, genauer gesagt: das sperrige Federkleid, das der männliche Pfau bei dieser Gelegenheit präsentiert. Um seine Bedeutung angemessen zu würdigen, sollte man sich seine Dimensionen klarmachen: Ein männlicher Blauer Pfau kann eine Gesamtlänge von mehr als zwei Metern erreichen. Davon misst seine so genannte Prachtschleppe 120 bis 130 Zentimeter. Von einem Standpunkt der Nützlichkeit aus betrachtet sind diese 120 bis 130 Zentimeter reine Verschwendung von Ressourcen. Aber es ist noch schlimmer: Die Prachtschleppe behindert den Vogel bei fast allen seinen Tätigkeiten: Er kann nicht schnell laufen, kann ganz schlecht fliegen und ist extrem schlecht getarnt.

Dennoch entscheiden sich die Weibchen immer für das Männchen mit dem prächtigsten Federkleid, auf dem die meisten Augenpunkte zu sehen sind. Und damit liegen sie richtig. Denn ein Hühnervogel, der sich solch eine auffällige Prachtschleppe leisten kann, ohne gefressen zu werden, der muss über außerordentliche Qualitäten verfügen. Ein Konkurrent mit den geringsten Entwicklungsstörungen oder mit Parasitenbefall kann da nicht mithalten. Er ist sofort raus aus dem Rennen.

Die Erklärung stammt von den beiden israelischen Biologen Amotz und Avishag Zahavi und ist unter dem Namen „Handicap-Prinzip" auch jenseits ihres Fachs bekannt geworden. Dass die Schwanzfedern des Pfaus außerhalb der Balz nutzlos, ja hinderlich sind, ist eben kein Nachteil. Vielmehr dient dieses *Handicap* als zuverlässiges Indiz für Qualitäten, die sich nicht direkt beobachten lassen.

Genau das ist aber auch die Ausgangslage beim Vertrauen. Vertrauenswürdigkeit ist eine so komplexe Eigenschaft, dass sie immer indirekt erschlossen werden muss. Und hier kommt das *Handicap* ins Spiel. Am Handicap erkennen Sie die wahren Qualitäten. Zumindest sind Sie davon überzeugt. Und derjenige, der solche Handicap-Signale nutzt, ist es auch.

Welches Handicap darf es sein?

Im Unterschied zum Pfau kann bei uns Menschen alles Mögliche als vertrauensbildendes Handicap herhalten. Es kommt immer auf die besondere Situation an. Entscheidend sind jedoch zwei Eigenschaften:

- Das Handicap bringt für den Betreffenden einen gravierenden Nachteil mit sich.
- Das Handicap sollte möglichst fälschungssicher sein.

Im Zusammenhang mit unseren Artgenossen scheint der Ausdruck „fälschungssicher" vielleicht etwas unangemessen – zumal wenn es um etwas so Kostbares wie Vertrauen geht. Und doch ist der Punkt sehr wichtig: Das Handicap sollte sich zumindest nur mit beträchtlichem Aufwand fälschen und vortäuschen lassen.

Auf einer vergleichsweise niedrigen Stufe begegnen uns Handicap-Signale in der Zurschaustellung von kostspieligen Objekten und Luxusartikeln. Jemand fährt mit einem teuren Auto vor, trägt eine Uhr, die so viel kostet wie ein Mittelklassewagen. Wir sollen ihn für beruflich erfolgreich und damit vertrauenswürdig halten, weil er sich solche Dinge leisten kann. Der „gravierende Nachteil", den er sich einhandelt, sind die Kosten, die er zu tragen hat und die ihn in den Ruin treiben, wenn er über keine entsprechenden Geldquellen verfügt. Fälschungssicher ist das Handicap allerdings nicht so sehr. Nicht nur, weil die entsprechenden Luxusartikel in großer Zahl gefälscht werden, sondern weil sich über einen beträchtlichen Zeitraum Wohlstand vortäuschen lässt. Es gibt wahre Virtuosen in dieser Disziplin, Lebenskünstler und begabte Hochstapler, denen man besser nicht in die Hände fallen möchte. Daher ist dieses Handicap-Signal vielfach schon entwertet. Ja, wer allzu demonstrativ im Luxus schwelgt, macht sich geradezu verdächtig.

Und doch sollten Sie dieses Handicap-Signal nicht unterschätzen. Wir gehen ihm häufiger auf den Leim, als wir uns eingestehen wollen. Sogar wenn uns persönlich solche Statussymbole nichts bedeuten, so lassen wir uns doch von ihnen leiten, zumal sie ja in vielen Fällen durchaus sehr brauchbare Hinweise darauf liefern, wer in seinem Beruf erfolgreich arbeitet. Von Ausnahmen abgesehen.

Beispiel: Das Schlösschen des Dr. Schneider im Taunus
Anfang der 1990er Jahre gelang es dem Bauunternehmer Jürgen Schneider, von zahlreichen Banken riesige Kredite für extrem überbewertete Immobilien zu bekommen. Nach seiner spektakulären Pleite musste Schneider wegen Betrugs und Urkundenfälschung vier Jahre ins Gefängnis. In einem Interview mit der Süddeutschen Zeitung berichtet er, wie es ihm gelang, das Vertrauen der Banken zu erlangen. Er kaufte sich in Königsstein ein „Schlösschen mit einem Türmchen", richtete es „ganz schick" her – und ließ die Bankvorstände zu sich kommen. „Erst musste ich zu denen kommen, dann kamen die schön zu mir", erzählt Schneider. „Um den Berg herum, auf dem ich residierte und die Vorstände empfing, da waren deren Villen. Und nachts war das Schlösschen beleuchtet, so dass die das von ihren Villen da unten sehen konnten."

Dass sich auch Hochstapler dieser Methode bedienen, spricht nicht gegen ihre Wirksamkeit. Im Gegenteil. Sie benutzen sie ja nicht, weil sie böse Absichten haben, sondern weil sie so hervorragend funktioniert. Und umgekehrt muss man sagen: Wenn Sie in einer Branche tätig sind, in der Vertrauen durch diese Art von Handicap-Signalen hervorgerufen wird, können Sie es sich gar nicht leisten, darauf zu verzichten. Woher sollten die anderen auch wissen, was für gute Arbeit Sie leisten? Wie die Pfauenweibchen auf die Augenpunkte, so achten Ihre Kunden und Auftraggeber auf Ihre Kleidung, Ihr Fahrzeug und Ihr Auftreten. Aus diesen Signalen formt sich der Eindruck, den Ihr Gegenüber von Ihnen hat. Wie erfolgreich sind Sie bei Ihrer Arbeit? Wie zuverlässig sind Sie wohl? Jemand, der nichts zuwege bringt, kann hier nur schwer mithalten.

Dabei kommt es darauf an, die entscheidenden Signale ganz beiläufig zu setzen, sonst rufen Sie Argwohn hervor. Jemand, der immer wieder demonstrativ auf seine Rolex schaut, macht das Handicap-Signal völlig zunichte. Durch seinen aufdringlichen Hinweis betont er ja nur, wie wenig selbstverständlich die Angelegenheit für ihn ist. Doch genau darum geht es ja: Sie wollen zeigen, dass diese Accessoires ganz und gar zu Ihnen gehören wie die Prachtschleppe zum Pfau. Ja, es kann den Handicap-Effekt durchaus stärken, wenn Sie ein wenig nachlässig mit diesen Dingen umgehen.

Bildungsballast und Mut zur Ehrlichkeit

Es gibt aber noch ganz andere Handicap-Signale, je nachdem, worauf vertraut werden soll. Zum Beispiel ob Sie intellektuell in der Lage sind, eine bestimmte Aufgabe zu meistern. Oder welches Gewicht Ihr Rat in einer schwierigen Angelegenheit hat. In solchen Fällen kann das Handicap-Signal „Bildung" zum Tragen kommen. Klassisches Bildungsgut hat für die meisten Berufe keinerlei praktischen Nutzwert. Es ist unnötiger Ballast. Doch wer souverän darüber verfügt, zeigt, dass er einen weiten Horizont hat. Seine geistigen Kapazitäten sind durch sein berufliches Fachwissen noch nicht erschöpft.

Einen ähnlichen Effekt hat es, wenn Sie sich gut ausdrücken können. So etwas kann Vertrauen erwecken, auch wenn es inhaltlich um völlig andere Dinge geht, die mit Ihrer Aufgabe gar nichts zu tun haben. Aber genau deshalb ist es ja ein halbwegs verlässlicher Hinweis auf Ihre intellektuellen Fähigkeiten. Wissen über Ihr Fachgebiet können Sie sich leicht aneignen – zumindest in der Qualität, das es ausreicht, den anderen zu beeindrucken. Denn der kennt sich da nicht besonders gut aus. Deshalb braucht er Sie ja. Können Sie aber auch bei anderen Themen mitreden und Ihre Gedanken präzise formulieren, macht das einen soliden, verlässlichen Eindruck.

Doch das ist noch nicht alles. Vertrauensbildende Handicap-Signale können Sie nämlich auch in Bereichen entdecken, in denen es schon ein bisschen spitzfindig wird. Aber wenn man sich so umhört, scheinen doch einige unserer Mitmenschen auf solche ausgefuchsten Hinweise zu achten (siehe Beispiel). Als vertrauenerweckendes Handicap-Signal kann es auch verstanden werden, wenn der andere gerade nicht um unser Vertrauen wirbt. Er hat es gar nicht nötig, uns „nach dem Mund" zu reden. Er leistet sich sein eigenes Urteil (aus dem natürlich keine Geringschätzung für uns sprechen darf, (→ der wohlmeinende Experte, S. 117). Und schließlich besteht das stärkste Handicap-Signal (hoch riskant und so gut wie fälschungssicher) im souveränen *Verzicht* auf alle Statussymbole. Den kann man sich eben nur dann leisten, wenn einen ohnehin alle kennen und über die herausragenden Qualitäten Bescheid wissen.

Beispiel: „Pott Casting" der besonderen Art

In seinem Blog *karrierebibel.de* berichtet Jochen Mai von einem erfahrenen Vertriebler. Immer wenn der einen neuen Kunden besucht, begibt er sich nach dem üblichen Small Talk auf die Toilette. Seiner

Theorie nach lässt sich nirgendwo besser ablesen, wie es um die Qualität des Unternehmens und seine Moral bestellt ist, als an diesem stillen Ort.

Nur keine Nachlässigkeit in den kleinen Dingen

Zum Abschluss dieses Kapitels noch eine unverzichtbare Methode, die ein wenig an die „Pfauenstrategie" anschließt. Allerdings geht es hier um etwas Grundsätzlicheres. Ob der Aufbau von Vertrauen gelingt, entscheidet sich manchmal an Kleinigkeiten. Wenn die Kleinigkeiten nicht stimmen, dann werden wir misstrauisch. Wir ziehen Rückschlüsse auf das große Ganze (wie beim „Pott Casting"): Wenn es hier schon etwas zu beanstanden gibt, dann haben wir Grund anzunehmen: Dort, wo wir vertrauen sollen (und keinen Einblick mehr haben), geht es noch schlimmer zu.

Beispiel: Schlampige E-Mails

Erhalten Sie von einer renommierten PR-Agentur E-Mails, in denen es von Rechtschreibfehlern wimmelt, bekommt Ihr Vertrauen vermutlich einen Dämpfer. Zwar werden E-Mails schnell geschrieben und der Ton darf schon etwas lockerer sein. Aber Rechtschreibfehler sind nicht nur ein Zeichen mangelnder Sorgfalt. In großer Zahl lassen sie überhaupt Zweifel aufkommen, ob derjenige kompetent mit der Sprache umgehen kann.

Weitere Kleinigkeiten, die viel Vertrauen kosten können: Ihr Name wird falsch geschrieben, Sie werden falsch angeredet, Sie erhalten unvermittelt Werbemails des Unternehmens.

Es ist schon einiges gewonnen, wenn Sie solche Fehler und Schlampereien vermeiden. Gestatten Sie sich keine Nachlässigkeit bei den Dingen, auf die es nicht so sehr ankommt, die Ihr Gegenüber aber sehr wohl wahrnimmt.

Kümmern Sie sich um die Details

Sie können natürlich mehr tun als zu vermeiden, dass der andere misstrauisch wird. Sie können Vertrauen aufbauen. Denn bemerke ich, mit welcher Sorgfalt Sie sich auch um Details und Kleinigkeiten kümmern, bin ich geneigt, Ihnen zu vertrauen: mehr zu vertrauen als zuvor. Ich fühle mich bei Ihnen gut aufgehoben, wenn ich weiß: Andere würden es sich an dieser Stelle leicht machen, Sie erledigen auch diese Sache gewissenhaft. Und ich tue gut daran, Sie wissen zu lassen, dass mir Ihre Sorgfalt in diesen Dingen nicht entgangen ist. Sonst kommen Sie womöglich noch auf die Idee, sich in Zukunft diese Mühe zu sparen, weil sie ja ohnehin niemand bemerkt.

Diese Verlässlichkeit in den kleinen Dingen darf allerdings nicht aus dem Ruder laufen und zu einem unangemessenen Perfektionismus führen. Die kleinen Dinge sind wichtig, aber sie dürfen nicht zu den großen Dingen werden. Sonst entgleiten Ihnen die Angelegenheiten, auf die es wirklich ankommt. Was hingegen sehr vertrauensfördernd sein kann: Sie geben dem anderen kleine nützliche Hinweise, die erkennen lassen, dass Sie mit seiner Situation vertraut sind. Sie versetzen sich in seine Lage und versorgen ihn mit Informationen, die er wirklich brauchen kann.

Beispiel: Abgas-Sonderuntersuchung
Nicht jeder Autofahrer merkt sich den Termin vor, an dem die nächste Abgas-Sonderuntersuchung fällig ist. Werde ich von meiner Werkstatt dezent darauf hingewiesen, stärkt das mein Vertrauen. Ich habe den Eindruck, dass die sich kümmern. Dabei ist entscheidend, dass die Werkstatt sich nicht aufdrängt, sondern mich sachlich informiert – nebst Preisangabe, damit ich vergleichen kann. Die Entscheidung, wo ich die Untersuchung machen lasse, wird vollkommen mir selbst überlassen. Doch selbstverständlich gehe ich zur Werkstatt meines Vertrauens. Nicht, weil es woanders nicht günstiger wäre. Aber ich würde es fast als Vertrauensbruch empfinden, es nicht in dieser Werkstatt machen zu lassen. Denn die haben mir ja den Tipp gegeben.

Die Techniken im Überblick

Sie haben die unterschiedlichsten Methoden kennen gelernt, wie Vertrauen aufgebaut wird. Bevor wir uns der Frage zuwenden, wie Vertrauen genutzt wird, möchten wir alle Techniken noch einmal im Überblick in Erinnerung rufen:

Die „Ich-bin-wie-Sie"-Methode

Grundidee: Gemeinsamkeiten herausstellen, auch wenn die für die betreffenden Angelegenheit irrelevant sind. Dadurch Vertrautheit und Wir-Gefühl schaffen.

Geeignet für: Unbekannte für sich einnehmen, Boden bereiten für Vertrauen.

Gefahren: Kann als anbiedernd empfunden werden. Nicht geeignet für hierarchische Verhältnisse.

Anerkennungströpfchen

Grundidee: Verstehen, welcher Mensch der andere sein will und was ihm wichtig ist. Auf dieser Grundlage seine Leistung anerkennen. Dadurch Verbundenheit schaffen.

Geeignet für: Vielfältig einsetzbar. Für Mitarbeiter, Kunden, Vorgesetzte, Kollegen.

Gefahren: Die Methode kann überzogene Erwartungen schüren.

Auf leisen Sohlen

Grundidee: Wer seine eigene Vertrauenswürdigkeit thematisiert und ungefragt Vertrauensbeweise erbringt, erweckt Argwohn. Die Eigendynamik der Situation nutzen und das Vertrauen des anderen als selbstverständlich voraussetzen.

Geeignet für: Kleinere Vertrauensverhältnisse auf kühler bis mittlerer Betriebstemperatur. Als Einstieg.

Gefahren: Sie stoßen auf Misstrauen (zum Beispiel weil Sie die Situation falsch eingeschätzt haben). Die Gegenseite fordert Vertrauensbeweise, doch Sie sind blank.

Der Einwand in eigener Sache

Grundidee: Die eigene Glaubwürdigkeit erhöhen, indem man Argumente gegen den eigenen Standpunkt/die eigenen Interessen vorbringt.

Geeignet für: Höherwertige Vertrauensverhältnisse. Projekte, bei denen viel auf dem Spiel steht.

Gefahren: Zu viel Bedenkenträgerei wird Ihnen als Schwäche ausgelegt. Man traut Ihnen die Aufgabe nicht mehr zu.

Das Schlangenöl

Grundidee: Das Unmögliche versprechen, weil Ihr Gegenüber genau darauf vertrauen möchte. Eine einfache Lösung in Aussicht stellen, weil alles, was kompliziert wirkt, Misstrauen hervorruft.

Geeignet für: Komplizierte Probleme, von denen Ihr Gegenüber wenig versteht, für die er aber eine einfache Lösung haben will.

Gefahren: Methode für den Giftschrank, kann (zu Recht) Ihre Reputation ruinieren. Sogar in der verantwortungsbewussten „weißen" Variante kann Ihr Ruf darunter leiden, dass Fachkollegen Ihnen vorwerfen, zu stark zu vereinfachen.

Kennenlernspiele

Grundidee: Je gründlicher uns jemand kennt, umso mehr Vertrauen schenkt er uns.

Geeignet für: Vertrauensverhältnisse aller Art. Der Grad des Kennenlernens lässt sich den Erfordernissen entsprechend dosieren.

Gefahren: Je näher uns jemand kennt, umso mehr kann er uns schaden. Das ist vor allem dann ein Risiko, wenn sich die Loyalitäten ändern.

Fallobst ernten

Grundidee: Enttäuschtes Vertrauen fließt demjenigen zu, der sich rechtzeitig als vertrauenswürdige Alternative ins Spiel bringt.

Geeignet für: Wo immer Vertrauen bröckelt, gibt es womöglich Fallobst zu ernten.

Gefahren: Die Erwartungen überfordern uns. Wir müssen das halten, was die anderen versprochen haben.

Die Treppe der Verwundbarkeit

Grundidee: Sich verwundbar machen, dem anderen Vertrauen schenken, um selbst Vertrauen zu bekommen. Dann Stufe um Stufe zu mehr Vertrauen.

Geeignet für: Hochwertige Vertrauensverhältnisse aufbauen.

Gefahren: Verwundbarkeit wird immer größer, damit auch die Abhängigkeit. Eigendynamik der Treppe kann dazu führen, dass wir uns zu verwundbar machen.

Der wohlmeinende Experte

Grundidee: Kompetenz allein genügt nicht, um Vertrauen aufzubauen. Es muss Loyalität und Wohlwollen hinzukommen. Ein wohlmeinender Experte versucht, sein Handeln zu erklären.

Geeignet für: Vertrauensverhältnisse, bei denen wir die Fachleute sind und unser Gegenüber nicht viel versteht.

Gefahren: Unser Gegenüber fühlt sich ermutigt, uns reinzureden.

Reputationsmanagement

Grundidee: Einen guten Ruf aufbauen, damit einen andere für vertrauenswürdig halten. Über Leistung, Empfehlungen, Referenzen.

Geeignet für: Mittlere bis größere Vertrauensverhältnisse.

Gefahren: Wird mit unfeinen Mitteln gearbeitet, kann das unseren Ruf (zu Recht) nachhaltig ruinieren. Die gleiche Gefahr droht allerdings auch, wenn uns nur nachgesagt wird, mit unfeinen Mitteln zu arbeiten.

Vertrauensgeschichten

Grundidee: Geschichten stiften Zusammenhänge und geben Orientierung. Geschichten erzählen oder an bekannte Geschichten anknüpfen, um die eigene Vertrauenswürdigkeit zu belegen.

Geeignet für: Aufbau von Vertrauen, größere Vertrauensverhältnisse.

Gefahren: Geschichten lassen sich auch umdeuten und gegen den Erzähler instrumentalisieren. Erfolgsgeschichten können eine ungünstige Wendung nehmen.

Der „Machen-Sie-selbst"-Effekt

Grundidee: Den Effekt nutzen, dass Menschen sich für das verantwortlich machen, was sie selbst getan haben. Den Vertrauensgeber eine (unwesentliche) Handlung ausführen lassen.

Geeignet für: Komplexe Projekte, bei denen wir freie Hand brauchen.

Gefahren: Der Vertrauensgeber könnte sich ermutigt fühlen, noch stärker mitzumischen. Gegenmaßnahme: Ihn überfordern.

Die Pfauenstrategie

Grundidee: Klare, fälschungssichere Signale nutzen, um die eigene Vortrefflichkeit zu belegen.

Geeignet für: Vertrauensverhältnisse, bei denen es um sehr viel (Geld) geht und zu wenig Zeit zu Verfügung steht, Vertrauen allmählich aufzubauen.

Gefahren: Strategie kann als Protzerei und vertrauensmindernd empfunden werden.

Nur keine Nachlässigkeit in den kleinen Dingen

Grundidee: Wenn Details nicht stimmen, kostet das Vertrauen. Sich daher besonders um die Kleinigkeiten kümmern.

Geeignet für: den Aufbau von mittleren bis größeren Vertrauensverhältnissen, bei denen einiges auf dem Spiel steht.

Gefahren: Zu großer Aufwand, Gefahr, sich zu verzetteln.

Vertrauen nutzen

Vertrauen erweitert unsere Möglichkeiten. Es hilft uns, in Bereiche vorzudringen, von denen wir nichts verstehen und/oder mit denen wir uns nicht beschäftigen wollen. Vertrauen macht uns mächtig und stark. Wer anderen vertrauen kann, der vermag über sich selbst hinauszuwachsen. Aber auch wenn Ihnen vertraut wird, so verleiht Ihnen das Stärke und wertet Sie auf. Zugleich sorgt Vertrauen für Orientierung. Was wir von der Welt wissen, wie wir uns in ihr eingerichtet haben, das hängt ganz davon ab, wem und worauf wir vertrauen.

Daher soll im folgenden Kapitel von den Möglichkeiten, aber auch den Gefahren von Vertrauen die Rede sein. Denn Vertrauen hat fast durchgängig zwei Gesichter: Es ist eben nicht nur ein Mittel der Macht, sondern auch der Abhängigkeit. Es verbindet uns mit unseren Mitmenschen, aber es kann uns auch von ihnen trennen und uns regelrecht blind für die Realität machen (→ „Die Vertrauensfalle“, S. 163). Vertrauen kann uns entlasten, wir können uns aber auch ungeahnte Probleme einhandeln (→ „Die schmutzigen Hände“, S. 151). Die Möglichkeiten lassen sich nutzen, die Gefahren lassen sich vermeiden, wenn man sie kennt. Daher erfahren Sie, wie Sie sich vor Vereinnahmung schützen (→ „Ich verlasse mich ganz auf Sie“, S. 156), was Sie beim Timing beachten müssen (→ „Das Eisen schmieden“, S. 171) und wie Sie gegensteuern können, wenn ein Vertrauensverlust droht (→ „Verständigungsbrücken“, S. 177).

Große Erwartungen

So sieht es aus, das Standardmodell des Vertrauens: In einer bestimmten Angelegenheit überlasse ich Ihnen das Feld. Sie sollen mal machen. Dabei habe ich bestimmte Erwartungen an Sie. Sie sollen dafür sorgen, dass mein Auto wieder fährt, die Firmenveranstaltung reibungslos abläuft oder meine Interessen in einem Rechtsstreit gut vertreten werden. Es ist die erwähnte „Gegenleistung“ (→ S. 33), die Sie erbringen sollen.

Meine Erwartungen prägen Ihre Gegenleistung. Denn wenn Sie die Erwartungen nicht erfüllen, tritt der unangenehme Fall ein: Sie haben mein Vertrauen enttäuscht, sogar wenn Ihrer Auffassung nach die

Dinge gar nicht so schlecht gelaufen sind. Daher geht es als erstes immer darum festzulegen: Was kann, was darf erwartet werden?

Der riskante Vertrauensvorschuss

Als Vertrauensgeber habe ich ein Interesse daran, meine Erwartungen nicht zu niedrig anzusetzen. Und zwar aus zwei Gründen: Ich kann mit einer höheren „Gegenleistung" rechnen, wenn ich mehr von Ihnen erwarte. Und zweitens kommt darin eine höhere Wertschätzung Ihrer Person zum Ausdruck. Eine solche Wertschätzung ist ein zusätzlicher Anreiz für Sie, sich in dieser Sache zu engagieren. Wir wollen gefordert werden. Wer uns nichts zutraut, entmutigt uns. Also setze ich meine Erwartungen lieber ein bisschen höher an. Nicht zu viel, denn ich will Sie nicht überfordern. Aber womöglich deutlich über dem Niveau, mit dem ich mich schon zufrieden geben könnte.

Für den Vertrauensnehmer sieht die Rechnung ein wenig anders aus. Hohe Erwartungen nehmen Sie wesentlich stärker in die Pflicht. Wir haben es bereits erwähnt: Wer Ihnen vertraut, der vereinnahmt Sie damit. Das kann eine sehr gute Sache sein. Denn dadurch können Sie zeigen, was in Ihnen steckt, Sie können über sich selbst hinauswachsen und eine Leistung vollbringen, die Sie sich womöglich selbst nicht zugetraut hätten. Aber der Vertrauensgeber, der hat ja gleich gewusst, dass Sie das schaffen.

Allerdings kann ein hoher Vertrauensvorschuss eine bedenkliche Kehrseite haben, über die Sie sich im Klaren sein sollten: Sie werden im Wohlgefühl der eigenen Vortrefflichkeit eingelullt und zu einem Leistungsversprechen verleitet, das nicht mehr in Ihrem Interesse liegt.

Beispiel: Finanzberater als Adler
> Strukturvertriebe ködern Mitarbeiter, indem sie ihnen in Aussicht stellen, sehr viel Geld zu verdienen, was den meisten nicht gelingt. Bevor sie zu dieser Einsicht gelangen, wird ihnen eingeredet, sie seien besser als der Durchschnitt, leistungsfähige „Adler", die sich über die anderen kleinen Vögel erheben. Wie die ZEIT schreibt, bekommen manche Mitarbeiter Provisionen, „die sie noch nicht verdient haben, die man ihnen aber zutraut. Läuft es mal nicht so gut, wird der Vertreter zum Schuldner."

Eine solche Vereinnahmung gelingt besonders gut, wenn Sie in Sorge sind, Sie könnten den anderen enttäuschen und dadurch Ihre Vertrauenswürdigkeit verlieren. Vor allem Berufsanfänger lassen sich da gelegentlich ein wenig an der Nase herumführen. Denn es gibt Mittel und Wege, dem Vertrauensgeber den „Schwarzer Peter", den er einem da untergeschmuggelt hat, wieder zurückzureichen. Doch dazu später mehr. Hier nur der Hinweis, dass es in Ihrem Interesse liegt, überzogene Erwartungen auf ein normales Maß zu dämpfen. Falls das möglich ist. Leider ist es nicht immer machbar. Denn gelegentlich machen es Vertrauensgeber davon abhängig, dass Sie sich auf überzogene Erwartungen festlegen. Sonst bekommen nicht Sie das Vertrauen, sondern Ihr Konkurrent.

Zusagen in Notwehr

Nicht nur als Vertrauensgeber (→ „Vertrauen aus Notwehr", S. 117), sondern auch als Vertrauensnehmer können Sie in notwehrähnliche Situationen geraten. Wenn Sie nämlich genötigt werden, Zusagen zu machen, die Sie unmöglich einhalten können. Nun, warum sollten Sie sich überhaupt darauf einlassen? Sie lassen sich ins Unrecht setzen, schaden Ihrer Reputation und mit Vertrauen hat das Ganze ja wohl auch nichts zu tun, sondern mit Vertrauensbruch. Ein vertrauenswürdiges Verhalten würde gerade darin bestehen, sich nicht auf solche Spielchen einzulassen, sondern klipp und klar zu sagen, was der andere erwarten kann. Und wenn er sich nicht darauf einlässt, dann soll er sich an jemand anderen wenden. Das Problem bei der Sache ist, dass unser Gegenüber eine solche Haltung gerade hintertreibt. Es geht nicht um echte Zusagen und Verpflichtungen, sondern um ein Machtspiel, das er uns aufnötigt und dem wir uns entziehen können, wenn wir auf solche windschiefen „Vertrauensverhältnisse" nicht angewiesen sind. Wer um jeden Kunden kämpfen muss, dem bleibt hingegen keine Wahl.

Im Prinzip läuft das Spielchen folgendermaßen: Sie sollen Zusagen geben, die sich nicht einhalten lassen, zum Beispiel ein Projekt in zwei Wochen abwickeln, das mindestens drei Wochen benötigt. Das will Ihr Gegenüber aber nicht hören. Denn das hieße ja: Er müsste nachgeben. Nein, er will Sie ja gerade auf etwas Unmögliches festnageln, weil das seine Machtposition Ihnen gegenüber stärkt. Aber auch innerhalb des Unternehmens macht so etwas Eindruck. Womöglich hat er sogar Vorgaben, sammelt Bonuspunkte, wenn er Sie auf solche knallharten Bedingungen festnagelt. Lassen Sie sich nicht darauf ein, bekommt Ihr Konkurrent den Auftrag. Der wird zwar auch erst in drei Wochen fertig, muss sich unangenehme Dinge anhören, aber: Er hat den Auftrag, er bekommt das Honorar (oder wenigstens einen Teil davon) und womöglich sogar noch einen Folgeauftrag. Denn man kennt sich schließlich und „vertraut" sich irgendwie ja doch. Also, sind Sie dabei?

Eine Steigerung erfährt das Spielchen noch, wenn Ihnen abverlangt wird, solche Zusagen von sich aus zu geben – mit dem Ausdruck einer gewissen Hochgestimmtheit. Bleiben Sie kühl, dann „traut" Ihnen Ihr Gegenüber nicht. Sie sind ihm zu skeptisch, Sie „brennen nicht" für den Auftrag. Und brennen will Sie der andere nun einmal sehen. Das Fatale an solchen Manövern ist, dass sie eine ungute Eigendynamik entwickeln. Als Vertrauensnehmer werden Sie notgedrungen immer mehr zum Aufschneider und geben womöglich auch anderen solche Zusagen. Denn allmählich gewinnen Sie den Eindruck, das Geschäft läuft eben so. Und auf Seiten der Vertrauensgeber stellt sich die Überzeugung ein: Die müssen dir alles versprechen, damit du wenigstens etwas bekommst.

Ganz richtig, echtes Vertrauen ist das nun gerade nicht. Das ändert aber nichts daran, dass dieses Notwehr-Vertrauen gewissermaßen in der Hülle des echten steckt. Ihr Gegenüber verwendet die gleichen Begriffe, als ginge es tatsächlich um Vertrauen. Dabei geht es ausschließlich um Macht und Abhängigkeit, die Ihr Gegenüber zementieren möchte. Um den Sinn des Spiels noch einmal auf den Punkt zu bringen:

- Der Vertrauensgeber betrachtet es bereits als Erfolg, wenn er Ihnen ein möglichst hohes Leistungsversprechen abverlangt. Am besten eines, das Sie unmöglich einhalten können.

- Der Vertrauensgeber schiebt Ihnen bereits im Vorfeld den Schwarzen Peter zu. Sie halten Ihre Zusage nicht ein und haben dadurch eine schwache Position.

- Der Vertrauensgeber hat es in der Hand, wie er reagieren möchte: Er kann Ärger machen, sich milde geben oder Vorteile für sich heraushandeln. Er befindet sich in einer komfortablen Machtposition.

Wie soll man auf ein solches Spiel reagieren? Wollen Sie mit Ihrem Gegenüber im Geschäft bleiben, müssen Sie wohl mitspielen. Es kann die Sache aber leichter machen, wenn Sie die Angelegenheit mit einer gewissen Distanz betrachten und nicht etwa versuchen, „echtes" Vertrauen herzustellen. Das können Sie nämlich nicht alleine. Im vorliegenden Fall würden Sie nur Schiffbruch erleiden, denn Ihr Gegenüber inszeniert sein Machtspiel ja nicht ohne Grund.

Unscharfe Erwartungen

Wenn ich Ihnen in irgendeiner Angelegenheit vertrauen will, dann ist das mit den Erwartungen allerdings so eine Sache. Gerade wenn der „Hebeleffekt" wirken soll, habe ich nämlich gar keine präzisen Erwartungen. Ich verstehe viel zu wenig von der Materie. Sie sollen sich ja darum kümmern. Sie wissen viel besser als ich, was man realistischerweise erreichen kann. Auf der anderen Seite will ich Sie natürlich schon auch anspornen und nicht zu viel Genügsamkeit ausstrahlen. Also, was tue ich? Ich lege mich nicht präzise fest, sondern bleibe unbestimmt. Ich gebe die Richtung vor – und wir werden sehen, wie weit Sie kommen.

Zugleich aber muss im Sinne der „großen Erwartungen" ein forderndes Element her. Und dafür stehen zwei Komponenten zu Verfügung: Einmal kann ich ganz allgemein der Erwartung Ausdruck geben, dass ich von Ihnen eine Leistung besonderer Qualität erwarte. Das allein vermag Sie gewiss noch nicht zu beeindrucken. Gerade wenn Sie Profi sind und ich blutiger Laie, können Sie mir ja viel erzählen. Deshalb kommt nun ein dynamischer Faktor ins Spiel. Ich bringe zum Ausdruck, dass ich dazulernen werde, mich schlau mache. Nicht so sehr, um ihn zu überwachen, sondern um seiner Leistung gerecht zu werden. Es ist nun einmal so: Wenn Sie sich in Ihre Aufgabe reinhängen und Vortreffliches leisten, dann beanspruchen Sie zu Recht Anerkennung. Die erwächst aber nicht aus einem ahnungslosen Schulterklopfen, sondern nur aus Kompetenz.

Das führt mich in ein gewisses Dilemma. Denn ich will ja vor allem dort vertrauen, wo ich vollkommen ahnungslos bin. Doch das ist schwierig. Ich muss mir zumindest einen gewissen Grundstock an Wissen aneignen, um mitreden zu können. Eine andere beliebte Methode, dieses Problem zu lösen: Ich setze einen anderen Experten an und der soll mir sagen, was ich von der Leistung zu halten habe. Doch das verschiebt das Problem nur. Denn wieso sollte ich dem zweiten Experten mehr Vertrauen schenken als dem ersten? Äußert er sich anerkennend, besteht der Verdacht: Eine Krähe hackt einer anderen kein Auge aus. Hat er Einwände, so muss ich die nachvollziehen können. Ansonsten stehe ich vor der Situation, dass Aussage gegen Aussage steht und ich mir in meiner Inkompetenz aussuchen kann, wem ich vertrauen *will*.

Anders gesagt: Im Idealfall lerne ich allmählich dazu und kann zumindest mitreden und ein begründetes Urteil fällen. Dieses begründete Urteil ist die Belohnung für all die Plackerei. Es liegt doch auf der Hand, dass irgendein beliebiges, dahergeschwätztes Urteil das Vertrauen unterminiert. Ja, es kann eine geradezu verheerende Wirkung haben, wenn ich feststelle: Ich habe mich für Sie ins Zeug gelegt, und Sie urteilen völlig willkürlich oder schieben irgendwelche Experten vor, von denen ich womöglich schon weiß, dass sie gegen mich eingestellt sind. Es führt einfach kein Weg daran vorbei: Sie müssen in der Lage sein, ein begründetes Urteil zu treffen.

Im Dialog die Erwartungen klären

Eine gute Methode, unklare Erwartungen zu konkretisieren: Tauschen Sie sich mit Ihrem Vertrauensnehmer aus. Er oder sie soll sich dazu äußern, was möglich ist. Dabei sollten Sie aber auf keinen Fall jenen Fehler begehen, von dem eben die Rede war. Nämlich dem anderen möglichst viel abzufordern, ihn auf das Maximum festzunageln, was er zu leisten imstande ist. Dann landen Sie zwangsläufig beim Notwehr-Vertrauen. Nicht wer viel verspricht, ist vertrauenswürdig. Sondern das Gegenteil ist der Fall: Es sollte Sie geradezu misstrauisch machen, wenn Ihnen Ihr Gegenüber das Blaue vom Himmel verspricht. Vertrauenswürdigkeit äußert sich eher in einer gewissen Zurückhaltung. Der andere wird Ihre „großen Erwartungen" ein wenig dämpfen. Nicht um dann weniger zu leisten, sondern er ist einfach aufrichtig. Und das sollten Sie honorieren.

Anders sieht die Sache aus, wenn sich der andere auf nichts festlegen lassen will. Das ist dann nicht unbedingt ein Zeichen besonderer Verlässlichkeit. Denn es geht ja nun schon darum festzuklopfen, worin seine Gegenleistung bestehen soll. Und noch etwas kommt hinzu: Es gibt gewisse, sagen wir: kulturelle Unterschiede. In bestimmten Branchen oder Organisationen gibt man sich von Haus aus etwas zurückhaltender (um Solidität und Vertrauenswürdigkeit auszustrahlen), während andernorts eben etwas dicker aufgetragen wird. Das hat womöglich mit dem Konkurrenzdruck und der Verlässlichkeit der Branche zu tun, aber weniger mit der individuellen Vertrauenswürdigkeit Ihres Gegenübers. Doch generell gilt die Faustregel: Wer Sie von Ihren hohen Erwartungen herunterholt, verdient Vertrauen. Wer sogar noch darüber hinausgeht, bei dem ist ein wenig Vorsicht angebracht.

Erwartungen verändern sich

Nun gibt es ein generelles Problem: Meine Vorstellungen, was ich von Ihnen erwarten kann, verändern sich im Laufe der Zeit. Womöglich tragen auch Sie als Vertrauensnehmer dazu bei, indem Sie mich über Ihre Aktivitäten auf dem Laufenden halten, mir berichten, welche Schwierigkeiten es gibt und die unrealistischen Vorstellungen, die ich habe, meine „großen Erwartungen" behutsam korrigieren. Eben das ist ja auch Gegenstand des Dialogs, den wir gerade angesprochen haben.

Allerdings werden die Erwartungen auch von unbeteiligten Dritten beeinflusst. Nun sollten sich die aus Vertrauensverhältnissen eigentlich heraushalten, heißt es. Tun sie aber nicht. Und sogar wenn sie selbst keineswegs die Absicht haben, sich einzumischen, so nehmen sie doch Einfluss, erheblichen Einfluss sogar, häufig ohne es zu bemerken. Das Fatale ist, dass Sie als Vertrauensnehmer gar nichts davon mitbekommen. Sie erledigen Ihre Aufgabe, so wie wir es abgesprochen hatten. Oder so wie Sie es schon häufiger für mich getan haben. Alles in bester Ordnung, meinen Sie. Doch in der Zwischenzeit habe ich mit jemandem gesprochen. Vielleicht sogar mit jemandem, der es gar nicht gut mit Ihnen meint und Ihre Leistung schlecht redet. Oder ich tausche mich mit einem Kollegen aus, der von einem ganz ähnlichen Projekt erzählt. Und wie phantastisch es bei ihm geklappt hat. Mein Kollege will sich damit selbst ein wenig aufwerten. Auch wenn ich mir darüber im Klaren bin, werden meine Erwartungen an Sie dadurch steigen. Ich will mich nicht mit weniger zufriedengeben als mein Kollege.

Beispiel: Kundenzeitschrift aus den Neunzigern

Seit Jahren erstellt die Agentur Höchle für einen Finanzdienstleister eine Kundenzeitschrift. Im Laufe der Zeit hat sich die Agentur immer besser auf die Wünsche des Unternehmens eingestellt und genießt nun volles Vertrauen. Doch als der Marketingleiter die Zeitschrift einem befreundeten Zeitschriftengrafiker vorlegt, erntet er nur breites Grinsen: „Das verteilt ihr an eure Kunden? Die glauben ja, ihr seid von vorgestern. So hat man in den Neunzigerjahren Zeitschriften gestaltet." Als die Agentur die neue Nummer vorstellen möchte, spürt sie unvermittelt eisigen Gegenwind. „Ich kann das Layout nicht mehr sehen. Seit Jahren fällt Ihnen nichts Neues ein", poltert der Marketingleiter. Die Vertreter der Agentur sind ratlos.

Fair kommunizieren

Dass Unbeteiligte meine Erwartungen beeinflussen, kann unser Vertrauensverhältnis stark belasten. In manchen Fällen bekomme ich den sprichwörtlichen „Floh ins Ohr" gesetzt und stelle mit einem Mal Ansprüche, von denen vorher keine Rede war und die womöglich auch nicht sehr durchdacht sind. Und doch muss der Einfluss von Dritten nicht in jedem Fall negativ sein. Wenn ich mich bei kompetenten Personen umhöre, kann das durchaus meiner Urteilsfähigkeit zugute kommen. Der entscheidende Punkt ist allerdings, dass ich bei alledem fair bleibe und nicht versuche, Ihnen etwas vorzumachen oder Sie gar ins Unrecht zu setzen.

Wenn ich Ihnen Vertrauen schenke, dann muss ich Ihnen eine Vorstellung davon geben, was ich von Ihnen erwarte. Sind diese Erwartungen am Anfang noch etwas unbestimmt, so liegt das in der Natur der Sache. Ich kann Ihnen durchaus nur die grobe Richtung vorgeben und Sie dann „laufen lassen". Ich kann vor allem Ihren Rat einholen, was Sie in dieser Angelegenheit für mich leisten können. Und das können wir dann zur Grundlage unserer Vereinbarungen machen. Ändern sich meine Erwartungen (zum Beispiel weil ich Neues gehört habe), dann muss ich Ihnen das nicht in jedem Fall brühwarm mitteilen. Womöglich entspricht das, was Sie tun, ja ohnehin viel eher meinen neuen Erwartungen. Ist jedoch nicht damit zu rechnen, dann vergebe ich mir nichts, wenn ich Sie wissen lasse, dass ich auf „neue Ideen" gekommen bin. So wäre es in unserem Beispiel hilfreich gewesen, wenn der Marketingleiter die Agentur schon vor der Präsentation mit der Einschätzung konfrontiert hätte: „Stellen Sie sich vor, was mir ein Zeitschriftengrafiker zu unserer Kundenzeitschrift gesagt hat: Das Layout ist völlig veraltet." In diesem Fall hätte die Agentur dazu sachlich Stellung nehmen können. Sie hätte das harsche Urteil des Grafikers sogar aufgreifen können. In dem Sinne: „Uns hat das bisherige Layout zwar gut gefallen (und Ihnen ja auch); doch ist es sicher keine schlechte Idee, nach all den Jahren das Erscheinungsbild zu erneuern. Gerne erarbeiten wir Vorschläge für Sie."

Es ist nur fair, den anderen nicht ins offene Messer laufen zu lassen, sondern ihm eine Chance zu geben. Womöglich sind seine Argumente ja auch stichhaltig und widerlegen die Einwände von dritter Seite. Und Sie dürfen eines nicht vergessen: Für den anderen ist es eine regelrechte Demütigung, wenn Sie hinter seinem Rücken näheren Rat bei ominösen Experten einholen, die mit der Sache nicht näher befasst sind. Durch solche Manöver zerstören Sie Ihr Vertrauensverhältnis.

Dosiertes Vertrauen

Gut mit Vertrauen umzugehen, heißt an erster Stelle: Nicht wahllos zu vertrauen. Aber auch: Sich nicht wahllos vertrauen zu lassen. Vertrauen ist immer ein Mittel der Vereinnahmung. Und wenn Sie jemand in einer Angelegenheit ins Vertrauen zieht, die Ihnen (noch) nicht geheuer ist, dann gibt es gute Gründe, auf die Bremse zu treten. Auch und gerade wenn es Ihnen ungemein schmeichelhaft erscheint. Doch wer sich zu viel Vertrauen auflädt, handelt sich Ärger ein. Leider merkt man so etwas häufig erst, wenn es zu spät ist und man im Sinne der „großen Erwartungen" darum kämpft, seine Vertrauenswürdigkeit zu wahren.

In der richtigen Angelegenheit vertrauen

Jeder Mensch ist vertrauenswürdig. Die Frage ist jedoch: In welcher Angelegenheit? Und für wen? Genau darum müssen Sie sich Gedanken machen, wenn Sie jemandem vertrauen wollen. Es ist nicht nur möglich, sondern geradezu die Regel, dass man einem Menschen in einer Angelegenheit sehr viel Vertrauen schenken kann und in einer anderen nicht. Ja, es ist ein weit verbreiteter Fehler, die Vertrauenswürdigkeit von Feld A auf Feld B zu übertragen. Denken Sie an das Beispiel von Jan Ullrich (→ S. 127). Es wäre naiv, seine Fairness im sportlichen Wettkampf als Indiz dafür zu werten, dass er als Kronzeuge im Kampf gegen Doping besondere Glaubwürdigkeit verdient hat.

Genau darum geht es: Sie können einem Mitarbeiter oder einer Kollegin in einer Sache großes Vertrauen entgegenbringen, weil sich auf diesem Gebiet eine vertrauensvolle Beziehung entwickelt hat. Auf anderen Gebieten muss sich ein solches Verhältnis erst noch einstellen. Oder aber Sie haben Grund, in dieser Angelegenheit der Person gerade nicht zu vertrauen.

Darin muss gar keine Geringschätzung liegen. Im Beruf zeichnet es eher einen professionellen Umgang mit den Mitmenschen aus, dass man ihnen immer nur in bestimmten Angelegenheiten vertraut. Nicht zuletzt weil Sie wissen, dass Ihr Gegenüber auch noch in andere Loyalitätsverhältnisse (→ S. 36) eingebunden ist, die für ihn womöglich wichtiger sind. Hier zu vertrauen, zeugt von wenig Verständnis dafür, wie man richtig mit Vertrauen umgeht. Enttäuschungen sind vorprogrammiert.

Tipp: Vorsicht vor dem „Übertragungsfehler"

Der „Übertragungsfehler" kann in beiden Richtungen zu Fehleinschätzungen führen: Sie halten jemanden in Angelegenheit A für vertrauenswürdig, weil er es auch in Angelegenheit B gewesen ist. Oder aber Sie trauen einer Person in Angelegenheit A nicht, weil sie in Angelegenheit B versagt hat. Dabei hätte sie gerade in Angelegenheit A besonderes Vertrauen verdient. Zwar ziehen wir immer unsere Rückschlüsse auf eine allgemeine Vertrauenswürdigkeit. Doch darf dies nicht dazu führen, dass wir nicht mehr unterscheiden, in welcher Hinsicht unser Gegenüber besonderes Vertrauen verdient und in welcher nicht.

Die Vertrauenswürdigkeit des Vertrauensgebers

Ein weiterer Punkt kommt hinzu: Jemand, der uns mit einer Überdosis Vertrauen überfällt, beeinträchtigt seine eigene Vertrauenswürdigkeit. Können wir nicht nachvollziehen, wieso er uns so viel Vertrauen schenkt, macht uns das – zu Recht – misstrauisch. Wir fragen uns: Worauf gründet sich eigentlich das Vertrauen? Finden wir keine überzeugende Antwort, haben wir Anlass zu vermuten: Da steckt etwas dahinter, dem nicht zu trauen ist. Umgekehrt sollten Sie Ihre eigene Vertrauenswürdigkeit nicht dadurch aufs Spiel setzen, dass Sie jemanden vorschnell ins Vertrauen ziehen.

Die Stärke schwachen Vertrauens

Vom amerikanischen Soziologen Mark Granovetter stammt das Konzept von der „Stärke schwacher Beziehungen". Demnach profitieren Sie in bestimmten Angelegenheiten (Granovetters Beispiel: bei der Jobsuche) nicht so sehr von einem dichten Geflecht von engen persönlichen Beziehungen (dem etwas anrüchigen „Vitamin B"). Sondern von den „schwachen" Beziehungen, also von den Verbindungen zu Leuten, die Sie nicht so gut kennen. Einmal ist das so, weil es mehr davon gibt. Dann aber auch, weil es Ihnen hilft, eine Verbindung in soziale Netzwerke zu schlagen, die Ihnen nicht vertraut sind.

Für das Vertrauensthema heißt das: In bestimmten Angelegenheiten brauchen Sie kein starkes, enges, „aufgeheiztes" Vertrauen. Hier ist es weit sinnvoller, das Vertrauen zu begrenzen, eben auf „niedriger Betriebstemperatur" laufen zu lassen. Dadurch bleiben Sie wesentlich flexibler und Sie schüren keine Erwartungen, die Sie womöglich enttäuschen.

Beispiel: Der vertrauenswürdige Chef

Als Vorgesetzter kommen Sie womöglich in ernsthafte Schwierigkeiten, wenn Ihnen Ihre Mitarbeiter „zu sehr" vertrauen. Vertrauen in Ihre Führungskompetenz, Vertrauen in Ihre Fairness und Vertrauen in Ihre berufliche Integrität sind sicher hilfreich. Doch ist es riskant, jenseits der Berufsrolle Vertrauen ins Spiel zu bringen. Solche Vorgesetzte hinterlassen nicht selten verbrannte Erde. Denn für die Mitarbeiter ist es ein Vertrauensbruch, wenn sich plötzlich herausstellt, dass für ihren Chef andere Loyalitäten wichtiger sind.

Die schmutzigen Hände

Im ersten Kapitel haben Sie den „Hebeleffekt des Vertrauens" kennen gelernt. Wenn ich Ihnen vertraue, dann kann ich in Bereiche vordringen, die mir sonst verschlossen blieben. Sie handeln, aber Sie handeln in meinem Auftrag. Was ich von Ihnen verlange, dafür übernehme ich die Verantwortung, aber nur bis zu einem gewissen Grad. Dass ich *Ihnen* in dieser Angelegenheit vertraue (und keinem anderen), auch dafür trage ich die Verantwortung. Aber nur bis zu einem gewissen Grad. Alles in allem ergibt sich eine etwas unklare Verantwortungslage, die von Vertrauensgebern, Vertrauensnehmern und auch von dritter Seite für die unterschiedlichsten Zwecke genutzt werden kann.

Die Grauzone der Verantwortung

Beim Vertrauen wird immer auch Verantwortung abgegeben. Das ist ja das Riskante an der Sache, aber auch das Gute. Der Vertrauensnehmer soll selbst entscheiden, auf welchem Wege er das erreicht, was Sie sich von seiner Leistung versprechen. Sie kontrollieren ihn nicht, Sie vertrauen ja darauf, dass er schon „das Richtige" tut. Sollte sich herausstellen, dass er zu fragwürdigen Mitteln greift, sind nicht Sie dafür verantwortlich. Oder doch?

Tatsächlich wird durch den Akt des Vertrauens eine Grauzone der Verantwortung geschaffen, die beide Seiten mehr oder minder stark entlastet – nicht immer zum Vorteil von Dritten, die nach „dem" Verantwortlichen suchen, um ihn zur Rechenschaft zu ziehen. Nun, wenn das Spiel virtuos genug gespielt wird, dann gibt es „den" oder „die" Verantwortlichen nicht mehr, sondern wir können uns die Verantwortung gegenseitig zuschieben. Was im Ernstfall bedeutet: Für alles Erfreuliche sind Sie verantwortlich; was nicht so gut läuft, was schmutzig, giftig und bedenklich ist, das ist dann die Angelegenheit des jeweils anderen.

Beispiel: Subunternehmer verletzt Sicherheitsbestimmungen
Beschäftigt eine Firma ein Subunternehmen, dann geht sie davon aus, dass die gesetzlichen Bestimmungen eingehalten werden. Verstößt das Subunternehmen dagegen, muss es dafür die Verantwortung übernehmen. Die Firma droht sogar jedem Subunternehmen an, in solchen Fällen die Aufträge zu kündigen. Doch der Subunternehmer argumentiert: Ich bekomme den Auftrag nur, wenn die Kosten so niedrig sind, dass ich die Sicherheitsbestimmungen verletzen muss. Also trägt die Firma die Verantwortung.

Dabei muss es sich keineswegs um ein abgekartetes Spiel handeln. Ich kann tatsächlich völlig ahnungslos sein, was sich hinter Ihrer Tür abspielt und welche Praktiken in Ihrer Branche üblich sind. Sind Sie ein schwarzes Schaf? Oder sind die anderen Schafe noch viel schwärzer, haben sich aber noch nicht erwischen lassen? Ich habe keine Ahnung. Und so genau *will* ich es auch gar nicht wissen. Denn wenn wir vertrauen, wollen wir ja entlastet werden. Entlastet nicht nur von Arbeit, sondern auch von Verantwortung. Das klingt nicht sehr großherzig – wie die Bekenntnisse zu „mehr Vertrauen" oder einer „Kultur des Vertrauens". Aber vielfach geht es genau darum: Einen Teil der Verantwortung loszuwerden. Das klingt empörend, ist es aber keineswegs. Denn wir könnten die Verantwortung überhaupt gar nicht schultern, wenn wir uns auch noch die krummen Touren von denen zurechnen lassen müssten, denen wir vertrauen.

Der ahnungslose Vertrauensgeber

Gehen wir noch einen Schritt weiter. In manchen Fällen besteht das Vertrauensverhältnis, *damit* sich der Vertrauensgeber die krummen Touren nicht zurechnen lassen muss. Krumme Touren, ohne die sich manche Ziele, durchaus auch nobler Natur, womöglich nicht erreichen lassen – was man so hört. Das mag uns entrüsten und veranlassen, dieses Vorgehen als heuchlerisch und unmoralisch zu kritisieren. Es ändert aber nichts daran, dass dieses Vorgehen gängige Praxis ist und dass die Kritik daran gelegentlich gleichfalls heuchlerische Züge trägt.

Dabei müssen wir gar nicht von kriminellen Machenschaften reden, obwohl die nach dem gleichen Prinzip der vertrauensvollen Grauzone gedeckt werden. Doch ob der Kampf gegen Drogenhandel, Terrorismus oder Wirtschaftskriminalität auch mit unsauberen Methoden geführt werden darf, soll hier nicht unser Thema sein. Auch ein paar Nummern kleiner ist die Sache noch interessant genug. Das Motiv, sich nicht die Hände schmutzig machen zu wollen, ist weit verbreitet. Man möchte den „Hebel" eben auch dort ansetzen, wo „anständige Menschen" keinen Zugriff mehr haben. Soll man der Konkurrenz das Feld überlassen? Natürlich nicht. Und so greifen manche eben gerne auf den „Mann fürs Grobe" zurück, der besonderes Vertrauen genießt, eben weil er in der Wahl seiner Mittel nicht zimperlich ist. Das schließt keineswegs aus, dass die Nutznießer dieser Manöver darüber gar nicht glücklich sind und es lieber anders hätten. Aber dummerweise geht es nun einmal nicht anders. Wenn doch, wäre man sofort bereit, den „Mann fürs Grobe" fallen zu lassen.

Der Vertrauensnehmer mit den schmutzigen Händen

In manchen Fällen dürften die Vertrauensnehmer tatsächlich die beklagenswerten Opfer dieses Manövers sein. Sie machen sich im Auftrag des anderen die Hände schmutzig, fliegen auf und werden zur Rechenschaft gezogen. Das sprichwörtliche Bauernopfer fällt in diese Kategorie. Jemand übernimmt die Verantwortung, um einen Höhergestellten zu schützen, der ihm vertraut hat.

Schon etwas verwickelter ist die Lage, wenn sich das gesamte System nicht mehr in einem akzeptablen Zustand befindet und einzelne für vermeintliche Auswüchse verantwortlich gemacht werden – die doch nichts anderes darstellen als den wenig erfreulichen Normalzustand. Im Leistungssport dürften zumindest in einzelnen Disziplinen solche Zustände herrschen. Als Athlet werden Sie von zwei widerstreitenden Anforderungen zerrissen: Sie sollen Höchstleistungen erbringen (dabei Rekorde brechen) und gleichzeitig auf leistungssteigernde Mittel verzichten, die Ihnen doch erst diese Leistungen ermöglichen. Als enttarnter Dopingsünder werden Sie von weiteren Wettkämpfen ausgeschlossen.

Beispiel: Werte, die alles zerstören können

Mit fünf Goldmedaillen gilt die Eisschnellläuferin Claudia Pechstein als „erfolgreichste deutsche Winterolympionikin". Als wegen auffälliger Blutwerte Dopingvorwürfe gegen sie erhoben wurden, beteuerte sie „nie gedopt" zu haben. Um ihre Glaubwürdigkeit zu unterstreichen, wies sie darauf hin, dass sie ihre gesamte Existenz gefährden würde, wenn sie unerlaubte Substanzen einnähme. Ihre Werbeverträge wären „erledigt". Darüber hinaus ist sie bei der Bundespolizei angestellt und würde ihren Status als Beamtin auf Lebenszeit gefährden. „Schon deshalb wäre es absolut dumm von mir Doping zu benutzen", erklärte sie in einem Interview.

Andere Beispiele betreffen Bestechung, unlauteren Wettbewerb, Mobbing gegen unliebsame Mitarbeiter oder den Einsatz anrüchiger Hilfsmittel – wie den „Analogkäse" auf der Pizza. Für Außenstehende ist es unmöglich zu beurteilen, wie verbreitet solche Praktiken sind und wie leicht es den Vertrauensnehmern gemacht wird, sich die Hände schmutzig zu machen. In jedem Fall können sie für ihre Praktiken zur Verantwortung gezogen werden und alles verlieren – während die, die ihnen leichtfertig vertraut haben, sich betroffen zeigen und auf harte Bestrafung drängen, die dann gelegentlich unterbleibt, wenn sich die Aufmerksamkeit anderen Themen zugewandt hat.

Aber selbstverständlich können diejenigen, die sich die Hände schmutzig machen, alles andere als beklagenswerte Opfer sein. Sie können an ihrem Tun durchaus Gefallen finden und den „Schmutz" überhaupt erst in die ganze Angelegenheit hineinbringen. Sie fühlen sich zu ihren Taten ermutigt, weil sie ja nicht auf eigene Rechnung handeln, sondern im Interesse dessen, der seine weiße Weste behalten will. Gelegentlich schützt sie dessen Reputation sogar. Ihr fragwürdiges Verhalten wird in Kauf genommen, weil es dem allgemein respektierten Chef oder auch „der guten Sache" dient. Doch in einigen Fällen läuft es genau andersherum: Alle krummen Touren, mit denen der Vertrauensnehmer arbeitet, werden mit einem Mal dem Vertrauensgeber zugerechnet. Und davon können wiederum Dritte profitieren.

Vorsicht, Grauzone!

Dass Sie als Vertrauensgeber die Verantwortung nicht völlig abgeben können, hatten wir erwähnt. In der Tat herrscht in der „Grauzone" eine Unklarheit, die sich durchaus auch zu Ihren Ungunsten wenden kann. Plötzlich werden Sie mit Praktiken in Verbindung gebracht, die Sie niemals gutheißen würden und von denen Sie keine Ahnung hatten. Aber als Nutznießer hätten Sie doch davon wissen können, wirft man Ihnen vor. Sie hätten bewusst die Augen davor verschlossen. Nun, vielleicht stimmt das sogar. Wir alle verschließen ständig die Augen vor Missständen, von denen wir profitieren.

Aber das tun wir nicht, weil wir schlechte Menschen wären. Wir können überhaupt gar nicht anders. Wir wären schlicht handlungsunfähig, müssten wir uns all das zurechnen lassen, woraus wir unseren Nutzen ziehen. Das heißt nun aber nicht, dass Sie sich nicht darum zu kümmern brauchen, was Ihr Vertrauensnehmer so alles treibt. Genau genommen sind es drei Aspekte, die Sie im Auge behalten müssen:

- Wem schenken Sie Ihr Vertrauen? Handelt es sich um jemanden mit einem zweifelhaften Ruf, fällt das leicht auf Sie zurück.

- Wie stark profitieren Sie von dem Vertrauensverhältnis? Je größer der Nutzen für Sie ist, umso stärker bleiben Sie auch als Vertrauensgeber in der Verantwortung.

- Hätten Sie von den Praktiken wissen können oder Verdacht schöpfen müssen? Gibt es Indizien, die auf ein fragwürdiges Verhalten Ihres Vertrauensnehmers hindeuten, können Sie die nicht einfach abtun, sonst machen Sie sich womöglich zum Komplizen.

Der Haken bei der Sache ist, dass sich diese Fragen nicht so eindeutig beantworten lassen. Die Einschätzung ist mehr oder weniger subjektiv. Und sie kann sich stark verändern. Noch vor Kurzem galt Ihre Vertrauensnehmerin als respektabel. Mit einem Mal steht sie in der Schusslinie. Sollen Sie ihr noch vertrauen? Das kommt auf die Schwere der Vorwürfe an. Doch das Urteil darüber kann sehr unterschiedlich ausfallen. Entziehen sie Ihrer Vertrauensnehmerin vorschnell das Vertrauen, zeigen Sie sich nicht gerade loyal. Halten Sie hingegen an ihr fest, obwohl sie in den Augen der anderen „untragbar" geworden ist, geraten Sie selbst in die Kritik.

Der entscheidende Punkt ist: Im Grunde genommen kann Sie die dritte Seite für alles Mögliche verantwortlich machen, wenn sich Ihr Vertrauensnehmer die Hände schmutzig macht. „Jemand ist nicht verantwortlich, sondern wird zur Verantwortung gezogen", schreibt der Philosoph Ludger Heidbrink in seiner *Kritik der Verantwortung*. Verantwortlichkeit wird zugeschrieben und kennt im Prinzip keine Grenzen. Es kommt nur darauf an, wie viele diese Erklärung plausibel finden. Vertrauensgeber halten die Erklärungen oft für weit hergeholt und neigen dazu, die Gefahr stark zu unterschätzen, dass man ihnen etwas anhängt, zumal wenn das Vertrauensverhältnis schon eine Weile besteht und sich aus Sicht des Vertrauensgebers nicht viel geändert hat. Ihr Vertrauensnehmer ist zwar kein Engel, aber wer ist das schon? Erst recht nicht diejenigen, die jetzt mit dem Finger auf ihn zeigen. Doch das hilft Ihnen gar nichts. Es ist ein inniges menschliches Bedürfnis, die anderen für alle möglichen Missstände verantwortlich zu machen, während man in eigener Sache deutlich nachsichtiger urteilt. Das kann Ihnen zum Verhängnis werden. Jemand, der es nicht gut mit Ihnen meint, kann Sie leicht als „verantwortungslos" hinstellen. Die Pointe dabei ist, dass dies bis zu einem gewissen Grad sogar zutrifft. Wir alle können nur begrenzt verantwortlich handeln. Und wo wir vertrauen, da geben wir eben auch Verantwortung ab. Aber eben niemals vollständig.

Das „Ich-verlasse-mich-ganz-auf-Sie"-Manöver

Auch bei dieser weit verbreiteten Technik geht es um die Übertragung von Verantwortung. Wie der Name schon vermuten lässt, überträgt der Vertrauensgeber eine Aufgabe an den Vertrauensnehmer, um so wenig wie möglich damit zu tun haben. Tauchen Probleme auf – und damit ist fest zu rechnen, wenn von diesem Manöver Gebrauch gemacht wird –, dann steht der andere in der Verantwortung, die Sache in Ordnung zu bringen. Ansonsten droht der Entzug des Vertrauens. Und das ist für menschliche Beziehungen so etwas wie der Super-GAU. Daher wird Ihnen kaum jemand leichtfertig das Vertrauen entziehen – auch wenn er genau diesen Eindruck erweckt. Berufsanfänger lassen sich von diesem Manöver eher beeindrucken als die alten Hasen, die nur zu gut wissen, wann sie den Vertrauensgeber wieder mit ins Boot holen müssen.

Die beiden Varianten

Das Manöver kann in zwei Varianten stattfinden: Aus einer Position der Stärke heraus erklärt der Vertrauensgeber: „Machen Sie mal. Ich habe keine Zeit, mich um diese Angelegenheit zu kümmern." Jede Schwierigkeit und Unannehmlichkeit, auf die Sie stoßen, sollen Sie ausbaden. Ihr Vertrauensgeber ist für Sie entweder nicht erreichbar oder reagiert stark gereizt, wenn Sie sich Rat suchend an ihn wenden. Es liegt auf der Hand, dass diese Variante von Vorgesetzten oder mächtigen Auftraggebern gespielt wird. Sie gehen davon aus, dass Sie sich besonders ins Zeug legen, wenn Sie selbst für das Ergebnis zur Verantwortung gezogen werden.

Beispiel: Das Unmögliche möglich machen

Herr Hilbert soll für einen Kunden eine Dokumentation erstellen. Dabei stellt sich heraus, dass sich aktuelle Informationen kaum beschaffen lassen. Seinen Kunden kann er mit diesem Problem nicht behelligen. Er muss es auf seine Weise lösen: Mit den neuesten Zahlen, die verfügbar sind, und gestützt auf Trends, die sich jetzt schon abzeichnen, nimmt Hilbert Schätzungen vor. Beides macht er in der Dokumentation kenntlich. Sein Auftraggeber ist zufrieden.

Variante Nummer zwei wird von einer (manchmal nur scheinbaren) Position der Schwäche initiiert. Die Botschaft lautet: „Ich kenne mich überhaupt nicht aus. Ich bin vollkommen hilflos. Sie können mich jetzt doch nicht hängen lassen." Der Druck, der durch dieses Manöver entfaltet wird, ist mindestens so groß wie bei Variante Nummer eins. Denn während sich dort der Vertrauensgeber ein wenig aus der Verantwortung stiehlt, ist er im zweiten Fall komplett auf uns angewiesen. Wenn wir ihm jetzt nicht helfen, dann gerät das Vertrauensverhältnis viel stärker in Gefahr. Er muss uns entweder für illoyal oder für unfähig halten, in jedem Fall für nicht vertrauenswürdig.

Den Vertrauensgeber ins Boot holen

Als Vertrauensnehmer gibt es zwei Möglichkeiten, auf das Manöver zu reagieren: Entweder lösen Sie das Problem auf Ihre Weise, ohne den Vertrauensgeber zu behelligen. Das hat durchaus manche Vorteile, wie wir gleich sehen werden. Doch muss dann am Ende immer Anerkennung und Wertschätzung stehen. Sonst fühlen Sie sich nur ausgenutzt und nicht „gefordert" (genau darum geht es hier: der Vertrauensgeber fordert von Ihnen, Verantwortung zu übernehmen).

Reaktionsmöglichkeit Nummer zwei: Sie setzen sich über den Wunsch Ihres Gegenübers hinweg, nicht mit Problemen behelligt zu werden. Sie holen ihn mit ins Boot und sichern sich bei wichtigen Entscheidungen ab. Mit Lappalien belästigen Sie ihn selbstverständlich nicht. Und Sie können die Unlust, sich mit Problemen zu befassen, die man ohnehin nicht genügend durchdringt, dadurch entschärfen, dass Sie aus Ihrer Sicht Vorschläge machen, Alternativen unterbreiten. Wenn auch das nicht hilft und Ihr Vertrauensgeber völlig „auf Tauchstation" geht, besteht eine bewährte Methode darin, Nachrichten zu hinterlassen. Sie teilen dem anderen mit, was Sie als nächstes zu tun gedenken. Und Sie vergessen auch nicht den Hinweis, dass dadurch weitere Kosten anfallen oder sich ein Termin verschiebt. Geben Sie dem anderen die Möglichkeit, Sie zu kontaktieren, wenn er mit Ihrem Vorschlag nicht einverstanden ist. Sollte Ihr Gegenüber an diesem Vorgehen im Nachhinein etwas auszusetzen haben, wissen Sie zumindest eines: Er ist nicht vertrauenswürdig.

Zonen der Ungewissheit nutzen

Berufsanfänger neigen dazu, sich lieber abzusichern als das Risiko einzugehen, eine Fehlentscheidung zu treffen, für die sie zur Verantwortung gezogen werden. Das tun sie durchaus zu Recht. Denn es gehört zu den grundlegenden Erfahrungen im Berufsleben, dass einem Fehler angehängt werden, für die man sich zumindest nicht verantwortlich fühlt. Mit zunehmender Routine dreht sich die Sache: Es hat nichts Bedrohliches mehr, bei einer schwierigen Entscheidung auf sich allein gestellt zu sein. Ganz im Gegenteil. Denn dadurch, dass sich der andere nicht mit den Problemen befassen will, spielt er Ihnen in die Hände. Er ist stärker auf Sie angewiesen, als wenn er jeden wichtigen Schritt noch absegnen müsste. Die Schwierigkeiten, mit denen Sie zu kämpfen haben, pflegen sich ja nicht in Luft aufzulösen. Und wenn Sie die Sache halbwegs respektabel meistern, sollte Ihnen Anerkennung und Vertrauen zufließen. Damit können Sie aber Ihre Machtposition weiter ausbauen. Sie kontrollieren nämlich die so genannten „Zonen der Ungewissheit", wie sie die Organisationstheoretiker Michel Crozier und Erhard Friedberg genannt haben. Keiner kann Ihnen da reinreden. Denn nur Sie kennen sich in diesem Bereich wirklich aus.

Sie können daher Ihre Wertschätzung durch den Vertrauensgeber dezent erhöhen, indem Sie gelegentlich durchblicken lassen, was Sie für den anderen geleistet haben. Übertreibungen sind dabei völlig unangebracht. Ein wahrer Profi versteckt sein Eigenlob in möglichst nüchternen Informationen. Oder aber er lässt sich von anderen loben.

Unterstützende Kontrolle

Als Vertrauensgeber dürfen Sie den anderen zwar fordern, aber ihn niemals hängen lassen, sonst unterhöhlen Sie Ihr Vertrauensverhältnis. Zwar kann es richtig und nützlich sein, den anderen in die Verantwortung zu nehmen. Doch wie wir bereits betont haben: Sie bleiben immer mit-verantwortlich. Und sei es dafür, dass Sie jemandem eine Aufgabe übertragen haben, der er nicht gewachsen ist.

Wer „gut" mit Vertrauen umgeht, der wird daher immer versuchen, seinen Vertrauensnehmer zu unterstützen, wenn er in Schwierigkeiten gerät. Das bedeutet nicht, dass Sie für ihn das Problem lösen müssen. Aber Sie können ihn nach Ihren Möglichkeiten unterstützen. Die Botschaft lautet: „Was brauchen Sie? Wie kann ich Ihnen helfen?" Dadurch lässt sich das Vertrauensverhältnis festigen und stärken, auch wenn der andere in Schwierigkeiten gerät und in Sorge ist, Sie zu enttäuschen.

Am Ende sollte immer ein wohlbegründetes Urteil stehen. Sie sind es dem Vertrauensnehmer einfach schuldig, dass Sie seine Gegenleistung nicht einfach nur hinnehmen, sondern auch beurteilen. Das bedeutet gerade nicht, dass Sie ihn mit Lob überschütten. Man könnte sogar sagen, der andere hat Anspruch auf Ihre Kritik. Sie unterhöhlen Ihr Vertrauensverhältnis, wenn Ihr Gegenüber den Eindruck gewinnt, dass Sie Ihr wahres Urteil für sich behalten.

Kontrolle ist gut

„Decke die verborgenen Fehler der Leute nicht auf, denn du raubst ihnen die Ehre und dir das Vertrauen." – Saadi, persischer Dichter

Wir haben es ja bereits angesprochen: Vertrauen und Kontrolle schließen sich keineswegs aus. Ja, sie bedingen einander. Als Vertrauensgeber müssen Sie sich ein Urteil darüber verschaffen, inwieweit Ihr Gegenüber Ihren „großen Erwartungen" (→ S. 141) entsprochen hat oder nicht.

Die Kontrolle unter der Bedingung des Vertrauens unterscheidet sich jedoch gravierend von der sonst üblichen *Leistungsüberwachung.* Die darf eben gerade nicht stattfinden, sonst wird das Gerede vom Vertrauen zur Farce. Sie dürfen den anderen nicht laufend kontrollieren und bewerten, sondern müssen ihn „machen lassen". Es liegt in seiner Verantwortung, was geschieht: ob er Sie schädigt, auflaufen lässt oder mit einer Spitzenleistung überrascht. Das ist seine Sache. Sie müssen „loslassen". Wenn Sie das nicht können, vergessen Sie lieber die Sache mit dem Vertrauen. Denn Sie vertrauen dem anderen ganz offensichtlich *nicht*.

Vorkontrolle

Beim gerade erwähnten „Ich-verlasse-mich-ganz-auf-Sie"-Manöver wird die Vertrauensnehmerin womöglich ins kalte Wasser geworfen. In der sicheren Erwartung, dass sie in der Lage ist, das Problem selbstständig zu lösen. Ja, als diejenige, die ganz mit dieser Aufgabe befasst ist, wird sie womöglich bessere Entscheidungen treffen, als wenn Sie sich von außen einmischen müssen. Und doch sollte es eben nicht so sein, dass sich Ihre Vertrauensnehmerin von Ihnen alleingelassen fühlt. Dann bekommen Sie nämlich ganz schlechte Ergebnisse.

Die Lösung haben wir bereits angesprochen: Im Vorfeld ist eine „unterstützende Kontrolle" außerordentlich hilfreich. Sie dürfen sich eben nicht völlig verabschieden, sondern sollten immer erreichbar bleiben, damit Ihr Gegenüber Sie auf Schwierigkeiten aufmerksam machen oder sich absichern kann. In manchen Fällen ist es auch nötig, die „großen Erwartungen" noch einmal näher zu besprechen. Vielleicht ist weniger möglich, als Sie dachten. Vielleicht ergeben sich interessante Alternativen.

Reizt Ihre Vertrauensnehmerin die „unterstützende Kontrolle" nach Ihrem Geschmack allzu sehr aus, so können Sie genau das thematisieren. Ihr Vertrauen beruht ja gerade auf der Erwartung, dass Ihr Gegenüber in der Lage ist, die Aufgabe selbstständig, ohne Ihre Hilfe zu bewältigen. Und doch ist ein ständiges sich Rückversichern besser, als wenn Ihre Vertrauensnehmerin einfach in die falsche Richtung läuft. Womöglich muss sich die Sache auch erst einspielen. Auf jeden Fall halten Sie den Kontakt offen. Sollte die Gegenseite keine Hilfe benötigen, müssen Sie gar nichts tun.

Nachkontrolle

Dreh- und Angelpunkt ist jedoch die Nachkontrolle. Hier wird es sich erweisen, wie kompetent und fair Sie urteilen und wie sich Ihr Vertrauensverhältnis in Zukunft gestalten wird. Ein grundlegendes Problem besteht darin, dass Ihr Gegenüber meist weit kompetenter urteilen kann als Sie. Das ist vor allem dann nicht zu vermeiden, wenn der „Hebeleffekt" besonders groß ist.

Ihr Gegenüber kann Ihnen also etwas vormachen, eine beeindruckende Leistung simulieren, die gar nicht erbracht wurde. Das ist die Befürchtung. Es wäre jedoch ein Fehler, Ihr fehlendes Wissen zu vertuschen. Sie müssen dem anderen vielmehr klarmachen, dass Sie sich darauf verlassen, dass er gute Arbeit leistet. Die Qualität können Sie vielleicht im ersten Moment noch nicht zutreffend beurteilen. Aber sie wird sich im Laufe der Zeit erweisen. Denn die Leistung, die Sie eingefordert haben, muss sich ja in der Praxis bewähren.

Man muss es unterstreichen: Sie verlieren, wenn Sie dem anderen eine Kompetenz vorspiegeln, die Sie nicht besitzen. Als jemand, der sich in dieser Angelegenheit gut auskennt, wird er das bemerken. Und er wird es ausnutzen. Sie spielen falsch, also warum sollte er Ihnen gegenüber aufrichtig sein? Daher der dringende Rat: Veranstalten Sie keine Show. Und verstecken Sie sich nicht hinter irgendwelchen Autoritäten. Urteilen Sie nach *Ihrem* Verständnis und nach *Ihrem* Eindruck. Sollten Kunden oder Experten zu einer anderen Einschätzung kommen, so können Sie die immer noch nachreichen – ohne jeden Gesichtsverlust.

Zusätzlich hat es sich bewährt, als allererstes den anderen zu befragen: Wie ist es gelaufen? Wo gab es Probleme? Was hätte besser funktionieren können? Erst dann sollten Sie sich äußern. Und es versteht sich von selbst, dass Sie nicht etwa nachbeten, was Ihnen Ihr Gegenüber gerade erzählt hat. Berichtet er beispielsweise von Schwierigkeiten, so hinterlassen Sie einen verheerenden Eindruck, wenn Sie offensichtlich nach irgendwelchen Schwächen suchen, die Sie gar nicht so genau benennen können. Sie können sicher sein, dass dies das letzte Mal war, dass Ihr Gegenüber so freimütig zu Ihnen war. Haben Sie den Mut, die Sache so zu beurteilen, wie sie Ihnen erscheint. Ihr erstes Urteil ist ja nicht in Stein gemeißelt. Doch ein ehrliches eigenes Urteil erweckt Vertrauen.

Beispiel: Abwarten, was der Kunde sagt

Anja Heil arbeitet als freie Werbetexterin für eine Agentur. Sie soll für ein mittelständisches Unternehmen eine Broschüre schreiben. Als sie den Text einreicht, erfolgt von der Agentur keinerlei Reaktion. Erst als sich der Kunde äußert, bekommt Frau Heil ihr Feedback. Das ist nicht sehr vertrauenerweckend. Eine zweite Agentur verfährt ganz anders. Sie gibt ein eigenständiges Urteil ab („Uns hat Ihr Text sehr gut gefallen."). Sie reicht den Text an den Kunden weiter, der noch etliche Änderungswünsche hat. Die wird Frau Heil einarbeiten, denn es geht ja darum, dass der Kunde zufrieden ist. Doch das Verhalten der zweiten Agentur erweckt wesentlich mehr Vertrauen.

Die geteilte Verantwortung

Die Befürchtung ist natürlich: Der Vertrauensnehmer könnte es sich zu einfach machen und ich merke es nicht. In der Tat wirkt Ahnungslosigkeit auf Seiten des Vertrauensgebers nicht eben anspornend. Wir selbst fühlen uns ja auch gerade dann besonders gefordert, wenn wir merken: Der Vertrauensgeber kennt sich aus. Dem machen wir nichts vor. Der kennt alle Tricks. Und den können wir durch eine richtig gute Leistung beeindrucken. Es ist ja gar nicht so, dass jemand, der auf dem betreffenden Gebiet sehr kompetent ist, grundsätzlich strenger urteilt. Ganz oft ist das Gegenteil zu beobachten: Die Ahnungslosen *verkennen* den Wert exzellenter Arbeit, sie wissen die Qualität gar nicht zu schätzen und gleichen ihren fehlenden Sachverstand dadurch aus, dass sie sich mit ihrer Anerkennung eher zurückhalten, in der Meinung, dann könnten sie nicht so viel falsch machen.

Doch die Konsequenz heißt natürlich: Als Vertrauensnehmer kann ich mir meine Extraanstrengung sparen, wenn ohnehin niemand sie bemerkt. Gerade in solchen Fällen werde ich als Experte so arbeiten, dass der Laie beeindruckt ist; ich richte meine Leistung eher auf den äußeren Effekt aus, denn auf den kommt es an.

Nun sind Sie als Vertrauensgeber häufig in der Situation, eine Leistung beurteilen zu müssen, die Sie gar nicht richtig durchschauen. Es wäre jedoch ein Fehler, diese Tatsache zu überspielen. Sie stärken Ihre Position, wenn Sie dem anderen zu verstehen geben: Unser Vertrauensverhältnis gründet darauf, dass du mich nicht hereinlegst, keine Fassaden errichtest, sondern ordentliche Arbeit leistest. Darauf muss ich mich verlassen. Stellt sich später heraus, dass du mich getäuscht hast, ist unser Vertrauensverhältnis zerstört.

Sie lassen also einen Teil der Verantwortung beim Vertrauensnehmer. Üblicherweise nehmen Sie eine Leistung entgegen und bewerten sie. Damit tragen Sie alleine die Verantwortung. Der andere muss nur dafür sorgen, dass Sie ein möglichst günstiges Urteil abgeben. Gelingt ihm das, hat er seine Aufgabe erfüllt. Damit wächst die Gefahr, gerade dort ein wenig an der Nase herumgeführt zu werden, wo man sich nicht so gut auskennt.

In einem Vertrauensverhältnis verschieben sich die Dinge entscheidend: Zwar kommen Sie auch dort nicht darum herum, die Leistung zu beurteilen. Das sind Sie Ihrem Vertrauensnehmer schließlich schuldig. Auch Sie müssen Verantwortung für die Leistung übernehmen, die Sie veranlasst haben. Aber der andere bekommt eben auch sein gutes Stück Verantwortung aufgeladen – und zwar gerade *weil* Sie deutlich machen, dass Sie nur eingeschränkt in der Lage sind, die Leistung zu beurteilen, und sich auf den anderen verlassen müssen.

Tipp: Sparen Sie sich den Blick hinter die Kulissen

Was zählt, ist das Ergebnis. Wie es zustande kommt, bleibt Sache des Vertrauensnehmers. Einzige Ausnahme: Es gibt Indizien dafür, dass er unsaubere Mittel einsetzt (→ „Die schmutzigen Hände"). Ansonsten widerstehen Sie der Versuchung, einen (unangemeldeten oder womöglich sogar geheimen) Blick hinter die Kulissen zu werfen. Dadurch zerstören Sie Vertrauen.

Die Vertrauensfalle

Es ist ein häufig zu beobachtendes Phänomen: Haben wir erst einmal Vertrauen gefasst, dann sind wir nicht so leicht wieder davon abzubringen. In milder Form ist dieser Effekt weder zu vermeiden noch zu beanstanden. Denn *dass* wir jemandem vertrauen, heißt ja nichts anderes als: Wir schauen erst mal nicht so genau hin, ob er uns hintergeht. Er muss seine Chance bekommen, sich zu bewähren – oder uns hereinzulegen. Würden Sie bei dem geringsten Anlass in Unruhe geraten, würden Sie ihm nicht vertrauen. Ohne ein gutes Stück Sorglosigkeit geht es nicht.

Und doch kann sich die Sache zu einem ernsten Problem auswachsen. Wenn sich nämlich die Hinweise verdichten, dass Sie sich nicht vertrauenswürdig verhalten – und ich darüber hinweggehe. Ich nehme diese Hinweise gar nicht wahr. Oder ich rechtfertige Ihr Verhalten. Oder ich bekunde zwar, wie sehr ich unter Ihrem Tun leide, schenke Ihnen aber weiterhin mein Vertrauen – was Sie gewiss nicht davon abhalten wird, so fortzufahren wie bisher. Ja, Sie haben gute Gründe, Ihre Zumutungen noch zu erhöhen. Sie haben die besten Aussichten, noch mehr für sich herauszuholen. Denn ich stecke fest, in der Vertrauensfalle. Dabei gilt die Regel: Je mehr auf dem Spiel steht, desto leichter schnappt die Falle zu. Geht es gar um unsere Existenz, können wir uns der Vertrauensfalle kaum entziehen.

Die geteilte Verantwortung

Wir haben es bereits angesprochen (→ „Die Grauzone der Verantwortung", S. 151): Wenn ich Ihnen vertraue, dann übertrage ich Ihnen die Verantwortung für das, was geschieht. Und doch bleibt an mir immer ein gutes Stück Verantwortung hängen. Denn ich habe entschieden, Ihnen in einer bestimmten Angelegenheit zu vertrauen. Auch wenn Sie mich gedrängt haben, so war es meine Entscheidung, Ihrem Drängen nachzugeben. Womöglich hätte mich ja gerade Ihr Drängen misstrauisch machen müssen.

Wie sehr die Verantwortung noch an einem kleben bleibt, wird immer dann deutlich, wenn der Einsatz hoch ist. Sie haben Ihre Ersparnisse in dieses Immobilienprojekt in den USA gesteckt. Der Vermittler schien Ihnen seriös, die Rendite verlockend. Sie haben einer jungen Mitarbeiterin ein wichtiges Projekt übertragen, weil Sie ihr das zutrauten. Sie haben sich auf diese neue Therapie eingelassen, weil Sie so viel Positives darüber gehört hatten. Geht die Sache gut, fühlen Sie sich in Ihrer Sicht der Dinge bestätigt. Sie wussten ja gleich, dass Sie sich auf diese hochseriöse Investmentfirma verlassen konnten. Und Sie wussten auch, dass die Mitarbeiterin das Projekt stemmen würde. „Man muss den Leuten einfach nur Vertrauen schenken, um sie zu Höchstleistungen anzustacheln", sinnieren Sie im Kreise Ihrer Kollegen, die zustimmend nicken. Und wenn die neue Therapie gut anschlägt, dann werden Sie vielleicht zu einer energischen Fürsprecherin und raten Ihren Freunden und Bekannten dringend dazu, sie endlich auch auszuprobieren.

Wir schützen unser Selbstbild

Zeichnet sich hingegen ab, dass die Sache schlecht ausgehen könnte, tragen wir nicht nur den Schaden davon: Finanzielle Einbußen, ein geplatzter Auftrag, gesundheitliche Beeinträchtigungen. Unsere Kompetenz, wichtige Angelegenheiten zu unserem Vorteil zu regeln, steht in Frage. Und so etwas kann unser Selbstbild ins Wanken bringen. Doch wie wir aus der Sozialpsychologie wissen, lassen wir nichts unversucht, unser (positives) Selbstbild zu schützen. Wir finden immer eine Erklärung, wenn etwas schlecht läuft: Es lag eben an den Umständen. Und diese Verzerrung unseres Urteils hat ja auch ihren Sinn. Denn solange wir annehmen, wir hätten die wesentlichen Dinge halbwegs im Griff, sind wir handlungsfähig. Während wir annehmen, unser Urteil sei im Großen und Ganzen zutreffend, können wir Pläne machen, Risiken auf uns nehmen und natürlich auch mit gutem Gefühl Vertrauen schenken.

Wir schützen uns also selbst, wenn wir es nicht so recht wahr haben wollen, dass unser Vertrauen enttäuscht wird. Solange wir noch glimpflich davonkommen, können wir das wohl auch mal in Kauf nehmen, zumindest wenn unser Gegenüber nicht den Vorsatz hatte, uns zu schädigen. Nehmen wir das Beispiel der Mitarbeiterin, der Sie ein wichtiges Projekt übertragen haben. War sie damit überfordert, kann es für alle Beteiligten hilfreich sein, ein wenig Milde walten zu lassen und ihr Scheitern den besonderen Umständen anzulasten. Ganz anders sieht die Sache aus, wenn auf der Gegenseite auch nur der Hauch von Kalkulation und Vorsatz im Spiel ist. Dann wird Ihr Vertrauen ausgenutzt. Sie werden betrogen. Und Sie machen noch mit – durch Selbstbetrug.

Beispiel: Die Mietverträge des Dr. Schneider

Vom betrügerischen Bauunternehmen Jürgen Schneider war bereits die Rede (→ S. 46). In dem Zeitungsinterview berichtet Schneider, wie die Banken, die ihm großzügig Kredite eingeräumt hatten, allmählich unruhig wurden, weil er keine Mietverträge für seine Objekte vorweisen konnte. Mit fadenscheinigen Argumenten hielt er die Banker hin und ließ sie schließlich zu sich kommen, auf sein kleines Schlösschen. Dort legte er ihnen nicht besonders raffiniert gefälschte Mietverträge vor. Er war sich sicher, damit durchzukommen. „Ich habe mir gesagt, die hoffen ja alle bloß, dass ich die Mietverträge habe. Wenn ich die nicht gehabt hätte, hätten die alle ihren Hut nehmen können. Die saßen da, leichenblass", erzählt Schneider. „Ich legte die Mietverträge hin, und dann konnte ich richtig die Steine von deren Herzen fallen hören. Das war die reine Show."

Die hohen Hürden der Vertrauensfalle

Es kommt noch ein Effekt hinzu, der auf den ersten Blick vielleicht etwas überraschen mag. Aber gerade wenn die Hürden vor dem Vertrauen recht hoch gewesen sind, geben wir das Vertrauen so schnell nicht auf. Und das aus zwei Gründen. Erstens: Wir haben es uns mit unserer Entscheidung, ob und wem wir vertrauen, nicht leicht gemacht. Daher stünde unsere Kompetenz viel stärker in Frage, wenn wir uns eingestehen, falsch entschieden zu haben. Zweitens aber ist es viel schwieriger und aufwändiger, eine Alternative zu finden. Haben Sie nach langem Suchen endlich einen Arzt gefunden, dem Sie vertrauen, so lässt sich der nicht so einfach ersetzen. Sie *wollen* einfach, dass seine Diagnose stimmt.

Anders gesagt: Die Hürden, die Sie vor dem Vertrauen aufbauen, um besonders sicher zu gehen, halten Sie davon ab, sich aus dem Vertrauensverhältnis wieder zu lösen. Über manche Menschen sagt man, dass es sehr schwierig sei, ihr Vertrauen zu gewinnen. Doch wenn man es einmal erworben habe, dann könne man es nicht mehr verlieren. Das ist eine sympathische Eigenschaft, weil solche Menschen äußerst loyal sind und ihrerseits viel Vertrauen verdienen. Allerdings macht eine solche Haltung auch besonders anfällig für die Vertrauensfalle.

Die Abwärtsspirale des missbrauchten Vertrauens

Manche dubiose Gestalten machen planmäßig Gebrauch von der Vertrauensfalle und nehmen ihre Mitmenschen regelrecht aus. Auf die eine oder andere Art erschleichen sie sich ihr Vertrauen. Der entscheidende Punkt ist jedoch: Es gelingt ihnen, die Einsätze der Menschen, die ihnen vertrauen, in schwindelerregende Höhen zu treiben. Erst in diesem Moment befinden sich die Menschen in der Vertrauensfalle. Sie *dürfen* einfach nicht enttäuscht werden. Sie empfinden, dass ihre Existenz auf dem Spiel steht. Daher tun sie alles, um die Illusion aufrechtzuerhalten, der andere habe das Vertrauen verdient, das sie ihm entgegengebracht haben.

Das ist aber noch nicht alles. Besonders skrupellose Geschäftemacher legen jetzt noch einmal nach. Anstatt ihr Opfer zu entschädigen, fordern sie sogar noch eine Erhöhung der Einsätze! Damit ziehen sie nicht nur einen noch größeren Profit aus der Sache, sondern sie verstricken ihr Opfer noch stärker in die Vertrauensfalle. Außenstehende sind mitunter fassungslos, dass es manchen Betrügern gelingt, noch einmal an Geld zu kommen – nachdem ihr Betrug eigentlich schon aufgeflogen ist! Mit der neuerlichen Finanzspritze soll dann die Sache endlich in Ordnung kommen. Nach dem Motto: Solange ich noch Geld nachschieße, kann der andere doch kein Betrüger sein.

Diese Abwärtsspirale des missbrauchten Vertrauens ist hochgefährlich. Man kann gar nicht deutlich genug vor ihr warnen. Dass die Einsätze weiter steigen, sorgt dafür, dass Außenstehende immer weniger an die

Opfer herankommen. Ja, es lässt sich sogar der paradoxe Effekt beobachten: Je schonungsloser die Machenschaften benannt werden, desto stärker der Widerstand, die Tatsachen zur Kenntnis zu nehmen. Man möchte sich nicht so weit erniedrigen und zugeben, dass man einem dreisten Schwindler aufgesessen ist, auf den ein halbwegs vernünftig denkender Mensch niemals hereingefallen wäre.

Wege aus der Vertrauensfalle

Es versteht sich von selbst, dass die Vertrauensfalle kein Mittel ist, das jemand „nutzen" kann, der auch nur einen Funken an Vertrauenswürdigkeit beanspruchen möchte. Vielmehr geht es um zwei Fragen: Wie gerate ich nicht in die Vertrauensfalle hinein? Und wie kann ich anderen aus der Falle heraushelfen?

Das einzige Mittel, das halbwegs zuverlässig gegen die Vertrauensfalle schützt: Seien Sie sich dieser Gefahr bewusst. Versuchen Sie immer einen Abgleich vorzunehmen, wie andere die Situation bewerten. Lassen Sie sich nicht verleiten, zu hohe Einsätze zu riskieren. Und wenn Sie das doch tun, suchen Sie den Rat von anderen, Außenstehenden, die mit der Angelegenheit nichts zu tun haben, denen Sie aber vertrauen.

Wenn Sie einem anderen aus der Vertrauensfalle heraushelfen möchten, so machen Sie nicht den Fehler, ihm vorzuführen, auf was für einen Scharlatan er hereingefallen ist. So etwas verstärkt nur seinen Widerstand und treibt ihn noch tiefer in die Falle. Weit wirksamer ist es, Verständnis zu zeigen und Alternativen zu bieten. Ihr Gegenüber verrennt sich ja vor allem deshalb in die Vertrauensfalle, weil er selbst keine andere Möglichkeit sieht, aus dem Schlamassel wieder herauszukommen. Gibt es jedoch einen Weg, dann sollten Sie den aufzeigen. Sie müssen keine gleichwertigen Versprechungen machen. Aber wenn Sie dem anderen eine Perspektive eröffnen, kann dies der erste Schritt heraus aus der Vertrauensfalle sein.

Hilfreiches Misstrauen

„Wenn das Vertrauen groß ist, macht es alles im Beruf und Privatleben viel besser." – Stephen M.R. Covey: Schnelligkeit durch Vertrauen

Misstrauen hat ein ziemlich miserables Image. Schlägt Ihnen Misstrauen entgegen, dann sind Sie zu bedauern. Wo immer Misstrauen herrscht, da sind Sie gefordert, es in Vertrauen zu verwandeln (→ „Wie man Vertrauen zurückgewinnt", ab S. 205). Und wenn das nicht geht – dann werden Sie auf keinen grünen Zweig kommen. Zumindest wird das gerne behauptet. Nun, ganz falsch ist es ja nicht. Tatsächlich kann Misstrauen Sie regelrecht lahmlegen, unabhängig davon, ob Sie selbst den anderen misstrauen oder ob Ihnen misstraut wird. Und doch ist diese Sicht etwas einseitig. Denn Misstrauen hat ohne Zweifel auch seine Vorzüge. In der richtigen Dosierung kann es außerordentlich hilfreich sein und Ihr Vertrauen oder Ihre Vertrauenswürdigkeit immer wieder „erden".

Durch das Stahlbad des Misstrauens gehen

Vertrauen gedeiht nur, wenn wir die Erwartung haben, dass die Angelegenheit in unserem Sinne gelingt. Wir brauchen das „gute Gefühl", um jemandem zu vertrauen. Doch allzu viel davon ist gar nicht gut. Sagen wir es offen: Vertrauen, das nicht mehr in Frage gestellt wird, macht bequem. Dabei spreche ich keineswegs von „blindem Vertrauen", das sich ohnehin das eigene Grab schaufelt, weil es sich nicht bewähren muss. Nein, auch das „gesunde Vertrauen", das die unterstützende Kontrolle kennt, braucht gelegentlich ein Gegengewicht: Das blanke Misstrauen, bei dem Ihnen nichts geschenkt wird und Ihnen der andere ganz genau auf die Finger sieht. Denn er rechnet damit, dass Sie entweder scheitern oder ihn austricksen.

Dabei ist es gar nicht mal so entscheidend, ob es Ihnen gelingt, das Vertrauen des anderen zu gewinnen. Womöglich werden Sie sogar bei der einen oder anderen Unkorrektheit ertappt, die für Sie nicht weiter ins Gewicht fällt, aber von Ihrem Gegenüber mit Genugtuung registriert wird. Womöglich ist Ihr misstrauischer Kooperationspartner sogar der Meinung, dass Sie schlampig arbeiten und kein Vertrauen verdient haben. Solche Erfahrungen müssen keineswegs entmutigend sein, wenn Sie ansonsten von einer Welle des Vertrauens getragen werden. Sie können durch das Misstrauen regelrecht angestachelt werden, es künftig besser zu machen. Womöglich müssen Sie einsehen, dass Sie es sich ein bisschen leicht gemacht und sich allzu sehr auf Ihre Routine verlassen haben. Wer Sie kennt und Ihre Arbeit schätzt, dem wird das weniger auffallen als jemandem, der Ihnen skeptisch gegenübersteht. Daher können gerade solche misstrauischen Menschen Sie weiterbringen. Sie können sich keine Nachlässigkeit leisten und werden aus Ihrer milden Selbstgefälligkeit herausgerissen, zu der wir alle neigen, wenn uns das Vertrauen nur so zufliegt und wir uns für richtig gut halten.

Grundsätzlich anderer Meinung

Es ist schon richtig: Jemand, der Ihrem Urteil nicht traut, der alles in Frage stellt, was Sie sagen, kostet Sie einiges an Anstrengung. Er erhöht den Aufwand beträchtlich, den Sie treiben müssen, um sich mit ihm auseinanderzusetzen. Es entstehen die gefürchteten „Reibungsverluste", die wir nicht hätten, wenn der andere Ihnen einfach nur vertrauen würde. Doch dass er es nicht tut, muss keineswegs ein Nachteil sein. Aus der Gruppenpsychologie wissen wir, dass Entscheidungen durchdachter und kreativer sind, wenn in der Gruppe einige Querköpfe sitzen, die sich dem allgemeinen Konsens entziehen und sich eine abweichende Meinung leisten. Auch wenn die Querköpfe wie üblich überstimmt werden, so bringen sie die Mehrheit doch auf gründlichere und originellere Gedanken, als wenn alle vertrauensselig dem zuständigen Experten hinterhertaumeln – weil sich der ja ohnehin am besten auskennt. Anders gesagt: Gibt es eine Instanz, die Ihr Urteil grundsätzlich erst einmal in Zweifel zieht, so kann dies Ihre Einschätzung verbessern. Allein weil sie Sie dazu zwingt, die Sache aus einer anderen Perspektive zu betrachten: Aus der Perspektive des Misstrauens.

Das heißt aber auch: Das Misstrauen darf nicht überhand nehmen. Es darf Ihre Aktivitäten nicht abwürgen und Ihren Schwung nicht lähmen. Misstrauen ist keineswegs hilfreich, wenn Sie überhaupt erst einmal Boden unter den Füßen bekommen müssen, wenn Sie Wohlwollen und Ermutigung benötigen, um eine schwierige Aufgabe anzupacken. Aber als Gegengewicht zum großzügig spendierten Vertrauen ist Misstrauen von Zeit zu Zeit am Platz.

Tipp: Konstruktives Selbstmisstrauen

Auch im Umgang mit sich selbst kann gelegentliches Misstrauen eine gute Sache sein. Damit sind keineswegs Selbstzweifel und Mutlosigkeit gemeint. Vielmehr geht es darum, das eigene Verhalten hin und wieder zu hinterfragen, der eigenen vermeintlichen Großartigkeit nicht auf den Leim zu gehen. Selbstmisstrauen muss man sich leisten können, sonst wird es zerstörerisch. Als eine stabile Persönlichkeit, die mit sich halbwegs im Reinen ist, können Sie Selbstmisstrauen als Korrektiv betrachten. Es kann dazu beitragen, dass Sie sich dazu zwingen, neue Wege zu gehen. Die alte Routine lassen Sie sich nicht mehr durchgehen. Durch Selbstmisstrauen können Sie über sich selbst hinauswachsen.

Vorsicht, Vertrauensbruch!

Bei dieser segensreichen Wirkung von episodisch eingestreutem Misstrauen liegt es nahe, auch gegenüber seinen Mitmenschen, denen man sonst vertraut, von Zeit zu Zeit einmal misstrauisch zu sein. Einfach nur so, ohne Anlass. Davor ist jedoch dringend zu warnen. Mit solch einem Manöver zerstören Sie das Vertrauen zu Ihren Mitmenschen. Und zwar gründlich. Denn es handelt sich um einen schweren Vertrauensbruch. Ihr Verhältnis ist ja gerade so geartet, dass es von Vertrauen getragen wird. Gibt es keinen Anlass, an der Leistung oder Loyalität des anderen zu zweifeln, entziehen Sie dem Vertrauen die Grundlage. Die Sozialpsychologie spricht in diesem Zusammenhang von einem „psychologischen Vertrag", den Sie mit dem Vertrauensnehmer eingegangen sind und den Sie durch unvermitteltes Misstrauen verletzen. Der Vertrauensnehmer verpflichtet sich, den anderen nicht zu hintergehen. Der Vertrauensgeber verpflichtet sich, das Risiko einzugehen, dem anderen zu vertrauen. Wer sich nicht daran hält, bricht den Vertrag.

Das heißt nicht, dass Sie jemandem, dem Sie das eine oder andere Mal vertraut haben, immer wieder vertrauen müssen. Jedoch dürfen Sie ihm nicht den Eindruck vermitteln, dass Sie ihm vertrauen und ihn dann überwachen. Und es belastet Ihr Vertrauensverhältnis erheblich, wenn Sie dem anderen in einer bestimmten Angelegenheit vertraut haben und ihm beim nächsten Mal das Vertrauen entziehen, ohne dass es für ihn einen nachvollziehbaren Grund gibt.

Das Eisen schmieden

Vertrauen bedeutet Risiko. Wir liefern uns dem anderen aus. Zugleich beanspruchen wir ihn und verpflichten uns zu einer Gegenleistung. Manche ziehen daraus den Schluss, mit ihrem Vertrauen möglichst sparsam umzugehen und es nur dann einzufordern, wenn sie es wirklich brauchen. Doch das kann ein Fehler sein. Denn ein Vertrauensverhältnis nutzt sich nicht etwa ab, wenn Sie es in Anspruch nehmen. Im Gegenteil, es festigt und vertieft sich durch häufigen Gebrauch.

Push und Pull

Im ersten Kapitel hatten wir die Unterscheidung zwischen Push und Pull getroffen: Es gibt immer jemanden, der die Sache anstößt (Push), und den anderen, der sich darauf einlässt (Pull) oder nicht (Sperre). Nun könnte man vermuten, dass sich in einem intakten Vertrauensverhältnis Push und Pull im Laufe der Zeit ausgleichen sollten. Mal kommen Sie auf mich zu, um mir Vertrauen zu schenken oder es mir abzuverlangen. Mal bin ich es, der etwas von Ihnen will. Doch bemerkenswerterweise ist dies nicht der Fall. Es ist durchaus möglich, dass Sie durchgängig den aktiven Part spielen, ohne dass unser Verhältnis darunter leidet. Auch kann unser Vertrauensverhältnis so beschaffen sein, dass Sie mir vertrauen, während ich Ihr Vertrauen gar nicht beanspruche.

Problematisch wird es erst, wenn die eine Seite auf ihren „Push" in der Regel einen „Pull" erntet, doch sie sich ihrerseits gegen jeden „Push" der Gegenseite sperrt. Auf Dauer kann solch ein Vertrauensverhältnis nicht bestehen. Es gerät aus dem Gleichgewicht. Dabei muss die „Sperre" keineswegs Ausdruck einer Verweigerungshaltung sein, sondern es kann durchaus gute Gründe dafür geben. Vielleicht fühle ich mich durch Ihr Vertrauen überfordert. Oder aber ich bin der Ansicht, dass Sie sich überschätzen, wenn Sie in einer bestimmten Angelegenheit mein Vertrauen einfordern. Darüber können wir uns verständigen, ohne unser Vertrauensverhältnis zu belasten. Der Punkt ist nur: Dieser Fall darf sich nicht allzu oft wiederholen. Sonst trägt das Vertrauensverhältnis nicht mehr.

Die Regel der Konsistenz

Welche Person würden Sie eher um einen Gefallen bitten: Diejenige, die Ihnen gerade schon geholfen hat? Oder diejenige, die noch gar nichts für Sie getan hat? Aus der Sozialpsychologie wissen wir, dass Ihre Erfolgsaussichten bei der ersten Person wesentlich höher sind. Der Grund: Wir sind bestrebt, möglichst konsistent zu handeln, also im Einklang mit dem, was wir bereits getan haben. Habe ich Ihnen schon geholfen, dann liegt es nahe, in diesem Tun fortzufahren. Ich verhalte mich konsistent und schwenke nicht plötzlich um. Für mein Umschwenken brauche ich nämlich stichhaltige Gründe. Und die muss ich mir erst einmal vergegenwärtigen. Ansonsten lautet mein Verhaltensprogramm: Einmal getan, nichts Negatives passiert, also kann ich es wieder tun. Auch wenn ich diesmal schon ein wenig mehr tun muss.

Dass wir bemüht sind, konsistent zu handeln, macht uns erst vertrauenswürdig. Wir sind bis zu einem gewissen Grade berechenbar und damit verlässlich. Unberechenbare Menschen machen uns zutiefst misstrauisch. Gleichzeitig aber macht uns das Bemühen um Konsistenz für allerlei Beeinflussungstechniken anfällig: Will ich in Ihrem Garten ein riesiges Werbeplakat aufstellen, werden Sie dazu kaum bereit sein, wenn ich Sie einfach darum bitte. Meine Chancen steigen jedoch beträchtlich, wenn ich Ihnen vorher eine Reihe von kleinen Gefälligkeiten und Zugeständnissen abverlange. Die erste ist so harmlos, dass Sie sie kaum abschlagen können. Die folgenden verlangen Ihnen schon etwas mehr Engagement ab. Aber immer nur ein bisschen mehr, so dass die Logik erhalten bleibt: Jemand, der bereits A getan hat, der müsste doch eigentlich auch B tun. Und jemand, der B getan hat, für den ist es nahe liegend, sich für C bereit zu finden. Und wenn ich meine Sache geschickt genug anstelle, dann sind Sie am Ende überzeugt, dass Sie aus freien Stücken die Tafel in Ihrem Garten aufstellen. Genau so verhielten sich zumindest die Teilnehmer eines erstaunlichen Experiments, das die beiden Psychologen Jonathan Freedman und Scott Fraser durchführten. Mit ihrer Salamitaktik brachten sie zahlreiche Bürger dazu, das Ungetüm in ihrem Garten aufzustellen.

Nun, die Regel der Konsistenz gilt eben auch für Vertrauensverhältnisse. Haben Sie mir vertraut und bin ich Ihrem Vertrauen auch noch gerecht geworden, dann kann ich das nutzen, um das nächste Mal ein wenig mehr Vertrauen zu beanspruchen. Sie brauchen Gründe, sich dagegen zu sperren. Und sogar dann geht von meiner Bitte um

Ihr Vertrauen noch ein beträchtlicher Sog aus, dem Sie womöglich nachgeben. Denn mir in dieser Angelegenheit zu vertrauen, erscheint ganz folgerichtig, wenn man Ihr bisheriges Verhalten betrachtet. Und genau darin kann auch eine gewisse Gefahr liegen: Wenn Sie mir nach und nach mehr Vertrauen schenken, als Ihnen eigentlich lieb ist. Es muss wohl kaum hinzugefügt werden, dass sich diese Methode daher auch bei Hochstaplern einer gewissen Beliebtheit erfreut.

Tipp: Nutzen Sie die Regel der Konsistenz

Die Regel der Konsistenz können Sie auch ohne böse Absichten nutzen, ganz einfach um das Vertrauensverhältnis zu vertiefen. Und davon sollte durchaus auch Ihr Gegenüber profitieren können. Zugleich setzt die Regel der Konsistenz Ihren Ansprüchen auch Grenzen. Sie können eben nicht verlangen, dass der andere Ihnen in einer bestimmten Angelegenheit vertraut, wenn das mit seinem bisherigen Verhalten (und seinen Erfahrungen) nicht vereinbar scheint. Sie können nicht darüber hinwegsehen, wenn der andere in dieser Sache schlechte Erfahrungen gemacht hat. Sie müssen ihm behutsam Brücken bauen, sein Vertrauen in kleinen Schritten bestätigen. Darin zeigt sich ein „guter" Umgang mit Vertrauen.

Der Vertrauensüberschuss

In den seltensten Fällen geht ein Vertrauensakt einfach so auf: Ich vertraue Ihnen, Sie erfüllen meine Erwartungen – und damit hat sich die Sache. Vielmehr ergibt sich oft auf der einen oder anderen Seite eine Art Überschuss. Etwa wenn ich Ihnen vertraut habe und Sie meine „großen Erwartungen" (→ S. 141) noch übertroffen haben. Dann besteht auf Ihrer Seite der Vertrauensüberschuss. Sie haben sich für „mehr Vertrauen" empfohlen. Oder ich muss Ihnen auf andere Art und Weise entgegenkommen. Haben Sie hingegen meine Erwartungen nicht ganz erfüllt, liegt der Überschuss auf meiner Seite. Sie haben gewissermaßen eine Bringschuld, um sich wieder als vertrauenswürdig zu erweisen. Die können Sie auf vielfältige Art und Weise abtragen. Beispielsweise indem Sie mir Ihrerseits eine Extraportion Vertrauen spendieren oder bei nächster Gelegenheit meine Erwartungen übertreffen.

Der Vertrauensüberschuss bringt eine gewisse Dynamik in die Sache und hält das Schwungrad des Vertrauens in Bewegung – zumindest wenn sich beide Seiten darum bemühen, bestehende Überschüsse auszugleichen. Jedoch funktioniert dieser Ausgleich nur, wenn unsere Bewertung im Wesentlichen übereinstimmt. Sind Sie der Überzeugung, alles Nötige getan zu haben, und bin ich dennoch der Ansicht, Sie hätten mein Vertrauen enttäuscht, dann trübt das unser Vertrauensverhältnis. Wir müssen uns auf eine gemeinsame Bewertung einigen, sonst belastet das unsere Beziehung.

Es kommt jedoch noch ein ganz entscheidender Faktor hinzu: Die Zeit. Der zeitliche Horizont spielt beim Vertrauen eine ganz wichtige, vielfach unterschätzte Rolle, wie wir noch an anderer Stelle sehen werden (→ „Die Zeit heilt alle Wunden", S. 211). Für den Vertrauensüberschuss und die Ansprüche, die sich mit ihm verbinden, ist der zeitliche Faktor unbedingt zu berücksichtigen. Das falsche Timing kann ein intaktes Vertrauensverhältnis ganz empfindlich stören. Auf eine kurze Formel gebracht heißt die Devise: Einen bestehenden Vertrauensüberschuss sollten Sie so schnell wie möglich ausgleichen.

Gegenleistungen möglichst früh einfordern

Die Bewertung ändert sich im Laufe der Zeit, und zwar zu Ihren Ungunsten, wie sozialpsychologische Studien belegen. Demnach verhält es sich so: Habe ich Ihnen vertraut und haben Sie meine Erwartungen übertroffen, bewerte ich Ihre Leistung recht hoch, tendenziell sogar höher als Sie selbst. Vielleicht kennen Sie solche Situationen: Ihr Vorgesetzter oder Ihr Auftraggeber reagiert geradezu euphorisch. Womöglich stellt er Ihnen große Dinge in Aussicht. Sie selbst freuen sich darüber, aber beurteilen Ihre Leistung etwas nüchterner. Nun setzt jedoch ein etwas unerfreulicher Effekt ein, den Sie kennen sollten, um angemessen zu reagieren: Für den anderen verliert Ihr Überschuss mehr und mehr an Wert. Jemand, der Ihnen vor einem Jahr förmlich zu Füßen lag, weil Sie eine so exzellente Leistung abgeliefert haben, kann sich heute von Ihnen gestört fühlen, wenn Sie ihn um eine kleine Gefälligkeit bitten. Dabei wird die Lage zusätzlich dadurch verschärft, dass wir unseren eigenen Überschuss im Laufe der Zeit immer höher bewerten. Wir erinnern uns nur allzu gut, was wir alles für den anderen getan haben, wie wir uns aufgerieben haben – und jetzt weist er uns schnöde zurück.

Die Folge ist zerstörtes Vertrauen. Während sich der eine ausgenutzt vorkommt, fühlt sich der andere belästigt. Seine Situation hat sich grundlegend geändert, die Erinnerung ist verblasst und nebenbei bemerkt: So grandios war die Leistung des anderen nun auch wieder nicht. Man hat sich damals vielleicht ein wenig blenden lassen, aber heute sieht die Sache vollkommen anders aus. Wer seinen Überschuss zu spät einlösen möchte, macht sich im Allgemeinen unbeliebt. Die Konsequenz kann daher nur heißen: Gegenforderungen möglichst rasch erheben, das Eisen schmieden, solange es glüht. Und haben Sie den Zeitpunkt verpasst, dann finden Sie sich damit ab: Es ist keine Böswilligkeit, sondern liegt einfach in der menschlichen Natur, dass Überschüsse auf der Gegenseite nach und nach ihren Wert verlieren.

Tipp: Keine Versprechungen

Hat ihr Gegenüber die Erwartungen übertroffen, lassen sich manche in ihrer Euphorie zu solchen Äußerungen hinreißen wie: „Sie haben noch etwas gut bei mir." Oder: „Lassen Sie mich wissen, wenn Sie meine Hilfe brauchen." Sie sollten so etwas bleiben lassen. Denn Sie wecken womöglich falsche Erwartungen und legen sich auf etwas fest, das Ihnen später nur noch lästig ist. Überlassen Sie es Ihrem Gegenüber, seinen Überschuss zeitig einzulösen.

Vom Glück, gebraucht zu werden

Es kommt etwas hinzu: Wenn uns jemand Vertrauen schenkt, so vermittelt er uns die Botschaft: Ich brauche Sie. Und gebraucht werden möchten wir alle. Insoweit tun Sie dem Vertrauensnehmer immer auch etwas Gutes, wenn Sie ihm das Gefühl geben, auf ihn angewiesen zu sein.

Die Kehrseite heißt: Haben Sie dem anderen nichts zu bieten, braucht er Sie nicht mehr. Sie verlieren sehr schnell das Vertrauen. Und zwar unabhängig davon, ob Sie ein hochanständiger Mensch sind oder sich gelegentlich auch einmal eine kleine Unkorrektheit leisten. Unter dem Strich zählt weniger die Moral als der erwartete Nutzen. Deshalb wird auch einem „Schlitzohr" vertraut, wenn es sich nur um ein einflussreiches Schlitzohr handelt, das Ihnen den einen oder anderen Vorteil verschafft. Gerade im Berufsleben gilt der Grundsatz: Kann der andere nicht mehr von Ihnen profitieren, wird er Ihnen nicht mehr vertrauen.

Dabei dürfen Sie den Begriff „Profit" nicht zu eng auslegen. Im Zuge der „sozialen Austauschbeziehungen" (→ S. 65) können Sie alle möglichen Leistungen ins Spiel bringen. Als unvorbelastete Ratgeberin, als geduldiger Seelentröster oder als Bewunderer (auch Bewunderern wird manchmal erstaunlich viel Vertrauen zuteil, sehr zum Verdruss von ihren aufrechten Kollegen, die sich nicht auf die Kunst der Schmeichelei verstehen und die versuchen, mit Ehrlichkeit zu punkten). Was zählt, ist allein die Wertschätzung durch den Vertrauensgeber. Wie wichtig ist ihm das? Wie eng ist die Verbindung zu Ihnen? Wie stark wirkt sich der Hebeleffekt aus (= bekommt er das zur Not selbst hin oder ist er auf Sie angewiesen?). Und doch: Damit das Vertrauensverhältnis intakt bleibt, muss es gepflegt werden. Das heißt: Sie sollten dem anderen immer wieder mal Vertrauen schenken und/oder ihn um Vertrauen bitten, auch wenn Sie es momentan vielleicht gar nicht so dringend benötigen.

Erkaltetes Vertrauen

Ein Vertrauensverhältnis, in das nicht kontinuierlich „investiert" wird, pflegt sich allmählich abzukühlen. Zwar gibt es diese bemerkenswerten Beziehungen, bei denen sich auch nach jahrelanger Funkstille sogleich ein Gefühl von Vertrautheit und Vertrauen einstellt. Doch darauf können Sie nicht bauen. Das sind Ausnahmen, zumal im Berufsleben. Ein Vertrauensverhältnis können Sie vor allem dann nutzen, wenn Sie es immer wieder in Anspruch nehmen, wenn Sie das Eisen schmieden, solange es glüht.

Doch womöglich kommt es Ihnen sogar gelegen, das Vertrauensverhältnis etwas abzukühlen. Der andere bringt Ihnen wenig Nutzen, Sie haben bessere Alternativen, der Stern des Gegenübers sinkt. Das klingt berechnend und nicht sehr vertrauenswürdig. Und doch sind das genau die Gelegenheiten, bei denen sich das Vertrauen merklich abkühlt. Im „sozialen Austausch" (→ S. 65) hat die eine Seite weniger zu bieten und wird daher herabgestuft. Das geschieht ganz unwillkürlich, ohne dass wir bewusst darüber nachdenken oder Pläne dafür machen. Wir halten uns ganz einfach zurück mit unserem Vertrauen. Umgekehrt heißt das: Werden Sie von einem anderen nicht mehr so oft ins Vertrauen gezogen (oder sollen Sie ihm vertrauen), dann ist das ein Indiz dafür, dass Ihre Bedeutung stark abgenommen hat. Ausdrücklich soll jedoch noch einmal darauf hingewiesen werden, dass diese Bedeutung völlig unabhängig ist von offiziellen Hierarchien, Geld und Statusmacht. Womöglich haben Sie etwas ganz anderes zu bieten, was der andere aber dringend braucht: Informationen, an die er nicht herankommt (zum Beispiel wie es an der Basis oder der „Kundenfront" zugeht), ein sicheres Urteil (Ihr Gegenüber will Ihre Meinung hören) oder auch persönliche Eigenschaften, die dem Gegenüber wichtig sind. Unter Umständen haben gerade diese weichen, schwer zu fassenden zwischenmenschlichen Qualitäten einen unerwartet hohen Wert.

Tipp: Betrachten Sie Vertrauen im Beruf als etwas Befristetes
In unseren unsicheren, hochflexiblen Zeiten gilt mehr denn je: Vertrauensverhältnisse im Beruf sind nicht auf Dauer angelegt. Ihr loyaler Mitarbeiter von heute kann morgen zur Konkurrenz wechseln. Oder Sie selbst gelangen auf eine Position, in der Ihnen die alten Vertrauensverhältnisse nicht weiterhelfen. Geben Sie daher keine Informationen weiter, die Ihnen später schaden könnten, wenn sich die Loyalitäten geändert haben. Andererseits hat die Schnelllebigkeit den großen Vorteil, dass Betriebsgeheimnisse rasch ihren Wert verlieren. Umso stärker sollten Sie darauf achten, vertrauliche Informationen, die Ihre Person betreffen, besser für sich zu behalten.

Verständigungsbrücken

Vertrauensverhältnisse zeichnen sich dadurch aus, dass über vieles nicht gesprochen werden muss. Es versteht sich von selbst. Wir verzichten auf formale Vereinbarungen und benötigen keine Regelungen für den unerfreulichen Fall des Falles. Das spart Transaktionskosten und gibt uns das wohlige Gefühl, dass alles in bester Ordnung ist. Der sprichwörtliche Handschlag genügt, und Sie wissen, was zu tun ist. Tauchen Probleme auf, dann setzen wir uns noch einmal zusammen und finden eine Lösung.

Und doch laufen die Dinge nicht immer so glatt, wie die Erfahrung lehrt. Manchmal stimmen die Vorstellungen darüber, was zu tun ist, dann doch nicht so harmonisch überein, wie wir unterstellt haben. Oder es tauchen Schwierigkeiten auf, mit denen wir nicht gerechnet haben, aber hätten rechnen müssen, findet die Gegenseite. Und schließlich können sich die Verhältnisse innerhalb kurzer Zeit stark verändern. Mit einem Mal ist meine Interessenslage eine völlig andere. Ich habe Zusagen gemacht, die ich unter den neuen Bedingungen nicht mehr einhalten kann. Oder aber ich stelle fest, dass ich mich auf Verpflichtungen eingelassen habe, die im Lichte neuer Entwicklungen nachteilig für mich sind.

Sie stehen im Wort

Nun gedeiht Vertrauen nur auf der Grundlage einer gewissen Stabilität. Muss ich befürchten, dass Sie nicht mehr zu Ihren Zusagen stehen, sobald sich der Wind ein wenig dreht, werde ich Ihnen nicht mehr vertrauen. Ich unterstelle, dass Sie sich an unsere Vereinbarungen halten, auch wenn Sie gewisse Nachteile dafür in Kauf nehmen müssen. Sonst sind Sie kein verlässlicher Partner für mich.

Aber es gibt Grenzen. Gerade in einem Umfeld, das sich stark und unvorgesehen wandelt, können die Vereinbarungen von gestern für mich heute kaum noch zumutbar sein. Und dann? Manche fangen dann an zu tricksen. Es gibt ja keine fixierten Absprachen. Und so verändern sich mit einem Mal ihre Erinnerungen. Einzelne Zusagen werden vergessen, den neuen Verhältnissen angepasst oder schlicht verleugnet. In manchen Fällen steckt weniger Kalkül dahinter als Selbsttäuschung. Die Erinnerung wird umgeprägt, den aktuellen Erfordernissen angepasst, um die Zusagen doch noch einzuhalten und zumindest im eigenen Urteil noch als vertrauenswürdig zu gelten.

Beispiel: Der Probetext

Einen denkwürdigen Fall erlebte Herr Weininger: Eine Bekannte, die als Beraterin und Coach arbeitet, bat ihn, ihre Internetseite neu zu gestalten. Nach zwei Vorgesprächen entwickelte er ein Konzept, das bei seiner Bekannten große Zustimmung fand. Am Ende des Gesprächs stieß jedoch ihr Mentor dazu. Und dem war die ganze Angelegenheit offenbar ein Dorn im Auge. Das brachte die Beraterin in einen ernsthaften Loyalitätskonflikt. Einerseits hatte sie mit Herrn Weininger eine Vereinbarung getroffen (selbstverständlich auf der Basis von Vertrauen). Andererseits mochte sie sich nicht über ihren Mentor hinwegsetzen. Das konnte sie Herrn Weininger aber kaum mitteilen. Denn wie vertrauenswürdig ist jemand, der sofort seine Meinung ändert, sobald ein väterlicher Freund die Augenbrauen runzelt? Und so löste die Beraterin das Problem auf ihre Weise: Sie spielte auf Zeit. Eigentlich sollte sie Herrn Weininger noch Informationen zur Verfügung stellen. Dazu kaum sie aber nie, weil sie beruflich angeblich so eingespannt war. Schließlich war ausreichend Zeit verstrichen, um Herrn Weininger zu eröffnen, dass er doch nicht geeignet sei, ihre Internetseite zu gestalten. Sein damaliger „Probetext" habe erkennen lassen, dass er ihr Anliegen nicht so erfasst hätte, wie es nötig gewesen wäre. Auf der Überweisung seines Honorars notierte sie unter der Rubrik Verwendungszweck: „Probetext".

Durch solch ein Verhalten kann man vielleicht sein Selbstbild schützen. Doch der Preis ist außerordentlich hoch. Je nachdem, wie stark die Erinnerungen umgeprägt werden, macht man sich in den Augen des anderen buchstäblich unmöglich. Wer Ihre Sicht der Dinge beharrlich in Abrede stellt, dem können Sie schlechterdings nicht mehr vertrauen, nicht einmal in Kleinigkeiten. Ja, Sie können kaum noch

Umgang mit ihm pflegen. Das Verhältnis ist so stark zerrüttet, dass Sie sich nur noch aus dem Weg gehen können. Und zwar gerade wenn es sich eigentlich um eine Kleinigkeit handelt, die mit ein paar klärenden Worten aus der Welt zu schaffen gewesen wären. Die Überlegung heißt: Wer sich hier schon die Realität zurechtbiegt, wie er sie brauchen kann, auf den ist nun erst recht kein Verlass, wenn es wirklich um etwas geht.

Wir verstehen uns schon

Ähnlich liegt der Fall, wenn unsere Erwartungen doch nicht so übereinstimmten, wie wir unterstellt haben. Der Fall ist gar nicht so selten. Gerade wenn wir ein Projekt abgeschlossen haben, das hervorragend funktioniert hat, neigen wir zu der Unterstellung: Der andere versteht uns, wir harmonieren, wir können noch ganz andere Dinge bewegen. Von einem anfänglichen Erfolg berauscht, überschätzen wir unsere Gemeinsamkeiten.

Zu dieser Annahme werden wir nicht zuletzt deshalb verleitet, weil die Belohnung winkt: Aufwand sparen. Daher nehmen wir an: „Sie wissen doch ohnehin Bescheid. Das haben Sie ja gerade unter Beweis gestellt. Also übernehmen Sie auch die neue Aufgabe. Machen Sie mal. Genauso wie beim ersten Mal. Nur eben ganz anders. Sie wissen schon." Das ist unvergleichlich einfacher, als darüber nachzudenken: Was erwarte ich eigentlich? Und: Versteht der andere überhaupt, was ich meine?

In der Tat arbeitet ein Vertrauensverhältnis genau mit dieser Unterstellung: Wir verstehen uns schon. Und wenn sich herausstellt, dass dies nicht der Fall ist, dann belastet das unser Vertrauensverhältnis. Ersparnis im Eimer. Ich muss Ihnen doch alles genau erklären. Der Punkt ist nur, dass die Annahme der großen Übereinstimmung zwar bequem, aber nicht realistisch ist. Ein „guter" Umgang mit Vertrauen trifft Vorkehrungen, um die gegenseitige Vertrauenswürdigkeit auch dann noch zu sichern, wenn die Vorstellungen weit auseinanderdriften.

Das rettende Missverständnis

Auch und gerade unter den etwas sorglosen Bedingungen des Vertrauens ist die Möglichkeit gegeben, dass Sie einander missverstehen. Die Unterstellung, der andere könnte Gedanken lesen, ist zwar in Vertrauensverhältnissen weit verbreitet. Sie führt aber zuverlässig in die Irre und sie gefährdet das Vertrauen, das Sie dem anderen künftig entgegenbringen. Die erste Konsequenz lautet daher: Sagen Sie deutlich, was Sie erwarten. Und als Vertrauensnehmer sagen Sie deutlich, was Sie zu leisten imstande sind. Stellen Sie sicher, dass Sie sich wirklich verstanden haben.

Das ist jedoch nur der Anfang. Im weiteren Verlauf kommt es darauf an, dass Sie sich gegenseitig zugestehen, sich missverstanden zu haben. Auf den ersten Blick scheint dies geradezu das Gegenteil von Vertrauen zu sein. Ich vertraue Ihnen ja, weil ich davon ausgehe, dass wir uns gerade nicht missverstehen. Doch wenn Probleme auftauchen, ist dieses Zugeständnis der rettende Anker. Es geht dabei um nichts Geringeres als um die Rettung der gegenseitigen Vertrauenswürdigkeit. Das Missverständnis ist die Erklärung, warum etwas nicht so gelaufen ist, wie es sollte. Haben Sie mich missverstanden, dann gefährdet das noch nicht Ihre Vertrauenswürdigkeit. Vielmehr müssen wir uns darüber verständigen, was jetzt zu tun ist. Sind Sie bereit, mir entgegenzukommen? Übernehmen Sie noch die eine oder andere Aufgabe und lassen mich nicht hängen? Dann bleiben Sie für mich vertrauenswürdig. Ich kann bei nächster Gelegenheit wieder auf Sie zurückkommen und werde mich vielleicht „klarer ausdrücken" oder mich rückversichern, ob Sie mich verstanden haben.

Schließe ich ein Missverständnis hingegen aus – dann kann ich Ihnen nicht mehr vertrauen, und zwar überhaupt nicht mehr. Sie haben mein Vertrauen enttäuscht. Die einzige Erklärung, die Ihre Vertrauenswürdigkeit dann noch ein wenig zu retten vermag, ist die: Sie waren überfordert. Aber wenn Sie überfordert waren, dann muss ich meine Ansprüche an Sie zunächst einmal beträchtlich senken – zumindest bei vergleichbaren Aufgaben. Ein „rettendes Missverständnis" erlaubt es hingegen, gemeinsam zu einem Ausgleich zu kommen. Beide Seiten können ihr Gesicht wahren. Darauf kommt es hier an.

Machen wir uns klar: Auch für den Vertrauensgeber ist es äußerst unangenehm, wenn ihn der andere enttäuscht, wenn er einen veritablen Vertrauensbruch begeht. Ein „rettendes Missverständnis" hält zumindest alle Türen offen. Sie können, müssen mir aber nicht in gleichem Umfang Ihr Vertrauen schenken.

Bauen Sie eine Verständigungsbrücke

Ein „rettendes Missverständnis" kommt Ihnen manchmal auch zu Hilfe, wenn Sie sich auf Zusagen eingelassen haben, die Sie jetzt nicht mehr einhalten können, weil sich die Bedingungen geändert haben. Allerdings müssen Sie in so einer Situation mit allergrößtem Fingerspitzengefühl vorgehen. Die Gefahr ist groß, dass sich Ihr Vertrauensgeber von Ihnen einfach nur „verladen" fühlt und Sie nicht so ungeschoren davonkommen lässt. Sie stehen im Wort und wenn Sie sich aus dieser Verantwortung herausstehlen wollen, sind Sie nicht vertrauenswürdig.

Ganz anders liegt der Fall, wenn Sie Ihrerseits den Vertrauensgeber ins Vertrauen ziehen. Die Bedingungen haben sich für Sie geändert. Oder Sie haben Ihre Situation damals anders eingeschätzt. Dafür bitten Sie um Verständnis. Sie können Ihre Zusagen nicht mehr halten – oder nur unter unzumutbaren Bedingungen. Durch eine solche Offenheit bleiben Sie vertrauenswürdig, ja, unter Umständen stärken Sie sogar Ihre Vertrauenswürdigkeit. Voraussetzung ist allerdings, dass Ihre Situation für den anderen nachvollziehbar ist – und dass Sie ihm noch ein Stück entgegenkommen. Sie bauen ihm eine Brücke zur Verständigung. Es liegt nun an ihrem Gegenüber, diese Brücke zu nutzen. Im eigenen Interesse sollte er das tun. Lässt er sich nicht darauf ein, hat er keine Vorteile. Und besonders vertrauenswürdig ist es auch nicht, ohne jede Rücksicht auf der Einhaltung Ihrer Zusagen zu bestehen, die ja unter dem Siegel des Vertrauens gegeben wurden. Gerade weil die Vereinbarungen in vertrauensvollem Einvernehmen geschlossen wurden, können Sie erwarten, dass Ihre Interessen berücksichtigt werden – aber die der Gegenseite eben auch.

Tipp: Bieten Sie einen Ausgleich an

Bloßes Zurückrudern kostet Sie Vertrauen, vor allem wenn sich zeigt, dass Sie damals den Mund allzu voll genommen haben, dürfte Ihre Reputation großen Schaden nehmen. Sie müssen dem anderen verständlich machen, wieso sich Ihre Situation geändert hat. Weshalb Sie damals zu einer anderen Einschätzung gelangt sind als heute. Gleichzeitig sollten Sie ihm einen Ausgleich anbieten. Denn er hat sich auf Sie verlassen und hat Ihnen Vertrauen geschenkt. Ohne der Gegenseite ein gutes Stück entgegenzukommen, können Sie Ihre Vertrauenswürdigkeit kaum bewahren.

Vertrauen nutzen – die Techniken im Überblick

Auch zum Abschluss dieses Kapitel stellen wir schlagwortartig die unterschiedlichen Techniken vor.

Große Erwartungen
Grundidee: Erwartungen formulieren, die den anderen fordern und ihm etwas abverlangen. Wirkung: Höhere Wertschätzung, bessere Ergebnisse.

Geeignet für: Vertrauensakte, die wir in Gang setzen („Push"). Vertrauensakte, bei denen es um etwas geht.

Gefahren: Der andere ist überfordert und erbringt nicht die Leistung. So etwas belastet das Vertrauensverhältnis.

Dosiertes Vertrauen
Grundidee: Menschen in den Angelegenheiten vertrauen, in denen sie es verdient haben. Grad des Vertrauens bewusst steuern.

Geeignet für: Alle Vertrauensverhältnisse.

Gefahren: Durch Fehldosierung Vertrauen enttäuschen.

Die schmutzigen Hände
Grundidee: Durch Vertrauen Verantwortung für unangenehme Pflichten und erklärungsbedürftige Praktiken abgeben.

Geeignet für: Vertrauensverhältnisse, bei denen es darum geht, selbst eine weiße Weste zu behalten. Als charismatische Führungsfigur oder Vorzeigeunternehmer.

Gefahren: Eine dritte Seite kann uns für die erklärungsbedürftigen Praktiken verantwortlich machen.

Das „Ich-verlasse-mich-ganz-auf-Sie"-Manöver
Grundidee: Zum Ausdruck bringen, dass der andere völliges Vertrauen genießt, um ihn umso stärker in die Pflicht zu nehmen.

Geeignet für: Vorgesetzte, die ihre Mitarbeiter zu guten Leistungen anspornen wollen. (Vermeintliche) Laien, die sich dem Experten ausliefern.

Gefahren: Leicht manipulativ, kann deshalb Vertrauen kosten.

Kontrolle ist gut

Grundidee: Vertrauen muss sich bewähren. Die Leistung, die der andere erbringt, muss kompetent bewertet, also kontrolliert werden. Verantwortung für die Leistung und ihre Bewertung teilen.

Geeignet für: Alle Vertrauensverhältnisse.

Gefahren: Fehlurteile wegen mangelnder Kompetenz.

Die Vertrauensfalle

Grundidee: Wer Vertrauen fasst, ist nicht so leicht wieder davon abzubringen. Er ignoriert Anzeichen, dass etwas nicht stimmt.

Geeignet für: Diese Illusion machen wir uns vor allem, wenn wir sehr viel zu verlieren haben.

Gefahren: Realitätsverlust, Ruin (nicht nur finanziell).

Hilfreiches Misstrauen

Grundidee: Misstrauen nutzen, um die eigene Vertrauenswürdigkeit zu stärken.

Geeignet für: Vertrauensverhältnisse, die in Routine zu erstarren drohen. Menschen und Organisationen, die sich davor schützen möchten, in Selbstzufriedenheit zu versinken.

Gefahren: Entmutigung. Daher ungeeignet für Berufsanfänger und Menschen, die Bestätigung brauchen.

Das Eisen schmieden

Grundidee: Vertrauensverhältnisse festigen und vertiefen sich durch häufigen Gebrauch.

Geeignet für: Mittlere bis große Vertrauensverhältnisse, an denen uns etwas liegt.

Gefahren: Verstrickung in ein Netz von Loyalitäten, die uns in unseren Handlungsmöglichkeiten einschränken.

Verständigungsbrücken

Grundidee: Einen Vertrauensbruch abwenden, indem man die Verständigung mit der Gegenseite sucht. Und ihr hilft, das Gesicht zu wahren.

Geeignet für: Gefährdete Vertrauensverhältnisse.

Gefahren: Jemand kommt nach einem echten Vertrauensbruch ungeschoren davon.

Vertrauen verspielen

Nach landläufiger Vorstellung ist es der Vertrauensnehmer, der leichtsinnig, vorsätzlich oder durch eigene Unfähigkeit das Vertrauen verspielt. Er wird den Erwartungen des anderen nicht gerecht, nutzt dessen „riskante Vorleistung" für eigene Zwecke aus, täuscht, trickst oder ist ganz einfach unaufmerksam. Das ist jedoch nur die eine Seite. Denn auch als Vertrauensgeber können Sie das Ihre dazu beitragen, dass Vertrauen verspielt wird. Von solchen Fällen und Gefahren, an die wir vielleicht nicht als erstes denken, soll in diesem knappen Kapitel die Rede sein. Sie erfahren, warum gerade die kleinen, unscheinbaren Dinge und Nebensächlichkeiten geeignet sind, Argwohn zu erwecken (→ „Die Lappalie"), was ein Vertrauensbruch anrichtet („Der Vertrauensbruch"), wie Sie durch Offenheit, Transparenz und Ehrlichkeit Vertrauen verlieren (→ „Das schwankende Schilfrohr"), wie Sie Ihren Vertrauensnehmer in den Vertrauensbruch hineintreiben (→ „Verantwortungsloses Vertrauen") und wie Sie ohne jedes eigenes Verschulden Vertrauen einbüßen (→ der „Verantwortungsnehmer").

Die Lappalie

Bereits im Kapitel über den Aufbau von Vertrauen sind wir darauf aufmerksam geworden: Oftmals sind es die „kleinen Dinge", die den Ausschlag geben, ob wir zu jemandem Vertrauen fassen oder nicht. Es ist daher nicht verwunderlich, dass sie auch beim Verlust von Vertrauen eine wichtige Rolle spielen. Die Wirkungsweise dieser „Lappalien" unterscheidet sich stark von einem ausgewachsenen Vertrauensbruch. Während dieser dem Vertrauensnehmer nur allzu bewusst ist, pflegen ihm die verräterischen Kleinigkeiten zu entgehen. Ja, es zeichnet die Lappalien geradezu aus, dass der Vertrauensnehmer sie gar nicht bemerkt oder für völlig unerheblich hält. Und eben das ist das Beunruhigende daran.

Tief in der Vertrauensfalle

Dabei müssen wir eines klarstellen: Solange wir noch kein Vertrauen gefasst haben, sind wir wesentlich argwöhnischer. Wir achten viel eher auf vermeintlich aufschlussreiche Details und suchen nach Anhaltspunkten, ob unser Gegenüber vertrauenswürdig ist. Haben wir einmal

Vertrauen gefasst, kommen wir nicht mehr auf die Idee, solche ausgefuchsten Absonderlichkeiten wie das „Pott Casting" (→ S. 134) zu betreiben. Nun weiß das natürlich auch der Vertrauensnehmer. Er baut seine Fassade so auf, dass wir „anbeißen". Haben wir „den Köder geschluckt" und Vertrauen gefasst, lässt sein Perfektionismus spürbar nach.

Dagegen ist auch nicht viel einzuwenden. Wir haben uns auf die Sache eingelassen und nun muss er zeigen, ob er unser Vertrauen verdient hat. Statt für saubere Toiletten zu sorgen – damit wir denken: Aha, auch hinter den Kulissen stimmt es –, muss er sich nun ganz darauf konzentrieren, dass seine „Gegenleistung" stimmt. So weit, so nachvollziehbar. Und doch liegt hier der Keim für einen rundum ärgerlichen und oftmals vermeidbaren Vertrauensverlust. Denn worin diese „Gegenleistung" im Einzelnen besteht, darüber gibt es unterschiedliche Vorstellungen.

Gar nicht einmal zu Unrecht geht der Vertrauensnehmer davon aus: Wenn Sie Vertrauen gefasst haben, dann stecken Sie zumindest ein wenig in der „Vertrauensfalle" (→ S. 163). Sie wollen, dass die Sache gut geht, neigen zu einer gewissen Sorglosigkeit und lassen ihm freie Bahn. In dieser Annahme liegt aber auch eine gewisse Gefahr – für den Vertrauensnehmer. Er wird unaufmerksam, vernachlässigt womöglich diejenigen, von denen er meint, dass sie ihm vertrauen. Und konzentriert seine Anstrengungen darauf, die zu beeindrucken, die ihm (noch) nicht vertrauen.

Das mag zwar verständlich sein. Doch fällt uns solch ein Verhalten bei jemandem auf, dem wir unser Vertrauen geschenkt haben, dann ist er bei uns „unten durch". Wir fühlen uns vernachlässigt, hereingelegt und eigentlich bestraft dafür, dass wir ihm vertraut haben.

Beispiel: Altabonnenten

Ein vergleichsweise harmloses Beispiel, das die Sache aber anschaulich macht: Haben Sie lange Jahre eine Zeitung oder Zeitschrift abonniert, sind Sie womöglich über die üblichen Praktiken der Verkaufsförderung verärgert. Neuabonnenten erhalten Vergünstigungen aller Art, die immer größere Dimensionen annehmen. Sie als alter Stammleser bekommen gar nichts.

Enttäuschte Erwartungen

Wenn Lappalien dafür sorgen, dass wir unser Vertrauen verlieren, so hat das manchmal einen sehr einfachen Grund: Die Gegenseite hat uns zu Anfang ganz besonders beeindruckt, um unser Vertrauen zu erwerben. So etwas schürt jedoch auch Erwartungen. Und niemand möchte der Trottel sein, der sich von dem Vertrauensnehmer einlullen lässt. Bei dieser Ausgangslage können die erwähnten Lappalien eine überwältigende Bedeutung bekommen. Für sich genommen fallen sie kaum ins Gewicht. Es ist sogar möglich, dass Sie gar keinen großen Wert auf die betreffende Sache legen müssen. Sie kann Ihnen unwichtig sein. Was jedoch zählt, das ist die Haltung, die Sie bei Ihrem Gegenüber vermuten, wenn er sich um diese Kleinigkeiten nicht mehr kümmert. Die sind ihm nicht mehr so wichtig, also folgern Sie, dass auch Sie ihm nicht mehr wichtig sind.

Beispiel: Der Drehstuhl

Vor ein paar Jahren habe ich in einem Fachgeschäft ein Stehpult mit einem dazugehörigen Drehstuhl erworben. Die Beratung war sehr gut; schnell fasste ich Vertrauen. Der Inhaber erklärte, selbstverständlich werde er das schwere Stehpult und den Drehstuhl in mein Büro liefern, was mir die Sache wesentlich erleichterte. Ich dachte: welch ein exzellentes Fachgeschäft. Meinen nächsten Schreibtisch sollte ich wohl dort kaufen. Nun wurde das Stehpult eher ausgeliefert als der Drehstuhl. Und ich bekam es tatsächlich in mein Büro gebracht. Zwei Wochen später war auch der Drehstuhl da. Ich bekam einen Anruf: Sie können den Stuhl abholen. Aber mir war doch zugesagt worden, dass er mir ins Büro geliefert werde, erklärte ich. Daraufhin meinte der Inhaber lapidar, dies sei ein „zu großer Aufwand". Ich müsse den Stuhl schon selbst transportieren.

Um dieses Beispiel zu verstehen, sind zwei Erläuterungen nötig: Mir leuchtete völlig ein, dass der Inhaber nicht wegen eines einzigen Drehstuhls durch die halbe Stadt fahren wollte, zumal ich mir den einfach unter den Arm klemmen und selbst in mein Büro tragen konnte. Dennoch hat das Fachgeschäft sein Vertrauen verspielt. Und zwar wegen der Art und Weise, mit der mir erklärt wurde, man werde den Stuhl nicht liefern, weil dies ein „zu großer Aufwand" sei. Der entscheidende Punkt liegt in der Abweichung von dem Verhalten vor und nach dem Kauf. Hätte mir der Inhaber vorher erklärt: „Den Drehstuhl müssen Sie selbst abholen!", alles wäre in Ordnung gewesen. So aber muss ich mir einfach schlecht behandelt vorkommen. Vertrauen kann ich zu diesem Geschäft nicht mehr haben.

Verräterische Gesten und Halbsätze

Manche dieser Lappalien lassen sich einfach vermeiden. So ist es gewiss ein hilfreicher Grundsatz, keine Versprechungen zu machen, die man nicht halten kann. Und wenn man doch solch ein Versprechen gegeben hat, dann ist es die schlechteste Methode, einfach darüber hinwegzugehen, so banal und nebensächlich einem die Angelegenheit auch vorkommen mag. Ihre Vertrauenswürdigkeit steht und fällt damit, ob Sie Ihre Zusagen einhalten. Einen geradezu fatalen Eindruck hinterlassen Sie, wenn sich herausstellt, dass Sie schon vorher gewusst haben: Das wird nichts. Man muss noch einmal unterstreichen, dass es fast unerheblich ist, ob es sich dabei um eine Nichtigkeit handelt. Gerade wenn Sie einfach über diese Lappalien hinweggehen, verlieren Sie Vertrauen.

Ein weiteres Feld sind unbedachte Äußerungen oder verräterische Gesten. Die lassen sich nicht so ohne Weiteres vermeiden. Denn sie rutschen einem ja heraus – gegen den eigenen Willen. Und sie lassen sich nicht mehr zurückholen, erklären, geradebiegen, ja, jede „Reparaturmaßnahme" verstärkt noch den Argwohn. Das Fatale – oder Nützliche, je nach Blickrichtung – an diesen Ausrutschern ist, dass sie einen Blick hinter die Fassade der Vertrauenswürdigkeit eröffnen. Jemand macht einen geschmacklosen Witz über seine Kunden oder äußert sich verächtlich über jemanden, der in einer ähnlichen Lage ist wie Sie – und Sie ahnen, was er wirklich von Ihnen hält.

Tipp: Vorsicht vor Scherzen und Zeichen der Ungeduld
Besonders gefährlich sind in diesem Zusammenhang flapsige Bemerkungen oder Scherze, mit denen Sie womöglich die Stimmung etwas auflockern möchten. Ähnlich fatal kann es wirken, wenn Sie Zeichen der Ungeduld zeigen, während Ihr Gegenüber spricht. Wer auf die Uhr schaut oder gar die Augen verdreht, verhält sich respektlos.

Kulissenmalerei

Gegen Ende des ersten Kapitels hatten wir erwähnt, dass wir eine Fassade der Authentizität errichten, um Vertrauen zu gewinnen. Gefährlich wird das allerdings, wenn wir den Eindruck gewinnen, dass sich hinter der Fassade nicht mehr viel befindet. Oder sagen wir besser: dass dort wie im Theater die Bühnenmechanik verborgen ist und wir uns von bloßen Vertrauenskulissen umstellt sehen.

Man gaukelt uns die Existenz „unseres Kundenbetreuers" vor, der sich jedoch nur per Suchmaske unsere persönlichen Daten auf seinen Bildschirm lädt, um uns „persönlich zu beraten". Wir telefonieren mit einem Callcenteragenten, der vorgibt, sich im „Servicecenter" des betreffenden Unternehmens zu befinden, bei dem er nicht einmal angestellt ist und dessen Beratungsleistung mit der Stoppuhr überwacht wird. Auch wenn wir dadurch gar keinen Nachteil erleiden, es ist diese Verlogenheit, dieses Vortäuschen von persönlicher Nähe und Sympathie, das so schwer erträglich ist und uns signalisiert: Auf diese Kulissenwelt kannst du gewiss nicht bauen.

Das Vertrauen erodiert

Im Unterschied zum Vertrauensbruch sind die Folgen erst einmal nicht dramatisch, wenn uns eine „Lappalie" ärgert. Man schlägt nicht Alarm, beschwert sich nicht, sondern denkt sich still: Aha, so ist das also. Es dürfte eher die Regel als die Ausnahme sein, dass der andere gar nicht bemerkt, dass er unser Vertrauen verloren hat. Wir kaufen das nächste Mal woanders, wechseln unseren Arzt oder kündigen unseren Handyvertrag. Oder nicht einmal das. Sondern wir unterlassen einfach etwas, das wir sonst getan hätten. Wir legen kein Wertpapierdepot an, wir verzichten auf den Einkauf, wir sprechen anderen gegenüber keine Empfehlung aus, sondern raten ab, sogar wenn wir noch Kunde sind, also bis auf Weiteres „in Notwehr" vertrauen (→ 24).

Dabei ist es eine gern gehegte Illusion, man könne den Vertrauensschwund „messen" durch Befragungen oder durch die Anzahl der Beschwerden. Tatsächlich kann die Zunahme von Beschwerden ein Ausdruck gewachsenen Vertrauens sein – nämlich in die Effektivität des Beschwerdemanagements. Umgekehrt gilt: Gerade wenn ich wegen einer „Lappalie" mein Vertrauen verloren habe, werde ich kaum den Weg der Beschwerde gehen. Und den Bewertungsbogen mit der Überschrift „Bitte helfen Sie uns, noch besser zu werden" werde ich stillschweigend in den Papierkorb werfen.

Der Vertrauensbruch

Sie werden (leider) fast von jedem einmal getäuscht, wenn es auf etwas ankommt (das ist das Überlebensprinzip)." – Günther Beyer: Der Lüge auf der Spur

Ein schwerer Vertrauensbruch gehört zu den schlimmsten Erfahrungen, die wir machen können. Wir haben uns auf jemanden verlassen und der hat das zu unserem Nachteil ausgenutzt. Er hat uns getäuscht und betrogen. Ein solches Erlebnis kann uns den Boden unter den Füßen wegziehen. Wir sind handlungsunfähig und orientierungslos. Wir wissen nicht mehr, woran wir uns halten sollen. Daher sind wir bestrebt, uns solche Erfahrungen zu ersparen. Manche versuchen das Problem dadurch zu lösen, indem sie den Vertrauensbruch nicht wahrhaben wollen. Dass dadurch das Elend noch verschlimmert wird, liegt auf der Hand (→ „Die Vertrauensfalle").

Eine mildere und wohl auch häufiger angewandte Strategie, mit einem Vertrauensbruch fertig zu werden: Wir suchen nach Erklärungen und entschärfen die Sache. Womöglich geben wir uns ein wenig selbst die Schuld – paradoxerweise, um uns zu entlasten. Ja, an dieser Stelle waren wir zu leichtsinnig. Da hätte es uns auffallen müssen. Und durch dieses oder jenes Verhalten haben wir den anderen noch ermutigt. Beim nächsten Mal wird uns das nicht passieren. Wir sind gewappnet.

Und selbstverständlich hat auch derjenige, der den Vertrauensbruch begangen hat, seine Erklärung anzubieten: Andere haben ihn angestachelt, eigentlich wollte er uns gar nicht hereinlegen, oder irgendeine seltsame Macht hat Besitz von ihm ergriffen. Man muss es deutlich sagen: Auch derjenige, der einen schweren Vertrauensbruch begangen hat, kann kaum damit fertig werden – vorausgesetzt, dass die Sache auffliegt.

Allerdings gibt es den Vertrauensbruch auch ein paar Nummern kleiner: bei niedrigerer Betriebstemperatur und bei geringerem Schaden. Das schmerzt dann bei weitem nicht so sehr. Dafür kommen diese kleinen Brüche unseres Vertrauens weit häufiger vor. Wir nehmen sie durchaus auch in Kauf. Und das sollten wir auch tun, nicht zuletzt, weil wir aus ihnen lernen.

Gründe für einen Vertrauensbruch

Bei einem Vertrauensbruch gibt es einen gewissen Widerspruch. Eigentlich kann es sich niemand leisten, einen Vertrauensbruch zu begehen. Denn unsere Vertrauenswürdigkeit hängt davon ab, dass wir uns so etwas nicht zuschulden kommen lassen. In den Worten des Konfuzius: „Ich begreife nicht, wie ein Mensch ohne Vertrauenswürdigkeit bestehen kann. Das wäre wie ein großer Wagen ohne Joch, wie ein kleiner Wagen ohne Deichsel. Wie könnte er überhaupt fahren?" Da auch und gerade derjenige „weiterfahren" will, der das Vertrauen seiner Mitmenschen enttäuscht, braucht er Gründe für seinen Vertrauensbruch, und zwar zwingende Gründe.

In der Tat lassen sich solche Gründe immer wieder finden. Zum Beispiel bei der Aufdeckung von Korruption. Wie Korruptionsermittler festgestellt haben, haben diejenigen, die bestechen oder sich bestechen lassen, immer besondere Gründe dafür. Nicht sie haben den Vertrauensbruch herbeigeführt, sondern andere. Sich selbst halten sie eher für das Opfer als für den Täter und für vollkommen vertrauenswürdig. Sie nehmen sich nur das, was ihnen zusteht. Würden sie das nicht tun, dann würden sie noch stärker ins Hintertreffen geraten.

Versuchen wir, die Gründe zu verdichten, so zeigen sich drei Hauptmotive:

- Gegenwehr: Der andere hat mich reingelegt. Es gibt irgendeinen Anlass, ihm etwas übel zu nehmen und dadurch den Vertrauensbruch als gerechtfertigt hinzustellen.
- Veränderte Situation: Die Voraussetzungen, auf denen unser Vertrauensverhältnis gründeten, bestehen nicht mehr.
- Höhere Ziele: Ich sehe mich gezwungen, das Vertrauen zu enttäuschen, um ein Ziel zu erreichen, das mir wichtiger ist.

Gerade wenn es um Gegenwehr oder die veränderte Situation geht, sind die Gründe häufig nur vorgeschoben. Man sucht einen Anlass, um das Vertrauen brechen zu können, womöglich auch weil sich das Vertrauensverhältnis ein wenig abgenutzt hat. Man hat sich Verpflichtungen aufgeladen, die einem in der gegenwärtigen Situation nur noch lästig sind.

Beim dritten Motiv, den „höheren Zielen", können neue Loyalitäten ins Spiel kommen, die dem anderen größere Vorteile verschaffen (denn beim Vertrauen ist die Frage ganz entscheidend: Welchen Nutzen habe ich – letztlich?). Oder aber der andere hat von vornherein, die Absicht gehabt, mich zu täuschen. Dass ich ihm auf den Leim gegangen bin, ist selbstredend meine Schuld: entweder weil ich „so dumm" gewesen bin, oder weil ich zu den Leuten gehöre, die man grundsätzlich belügen und betrügen darf – denn sie gehören nicht zu den „eigenen Leuten", sondern sind deren Feinde.

Tipp: Seien Sie sensibel für gefährliche Konstellationen

Ein Vertrauensbruch lässt sich nicht verhindern. Denn Vertrauen besteht ja nur unter der Bedingung, dass ein solcher Bruch *möglich* ist. Sie können aber eine gewisse Sensibilität dafür entwickeln, ob die Bedingungen einen Vertrauensbruch begünstigen: Fühlt sich der andere benachteiligt? Hat sich Ihr Vertrauensverhältnis für ihn womöglich nicht „ausgezahlt"? Ist eine Änderung eingetreten? Haben Sie selbst an Einfluss verloren? Oder sägt gerade jemand emsig an Ihrem Stuhl, der das Vertrauen des anderen gewinnen könnte? In solchen Fällen ist es ratsam, sich ein wenig vorzusehen und mit dem eigenen Vertrauen nicht zu sorglos umzugehen.

Die vorsätzliche Täuschung des anderen

Zu einem Vertrauensbruch gehört, dass der andere uns absichtlich hereinlegt. Er spiegelt uns falsche Tatsachen vor und versucht, die ernüchternde Wahrheit vor uns zu verheimlichen. Wenn wir an die beiden Säulen des Vertrauens denken (→ S. 34), so betrifft ein Vertrauensbruch immer die Loyalität und nicht die Kompetenz. Es ist das „fundamentale Wohlwollen", das dem anderen fehlt, nicht die Leistungsfähigkeit. Wer in dieser Hinsicht versagt, begeht keinen Vertrauensbruch. Er mag uns enttäuschen, aber das Fundament unserer Beziehung bleibt intakt.

Ganz anders beim Vertrauensbruch. Die Beziehung ist erst einmal zerstört. Und bei einem schweren Vertrauensbruch wird es nur in Ausnahmefällen gelingen, zu normalen Verhältnissen zurückzukehren. Darüber hinaus beeinflusst der Vertrauensbruch aber auch den Umgang mit anderen. Es fällt uns schwer, zur Tagesordnung zurückzukehren, wenn uns jemand hereingelegt hat, dem wir vertraut haben.

Dabei muss es gar nicht immer nur der Vertrauensnehmer sein, der den anderen täuscht. Weit verbreitet ist auch der Vertrauensbruch durch den Vertrauensgeber – gerade im Berufsleben. Jemand macht Ihnen vor, dass er Ihnen vertraut. Doch mit einem Mal stellt sich heraus, dass dies gar nicht der Fall ist. Und zwar oftmals dann, wenn Sie sich in den Augen des anderen nicht korrekt benommen haben, wenn der vermeintliche Vertrauensgeber der Ansicht ist, *Sie* hätten sein Vertrauen missbraucht. Das mag sogar so sein. Allerdings steht es dann im internen Vergleich 1 zu 1: Keiner kann sich auf den anderen verlassen. Was zu beweisen war.

Fliegt die heimliche Überwachung jedoch auf, ohne dass Sie sich etwas haben zuschulden kommen lassen, ist Ihr Vertrauensverhältnis ebenfalls beschädigt. Oder wie würden Sie sich fühlen, wenn Sie feststellen, dass Ihr Vorgesetzter ohne Ihr Wissen Ihren Schreibtisch und die Internetseiten kontrolliert, die Sie während der Bürozeit aufgerufen haben? Von einem Vertrauensverhältnis kann ganz gewiss nicht die Rede sein. Erschwerend kommt hinzu, dass solchen Vertrauensgebern oft gar nicht klar zu sein scheint, was sie da eigentlich anrichten. Sie fühlen sich sogar noch im Recht und erklären strahlend, dass Sie den Vertrauenstest bestanden hätten. Dass sie selbst dabei mit Pauken und Trompeten durchgefallen sind, entgeht ihnen völlig.

Verdachtsmomente

Nun muss man aber sorgfältig trennen: Selbstverständlich ist es ein gravierender Unterschied, ob jemand Ihr Vertrauen missbraucht und Sie halb traumatisiert oder ob sich jemand so armselig benimmt, dass er vorgibt, Ihnen zu vertrauen, während er Sie heimlich überwacht. Und es ist noch etwas hinzuzufügen: Gibt es begründete Indizien, dass Sie den anderen hereinlegen, dann ist der andere gut beraten, diesem Verdacht auf den Grund zu gehen. Nun mag sich jeder, der nicht vertraut, auf diese Verdachtsmomente berufen. Doch genau das ist der Punkt: Es sind die Verdachtsmomente, die das Vertrauen unterhöhlen. Der andere müsste die Augen vor diesen Indizien verschließen (was ja auch immer wieder geschieht). Es geht genau darum, wie stichhaltig die Hinweise sind. Es ist durchaus denkbar, dass jemand nachvollziehen kann, wie er „in Verdacht" geraten ist. Und in diesem Fall wird er auch Verständnis dafür aufbringen, dass man diesen Verdacht klären möchte. Dabei versteht sich von selbst, dass die Verhältnismäßigkeit der Mittel gewahrt bleiben muss.

Das Unangenehme bei der Sache ist, dass sich solch ein Verdacht oft nicht restlos aufklären lässt. Dann schwelt er weiter und zerstört Vertrauen. Womöglich bemerken Sie, dass Ihr Vorgesetzter sich Ihnen gegenüber so seltsam reserviert verhält. Aber was sollen Sie tun? Womöglich hat jemand ein Gerücht gestreut oder Ihren Chef gewarnt. Sagen wir es deutlich: An einem bloßen Verdacht kann ein Vertrauensverhältnis zerbrechen. Und möglicherweise hat ein Dritter genau das beabsichtigt.

Tipp: Lassen Sie einen Verdacht nicht weiterschwelen
Finden sich Anhaltspunkte, dass der andere Sie täuscht, sollten Sie dem schnell und gründlich nachgehen. Erwägen Sie die Möglichkeit, dass jemand Informationen streut, um dem anderen zu schaden, und dabei so klug ist, nicht selbst in Erscheinung zu treten. Nach einer angemessenen Frist sollten Sie zu einem Urteil kommen: Hat sich der Verdacht bestätigt oder gibt es weitere Anhaltspunkte, lassen Sie das Vertrauensverhältnis ruhen. Ansonsten sollten Sie sich entschließen, dem anderen unvermindert Ihr Vertrauen zu schenken. Neider spekulieren nämlich gerade darauf, dass der Verdacht nie wieder erlischt, wenn er einmal entfacht wurde.

Beziehungsabbruch und Verarbeitung

Die nahe liegende Reaktion auf einen Vertrauensbruch besteht darin, die Beziehung zu der betreffenden Person abzubrechen oder den Kontakt auf ein absolutes Minimum zu beschränken. Es muss jedoch noch etwas hinzukommen, damit wir wieder Vertrauen fassen können. Wir müssen uns einen Reim auf die Sache machen können. Wie war der Vertrauensbruch möglich? Wie können wir so etwas in Zukunft verhindern? Bei einem schweren Vertrauensbruch sind wir manchmal gezwungen, die Dinge in Frage zu stellen, die wir für gewiss gehalten haben. Das ist ein mühsamer und manchmal recht langwieriger Prozess. Und doch bleibt er uns nicht erspart. Denn wir müssen uns neu orientieren.

Kleinere Vertrauensbrüche stecken wir wesentlich leichter weg. Hier kann es durchaus vorkommen, dass wir mit dem Betreffenden noch zusammenarbeiten (müssen). Das ist auch möglich, wenn wir die Betriebstemperatur des Vertrauens entsprechend herunterfahren. Aber auch hier sollten wir versuchen, eine Erklärung zu finden, und für uns die Frage beantworten: Wie kann ich in Zukunft so einen Vertrauensbruch verhindern? In manchen Fällen müssen wir uns vielleicht eingestehen: Es ist nicht möglich. Ein gewisses Risiko, ausgetrickst zu werden, müssen wir eingehen, wenn wir etwas erreichen wollen. Sich darüber klar zu werden, ist unabdingbar.

Das schwankende Schilfrohr

„Eine kleine Ungenauigkeit erspart bisweilen
Unmengen von Erklärungen." – Hector Hugh Munro (Saki)

Vertrauen verlieren durch Offenheit, Ehrlichkeit, Transparenz – wie geht das? Nun, es wird zwar gerne behauptet, aber es stimmt einfach nicht, dass wir denen vertrauen, die rückhaltlos ehrlich zu uns sind. Die sagen, wie die Dinge sind und uns teilhaben lassen an ihren Überlegungen. Viel eher vertrauen wir denjenigen, die sagen, wie wir die Dinge gerne hätten und die ihre Überlegungen für sich behalten. Und weil zwischen beidem häufig ein gewaltiger Unterschied klafft, genießen diejenigen, die alles offen, ehrlich und transparent halten, keineswegs übermäßig viel Vertrauen. Ja, durch ein Übermaß an Transparenz können Sie Vertrauen sogar verspielen.

Und zwar aus zwei Gründen: Einmal kann das, was Sie wissen, für den anderen eine regelrechte Zumutung sein. Es nützt ihm nichts, sondern macht ihm womöglich nur Angst, wenn Sie ihn an diesem Wissen teilhaben lassen. Solche Fragen mögen Sie ethisch in schwieriges Fahrwasser bringen. Denn natürlich dürfen Sie den anderen nicht belügen. Dadurch verlieren Sie nun erst recht Vertrauen, wenn auch mit zeitlicher Verzögerung. Hingegen büßen Sie sofort und ebenso sicher Vertrauen ein, wenn Sie dem anderen eine Wahrheit zumuten, die ihn überfordert, ja, die er nicht verkraftet. Ein Mediziner, der seinem Patienten die Hoffnung nimmt, wieder zu gesunden, kann ebenso wenig auf Vertrauen rechnen wie der Experte, der die Katastrophe ankündigt, vor der wir uns nicht mehr schützen können.

Der zweite Grund hängt damit zusammen: Sie brauchen einen geschützten Raum, zu dem der andere, der Ihnen vertrauen soll, *keinen* Zugang hat. Eben deshalb ist Vertrauen ja so eine gute Sache: Weil Sie unbehelligt von den Blicken anderer *machen* dürfen, weil Sie für einen begrenzten Zeitraum freie Hand haben und sich nicht für jeden Handgriff und Vorschlag, den Sie ventilieren, rechtfertigen müssen. Dringt davon etwas nach draußen, wird es in aller Regel falsch aufgefasst, Sie müssen richtig stellen und verlieren Vertrauen.

Transparenz kann Verunsicherung schaffen

Im Allgemeinen herrscht die Vorstellung: Je transparenter es zugeht, umso besser für das Vertrauen. Doch das ist nicht so. Übernehmen Sie für eine bestimmte Aufgabe die Verantwortung, so genießen Sie vor allem dann Vertrauen, wenn Ihr Vertrauensgeber den Eindruck hat: Bei Ihnen ist die Sache in sicheren Händen. Dieser Eindruck stellt sich aber nicht ein, wenn Sie unter ständiger Beobachtung stehen, wenn Sie dem Vertrauensgeber laufend Nachricht geben, welche Pläne Sie gerade entwickeln und zu welcher Einschätzung Sie momentan neigen.

Würde Ihr Vertrauensgeber jede Vermutung mitbekommen, die Sie anstellen, er würde nicht mehr Vertrauen zu Ihnen haben, sondern er wäre verunsichert. Daher sollten wir uns noch einmal in Erinnerung rufen, weshalb wir überhaupt jemandem vertrauen: Wir möchten Einfluss nehmen in einem Bereich, den wir nicht durchschauen oder mit dem wir uns nicht beschäftigen können. Wir vertrauen, damit unser Leben einfacher wird und wir unsere Reichweite vergrößern. Wenn ich Ihnen jetzt vollen Einblick gewähre, dann wird die Sache für Sie nicht einfacher, sondern verwirrender. Ich muss das, was ich für Sie leiste, vereinfachen, und ich muss eine gewisse Sicherheit ausstrahlen. Sonst trauen Sie mir nicht. Aber genau diese Sicherheit habe ich nicht, wenn ich ständig unter Beobachtung stehe.

Der Mensch ist „nur ein schwankendes Schilfrohr", hat der Philosoph Blaise Pascal einmal formuliert. Wir sind unstetig und schwach. Das mag vor allem dann zutreffen, wenn wir eine schwierige Aufgabe angehen. Wissen wir denn, ob wir sie erfolgreich bestehen werden? Lassen wir diejenigen, die uns vertrauen sollen, an unseren Schwankungen und an unserer Unsicherheit teilhaben, so werden sie gleichfalls verunsichert und uns ihr Vertrauen entziehen.

Die nötige Entlastung

Es kommt noch etwas hinzu: Nahezu in jeder Branche ändert sich der Umgangston, wenn man unter sich ist, wenn der Vorgesetzte, die Kunden und andere Vertrauensgeber außer Hörweite sind. Würden die Bemerkungen, die dann fallen, an deren Ohren gelangen, sie wären schockiert und würden ihr Vertrauen vermutlich verlieren. Dabei sind diese Bemerkungen keineswegs ein Indiz für mangelnde Vertrauenswürdigkeit. Vielmehr dienen sie der Entlastung und schaffen unter den Kollegen ein Gefühl der Verbundenheit. Man macht sich über seinen Chef oder die verehrten Kunden lustig, nicht weil man ihnen Böses will, sondern weil es einfach leichter fällt, seine Aufgabe zu erfüllen, wenn man auch einmal ungehemmt über sie herziehen darf.

Wenn Sie dieses Ventil aus Gründen der Transparenz schließen, machen Sie die Aufgabe für die Betreffenden keinesfalls leichter.

Verantwortungsloses Vertrauen

Wenn Sie jemandem vertrauen, übertragen Sie einen Teil Ihrer Verantwortung auf ihn. Wie wir gesehen haben, bringt das manche Vorteile mit sich („Die schmutzigen Hände"). Auf der anderen Seite aber werden Sie Ihre Verantwortung nicht los. Ja, es wächst Ihnen neue Verantwortung zu. Denn Sie sind verantwortlich dafür,

- *wem* Sie vertrauen und
- aus welchen *Gründen* Sie das tun.

Die Folge: Ein allzu leichtfertiger und wahlloser Umgang mit Vertrauen sorgt dafür, dass Ihr Vertrauen ausgenutzt wird. Oder aber Sie überfordern den anderen. Er ist gar nicht in der Lage, das zu leisten, was Sie von ihm erwarten. Dennoch übertragen Sie ihm das Vertrauen (nach dem „Push"-Prinzip, → S. 28). Auf eine kurze Formel gebracht: Zu viel Vertrauen untergräbt Vertrauen. Aber es ist nicht nur eine Frage von Maß und Übermaß, sondern es ist entscheidend, auf welchem Fundament Ihr Vertrauen überhaupt steht.

Vertrauen braucht gute Gründe

Wird unser Vertrauen enttäuscht, dann hat unser Gegenüber oft eine verblüffende Rechtfertigung parat: Wir haben ihm die Sache leicht gemacht. Wir waren naiv, unbekümmert, ja womöglich auch ein bisschen dumm. Wir hätten doch wissen müssen, zum Beispiel: dass Bankberater Produkte empfehlen, für die sie eine (möglichst hohe) Provision bekommen. Dass überhaupt diejenigen, die mit uns „Beratungsgespräche" führen, dies nicht tun, um uns einen guten Rat zu erteilen, sondern um ein bestimmtes Produkt zu verkaufen. Wo leben wir eigentlich, dass wir wolkigen Versprechungen oder unverbindlichen Garantien Glauben schenken? Wie konnten wir nur diesem lächerlichen Schwindler mit dem schlecht sitzenden Anzug auf den Leim gehen und ihn für einen vermögenden Geschäftsmann halten?

Nun, natürlich handelt es sich dabei um Schutzbehauptungen. Uns soll die Schuld dafür in die Schuhe geschoben werden, dass uns ein anderer übers Ohr gehauen hat. Aber ein bisschen ist schon dran an der Sache. Denn es liegt eben auch an uns, ob wir uns darauf einlassen und unter welchen Bedingungen. Vertrauen muss sich bewähren, tiefes Vertrauen muss man sich auch erst verdienen, sonst *entwerten* Sie Ihr Vertrauen. Ja, es lohnt sich für die anderen kaum, sich als besonders vertrauenswürdig zu empfehlen, wenn Sie wahllos vertrauen.

Darüber hinaus können Sie auch aus den „falschen Gründen" vertrauen. Wenn jemand Ihr Vertrauen nur findet, weil er Ihnen nach dem Mund redet, dann werden Sie sich mit einem Kreis von Jasagern umgeben. Ob die besonders vertrauenswürdig sind, darf man bezweifeln. Denn dazu fehlt ihnen eine nützliche Eigenschaft: Aufrichtigkeit.

Beispiel: Geht nicht, gibt's nicht

Philipp Klusmeier ist Geschäftsführer einer kleinen Softwarefirma. Er misstraut jedem Bedenkenträger. Seine Devise lautet „Geht nicht, gibt's nicht". Wer die nicht verinnerlicht hat, den lässt er nicht an sich heran. Die Konsequenz: Klusmeier bleibt von allen schlechten Nachrichten abgeschirmt. Seine Firma gerät deshalb in ernsthafte Schwierigkeiten.

Die Bodenhaftung verlieren

Eine weitere Gefahr droht, wenn Sie sich von Ihrem Vertrauensnehmer entfernen und beispielsweise einen weiteren Vertrauensnehmer dazwischenschalten, auf den Sie sich ebenfalls verlassen müssen. In solchen Fällen wird nicht nur die Verantwortung noch weiter verwässert. Wir sind auch immer schlechter in der Lage, das Risiko noch angemessen zu kalkulieren.

Haben Sie direkt mit mir zu tun, dann wissen Sie noch relativ gut, inwieweit Sie mir vertrauen können, was mir ohne Schwierigkeiten gelingt und was Sie mir besser nicht zumuten – auch wenn ich der Überzeugung bin, da lägen meine eigentlichen Talente. Geht es aber um das Vertrauen zu einem Dritten, den Sie nur durch mich erreichen, wird es schon sehr viel schwieriger. Sie vertrauen darauf, dass ich diesem Dritten zu Recht vertraue. Der entscheidende Punkt hier: Unser Gefühl für das Risiko, das wir in solchen Fällen eingehen, wird diffus. Und dieses Gefühl brauchen wir, um uns zu orientieren. Es ist unser Kompass, der es uns ermöglicht, mit Vertrauen und Risiko vernünftig umzugehen. Kommt er uns abhanden, verlieren wir die Bodenhaftung und treffen waghalsige Entscheidungen. Wir verlassen uns einfach darauf, dass die Sache gut gehen wird, ohne gute Gründe. Und wenn das sehr viele Menschen tun, dann stürzt eines Tages das gesamte System zusammen, ohne dass jemand sagen könnte, warum das geschehen ist und wer eigentlich die Verantwortung dafür trägt. Genau das ist verantwortungsloses Vertrauen.

Beispiel: Kreative Finanzprodukte
Die weltweite Finanzkrise wurde nicht zuletzt ausgelöst durch die „Verbriefung" von US-Hypothekendarlehen, die an Schuldner mit niedriger Bonität vergeben wurden. Das Ausfallrisiko war also nicht unerheblich. Doch durch die „Verbriefung" konnte es weiterverkauft werden. Die Bodenhaftung ging jedoch erst richtig durch die „Verbriefung zweiter Stufe" verloren: Die riskanten Kredite wurden gestückelt und zu neuen Paketen zusammengestellt, in die noch weitere Finanzprodukte gepackt wurden. Dadurch sollte das Risiko auf viele Schultern verteilt und gesenkt werden. Tatsächlich wurde es beträchtlich erhöht. Denn niemand durchschaute mehr, was sich überhaupt in den Paketen befand, die zudem noch von den Ratingagenturen als relativ risikolos bewertet wurden.

Der Verantwortungsnehmer

Der Kabarettist Gerhard Polt hat die Figur des „Verantwortungsnehmers" erfunden. Dabei handelt es sich um jemanden, der eigentlich gar keinen Einfluss darauf hat, wie sich die Dinge entwickeln. Er muss jedoch die Verantwortung dafür übernehmen. Trotz aller satirischer Überzeichnung muss man sagen: Genau das kann Ihnen auch passieren. Sie verlieren das Vertrauen, obwohl Sie sich gar nichts haben zuschulden kommen lassen. Doch als „Verantwortungsnehmer" müssen Sie dafür geradestehen, wenn die Dinge nicht so gut laufen, wie sie sollten.

Das Prinzip Verantwortung

Wir haben es ja schon mehrmals angesprochen: Verantwortung ist nicht etwas, das Sie haben. Vielmehr wird Verantwortung *zugeschrieben*. Auch wir selbst schreiben sie uns zu, und wie manche Experimente aus der Hirnforschung zeigen, durchaus nicht immer zu Recht. Das soll hier jedoch nicht unser Thema sein. An dieser Stelle geht es mir darum, auf Folgendes aufmerksam zu machen: Wir brauchen das Konzept der Verantwortung. Sonst könnten wir unser Leben nicht organisieren und unser Vertrauen würde sich sofort in Luft auflösen.

Denn Vertrauen gründet auch darauf, dass jemand uns einen Teil der Verantwortung abnimmt. Schenke ich Ihnen Vertrauen, dann hängen Sie gewissermaßen „mit drin". Geht die Sache schief, dann kann ich Ihnen die Verantwortung dafür zuschreiben – und andere können es auch. Inwieweit ich selbst eine Mitverantwortung trage, ist noch einmal eine andere Frage.

Damit soll keineswegs der Eindruck erweckt werden, Verantwortung sei etwas Willkürliches, weil sie ja nur „zugeschrieben" werde. Das Gegenteil ist der Fall. Die Zuschreibung von Verantwortung gelingt nur, wenn sie schlüssig und überzeugend ist. Erstellen Sie als mein Steuerberater eine fehlerhafte Steuererklärung, dann sind Sie dafür verantwortlich. Und Sie bleiben es auch dann noch, wenn Sie Ihrer Steuerfachgehilfin diese Aufgabe übertragen haben.

Beispiel: Verdorbene Sahne
Dass es in dieser Frage auch abweichende Ansichten gibt, habe ich in diesem Sommer in einem Eiscafé erlebt. Meine Tochter bekam einen Eisbecher mit verdorbener Sahne. Auf meine Reklamation hin erklärte die Inhaberin: Dieser Fall sei jetzt aber schwierig zu lösen, da man die „Packung an den Hersteller zurücksenden" müsste. Besser hätte sie uns nicht klarmachen können, wie es um die Vertrauenswürdigkeit ihres Cafés bestellt war.

Ohne Verantwortung kein Vertrauen

Wer Vertrauen will, der muss bereit sein, Verantwortung zu übernehmen – oder besser: sich zuschreiben zu lassen. Und zwar auch für Dinge, auf die er nur bedingt oder gar keinen Einfluss hat. Dabei sind solche sehr greifbaren Sachverhalte wie die unkorrekte Steuererklärung oder die verdorbene Sahne im Eisbecher nur der handfeste Anfang. Als Vertrauensnehmer müssen Sie sich noch ganz andere Auswirkungen zuschreiben lassen. Nicht zuletzt deshalb wird Ihnen ja vertraut.

In dieser Situation befinden sich vor allem Führungskräfte. Natürlich lassen sich auch ihnen eindeutige Fehler zurechnen, etwa wenn sie einem Mitarbeiter eine wichtige Aufgabe übertragen haben, der dafür gar nicht qualifiziert ist. Oder wenn sie ihn nicht richtig informieren.

Doch bei ganz entscheidenden Dingen liegt es nicht so klar auf der Hand, was sie richtig oder falsch gemacht haben. Der Umsatz, der in der Abteilung erwirtschaftet wurde, ist gesunken. Lag das wirklich am Verhalten des Abteilungsleiters? Und wenn man das annimmt: Wo lag denn genau der Fehler? Auf welche Maßnahme ist der Einbruch zurückzuführen?

Wir wissen zwar, dass die Welt nicht so funktioniert. Dass es ein Bündel an Einflüssen gibt, von denen sich die meisten wohl dem Zugriff des Abteilungsleiters entziehen. Und doch muss er für „die Zahlen" geradestehen. Unter Umständen lassen sich plausiblere Erklärungen finden: Das Verhalten der Konkurrenz, die Rohstoffpreise, die schwierige Situation am Markt. Das mag Sie als „Verantwortungsnehmer" eine Zeit lang entlasten. Das Problem ist nur, dass früher oder später die Sache kippt. Man findet keine Schuld bei Ihnen, aber Sie haben kein Vertrauen mehr. Sie müssen gehen oder auf eine neue Stelle wechseln. Womöglich wendet sich dort das Blatt. Aus Gründen, die Sie ebenfalls nicht direkt zu vertreten haben, können Sie mit einem Mal günstige Zahlen vorlegen. Und Sie genießen volles Vertrauen.

Damit ist nicht etwa gesagt, dass Sie als Führungskraft keinen Einfluss auf den wirtschaftlichen Erfolg oder Misserfolg haben. Aber dieser Einfluss ist viel verwickelter und komplizierter, als der Einfachheit halber unterstellt werden muss. Wir sprechen an dieser Stelle eben nicht von Managementfehlern oder Unfähigkeit. Sie können das Vertrauen verlieren, ohne dass jemand Ihnen einen Fehler nachsagen könnte. Sie müssen eben nur die Verantwortung übernehmen.

Beispiel: Fußballtrainer

Im Fußball nimmt der Trainer entscheidenden Einfluss darauf, wie sein Team spielt: welche Taktik gespielt wird, wer auf welcher Position zum Einsatz kommt. Doch unabhängig davon, wie gut sie ihr Geschäft verstehen und wie ausgefeilt ihre Trainingsmethoden sind: Sie verlieren in dem Moment das Vertrauen, in dem die erwarteten Erfolge ausbleiben.

Vertrauen verspielen – die Gefahren im Überblick

Wie wir gesehen haben, kann man Vertrauen aus ganz unterschiedlichen Gründen verspielen. Hier noch einmal unsere fünf Hauptgefahren im Überblick:

Die Lappalie

Grundidee: Wer erkennen lässt, dass ihm Kleinigkeiten nicht wichtig sind, verspielt leichtfertig Vertrauen. Er entwertet das Vertrauensverhältnis.

Wo droht diese Gefahr besonders? Bei Vertrauensverhältnissen, bei denen hohe Erwartungen aufgebaut wurden.

Gegenmaßnahmen: Die eigene Leistung mit den Augen der Gegenseite wahrnehmen. Alle Zusagen einhalten oder sich bei der Gegenseite entschuldigen. Einen Ausgleich anbieten.

Der Vertrauensbruch

Grundidee: Jemand bricht vorsätzlich oder leichtfertig das Vertrauen. Dadurch ist jedes weitere vertrauensvolle Miteinander kaum noch möglich.

Wo droht diese Gefahr besonders? Bei allen Vertrauensverhältnissen. Je tiefer es gewesen ist, umso verheerender fällt der Schaden aus.

Gegenmaßnahmen: Nicht leichtfertig vertrauen. Indizien nachgehen, die für einen Vertrauensbruch sprechen. Gerüchte umgehend klären.

Das schwankende Schilfrohr

Grundidee: Über einen längeren Zeitraum wird nur jemandem vertraut, der Verlässlichkeit ausstrahlt und Kurs hält. Wer dem anderen jeden Kurswechsel, jeden Zweifel, jede „verrückte" Idee mitteilt, verliert Vertrauen.

Wo droht diese Gefahr besonders? Bei komplexen, wichtigen Aufgaben, bei denen der Vertrauensgeber auf „Transparenz" höchsten Wert legt.

Gegenmaßnahmen: Sich einen geschützten Bereich sichern, zu dem der andere keinen Zugang. Nicht jede neue Idee und Vermutung mitteilen.

Verantwortungsloses Vertrauen

Grundidee: Wird Vertrauen willkürlich gespendet, verpflichtet es den Vertrauensnehmer nicht. Vielmehr fühlt er sich herausgefordert, die Situation zu seinen Gunsten auszunutzen.

Wo droht diese Gefahr besonders? Wo immer Vertrauen unbegründet und leichtfertig geschenkt wird.

Gegenmaßnahmen: Bewusst mit Vertrauen umgehen. Vertrauen, wenn es Gründe dafür gibt. Allmählich Vertrauen aufbauen. Demjenigen mehr Vertrauen schenken, der es sich verdient hat.

Der Verantwortungsnehmer

Grundidee: Wer Vertrauen genießt, muss auch für Dinge Verantwortung übernehmen, die seinem Einfluss entzogen sind.

Wo droht diese Gefahr besonders? Bei komplexen, undurchschaubaren Aufgaben, die jemand übernehmen soll, der „volles Vertrauen" braucht.

Gegenmaßnahmen: Gibt es nicht. Wir können aber darauf hoffen, schnell wieder Vertrauen zu finden, weil wir uns nichts haben zuschulden kommen lassen.

Vertrauen zurückgewinnen

Im abschließenden Kapitel wollen wir uns der Frage widmen, wie man verlorenes Vertrauen zurückgewinnen kann. Dabei sollen drei Aspekte im Vordergrund stehen: Der Neuanfang (→ „Siehe, ich mache alles neu"), Aufklärung und Bitte um Verständnis (→ „Wir haben verstanden") sowie (→ „Die Zeit heilt alle Wunden"). Am Ende mag sich der Kreis ein wenig schließen. Denn wenn man es geschafft hat, die Vorbehalte zu überwinden, können die Techniken und Methoden zum Einsatz kommen, von denen bereits im zweiten Kapitel die Rede war, in dem es darum ging, wie man Vertrauen aufbaut.

Inwieweit es überhaupt gelingt, Vertrauen zurückzugewinnen, das hängt immer von den jeweiligen Umständen ab: von der Schwere des Vertrauensverlustes, von den verfügbaren Alternativen und von dem Grad der Abhängigkeit, die den Vertrauensgeber an den Vertrauensnehmer bindet. Auf jeden Fall ist nach einem Vertrauensbruch die Situation nicht mehr so wie zuvor. Aber genau darin kann eine große Chance liegen.

„Siehe, ich mache alles neu"

Ist das Vertrauen Ihres Gegenübers erschüttert, halten Sie sich an die biblischen Worte aus der Offenbarung des Johannes, die dort zwar in einem anderen Sinne geäußert werden. Doch treffen sie genau, worum es auch hier geht: Sie müssen einen klaren Neuanfang setzen. Mit dem Gestus: „Siehe, ich mache alles neu!" Das heißt, der andere muss deutlich erkennen können, dass sich etwas Entscheidendes geändert hat. Wenn Sie Vertrauen enttäuscht haben und nichts verändern möchten, können Sie nicht darauf hoffen, dass Ihnen wieder Vertrauen zufließt. Und zwar aus zwei Gründen:

- Sehen Sie keinen Anlass, etwas zu verändern, so bringen Sie damit zum Ausdruck: Es ist schon alles in Ordnung so. Für den anderen ist nicht nachzuvollziehen, warum unter den gleichen Bedingungen die gleiche Geschichte nicht noch einmal passieren sollte.

- Ihre Ernsthaftigkeit steht in Frage, wenn es für Sie keine einschneidenden Konsequenzen hat, dass Sie das Vertrauen enttäuscht haben.

Personen auswechseln

Es ist eine weit verbreitete, aber auch wirksame Methode, Vertrauen zurückzugewinnen. Trennen Sie sich von denen, die den Vertrauensbruch zu verantworten haben. Für Organisationen gilt: Wechseln Sie das Führungspersonal aus. Denn Vertrauen und Misstrauen machen sich an Personen fest, nicht an Strukturen (→ S. 69). Die müssen Sie womöglich auch verändern, aber ohne Veränderungen beim Personal wird ein Neuanfang kaum glaubhaft zu machen sein.

Muss ein Verantwortlicher seine Position räumen, dann zeigt das auch, dass Sie den Vertrauensbruch missbilligen. Der Betreffende verliert seine Reputation. Das ist ein deutliches Signal, mit dem Sie Ihren Wunsch glaubhaft machen können, tatsächlich neu anzufangen.

Wer auf die Stelle nachrückt, der darf nicht bereits vorbelastet sein. Das kann ein gewisses Problem sein, wenn einfach nur der bisherige Stellvertreter die Führungsposition übernimmt. Wenn jemand aus der Organisation nachrückt, dann sollte es jemand sein, der in einem anderen Bereich gearbeitet hat oder der sich ganz deutlich auf Distanz zum bisherigen Stelleninhaber befunden hat. So etwas lässt sich nach außen nicht immer überzeugend darstellen. Daher scheint es häufig die bessere Wahl, einen Externen zu holen, der dann am sinnfälligsten einen Neuanfang verkörpern soll. Allerdings hat der das Problem, dass er die Organisation nicht gut genug kennt und an der Spitze auf diejenigen angewiesen bleibt, die zuvor an den fragwürdigen Praktiken beteiligt waren. Bei einem schweren Vertrauensbruch wird es daher nicht ausreichen, einfach nur die „erste Garde" auszuwechseln. Daneben besteht noch eine ganz andere Gefahr, wenn jemand von außen geholt wird: Da er den Laden, ja womöglich nicht einmal die Branche gut genug kennt, ist das Risiko größer, dass er scheitert oder einfach „überspielt" wird. Doch gibt er auf, ist die versprochene Erneuerung sinnfällig gescheitert.

Tipp: Ein harter Schnitt stärkt die Glaubwürdigkeit

Fachlich mag es nahe liegen, möglichst wenig zu verändern. Aber es geht auch darum, nach innen ein Zeichen zu setzen. Machen Sie daher einen „harten Schnitt" auf der Führungsebene, versteht auch jeder Mitarbeiter: Jetzt ist eine neue Zeit angebrochen.

Zuständigkeiten neu zuschneiden

Häufig kann aber auf diejenigen, die an dem Vertrauensbruch beteiligt waren, gar nicht verzichtet werden. Es stehen überhaupt keine Fachkräfte zu Verfügung, die sie ersetzen könnten. Und manchmal lässt sich nicht einmal ein „Verantwortungsnehmer" ($\rightarrow$ S. 199) opfern. Dann sollten zumindest die Zuständigkeiten so verändert werden, dass diejenigen, deren Vertrauen enttäuscht wurde, mit anderen Personen zu tun bekommen. Bei einem schweren Vertrauensbruch wird das kaum ausreichen. Aber womöglich ist es ein Anfang. Und im Laufe der Zeit gelingt es Ihnen allmählich, den einen oder anderen zurückzugewinnen, der sich enttäuscht abgewandt hatte. So eine Entwicklung kann auch eine gewisse Eigendynamik bekommen und weitere „Vertrauensgeber" dazu veranlassen, Ihnen eine Chance zu geben.

Ursachenforschung

Für einen Vertrauensbruch kann es die verschiedensten Ursachen geben. Es kommt entscheidend darauf an, dass Sie diese Ursachen herausfinden und Änderungen herbeiführen, Prozesse oder Strukturen verändern, Kontrollen einführen oder wirksamer gestalten. Solange Ihr Gegenüber nicht den Eindruck hat, dass Sie die Ursachen angegangen sind, dürfte es schwierig werden mit der Rückgewinnung von Vertrauen. Dabei hängt auch viel davon ab, wie ernsthaft diese Ursachenforschung betrieben wird.

Verhaltensänderung und mehr

Ein Vertrauensbruch kann natürlich auch Sie als Einzelperson betreffen. Aber selbst dann sollten Sie dafür Sorge tragen, dass Ihr Gegenüber erkennt: Sie machen einen Neuanfang. Das ist gar nicht so einfach zu vermitteln. Denn Sie bleiben ja dieselbe Person, diejenige, die das Vertrauen enttäuscht hat. Und doch ist es ratsam, den Neuanfang deutlich zu markieren, ausgehend von äußerlichen Veränderungen, die natürlich nur unterstützende Funktion haben. Aber sie signalisieren eben doch – und zwar auf den ersten Blick erkennbar, dass Sie ein anderer werden wollen.

Entscheidend ist allerdings, dass Sie Ihr Handeln ändern. Dabei kommt es darauf an, wie tief verwurzelt das Verhalten ist, das den Vertrauensbruch verursacht hat. Womöglich sollten Sie sich professionelle Hilfe holen. Denn es genügt nicht, sich einfach nur vorzunehmen, sein Verhalten zu ändern. Holen Sie sich Unterstützung von außen, ist dies auch ein Zeichen für den anderen, dass Sie es nicht bei bloßen Absichtserklärungen belassen, sondern tatsächlich etwas tun. Und doch dürfte es Ihnen erst in der Kombination mit den beiden anderen Methoden gelingen, Vertrauen zurückzugewinnen.

Änderungswünsche

Darüber hinaus kann es noch vertrauensbildend wirken, wenn Sie diejenigen befragen, deren Vertrauen Sie enttäuscht haben: Was soll sich (außerdem noch) ändern, damit ihr mir wieder vertrauen könnt? Man muss hinzufügen, dass dies nur eine zusätzliche Maßnahme sein kann, die Sie außerdem erst in die Wege leiten sollten, *nachdem* Sie bereits einiges geändert haben. Sonst drängt sich der Eindruck auf, Sie hätten gar nicht verstanden, was eigentlich schiefgelaufen ist, und Sie müssten sich die Sache erst noch von denen erklären lassen, die dem Vertrauensbruch zum Opfer gefallen sind. Auch können Sie erst auf die Mitwirkung der anderen hoffen, wenn diese bereits wieder ein bisschen Vertrauen zu Ihnen gefasst haben. Denn jemandem, den man für einen Hochstapler, Betrüger oder Schaumschläger hält, gibt man nicht noch wohlmeinende Hinweise, wie er sich bessern könnte.

„Wir haben verstanden"

Wer Vertrauen zurückgewinnen will, der muss eine Verständigungsbrücke bauen. Und zwar von zwei Seiten: Zunächst einmal muss er erkennen lassen, dass er den Vertrauensbruch verstanden hat, dass er weiß, was er da angerichtet hat. Jemand, der seinen Fehler bagatellisiert, kann nicht erwarten, dass er Vertrauen zurückgewinnt. Er findet ja alles halb so schlimm. Insoweit wäre es auch das völlig falsche Signal, erst die anderen zu befragen, was da jetzt zu ändern wäre. Zuvor müssen Sie in aller Deutlichkeit ausführen, dass Sie das ganze Ausmaß Ihres Vertrauensbruchs begriffen haben. In den Augen der anderen müssen Sie alles einräumen. Solange noch der Verdacht besteht, dass weitere unangenehme Dinge ans Tageslicht kommen, ist nicht damit zu rechnen, dass Ihnen wieder vertraut wird.

Tipp: Salamitaktik ruiniert Glaubwürdigkeit

Im Umgang mit Vorwürfen aller Art greifen viele zur so genannten Salamitaktik: Gib immer nur das zu, was sich ohnehin nicht abstreiten lässt. Doch die Hoffnung, dass andere Unkorrektheiten nicht ans Licht kommen, erfüllt sich häufig nicht. Nicht zuletzt, weil die Gegner sich neue Vorwürfe tunlichst aufsparen, was ihre Wirkung vervielfacht. Wer Vertrauen zurückgewinnen will, der sollte tunlichst reinen Tisch machen. Eine Verfehlung einräumen, die man nicht zugeben „muss", ist für die eigene Glaubwürdigkeit allemal besser als später noch ein weiteres Geständnis nachzuschieben, bei dem sich ohnehin jeder fragt: Und was kommt als Nächstes?

Zeigen Sie Reue

Mit dem Eingeständnis von Fehlern ist es jedoch noch nicht getan. Sie müssen auch erkennen lassen, dass Ihnen die Sache leid tut. Dies geschieht üblicherweise einmal in Form der Entschuldigung und zum anderen in Form der Entschädigung. Wer Wiedergutmachung leistet, der kommt schon ein gutes Stück voran auf dem Pfad der Wiedergewinnung von Vertrauen. Allerdings ist das eben auch mit Kosten verbunden. Doch genau deshalb wirkt die Wiedergutmachung vertrauensbildend. Weil Sie erkennen lassen: Der Vertrauensbruch hat sich für Sie nicht gelohnt. Nein, Sie zahlen sogar noch etwas drauf, Sie beklagenswerter Vertrauensbrecher. Damit haben Sie den Beweis erbracht. Es kommt Sie allemal günstiger, sich vertrauenswürdig zu verhalten.

Wenn der Eindruck nicht täuscht, wird die Wirkung der Reue vielfach unterschätzt. Offenbar scheint es für manche verlockender, die Rolle des Bösewichts zu übernehmen als die des zerknirschten Sünders. Dabei zeigt die Erfahrung, dass der letztere deutlich den besseren Schnitt macht.

Erklären Sie das Unerklärliche

Und doch reichen Verständnis, Zerknirschung und tätige Reue nicht aus. Die Verständigungsbrücke muss nämlich auch noch von der anderen Seite gebaut werden. Und das ist oftmals die weit größere Herausforderung. Der Vertrauensbruch ist ja auch deshalb so verstörend, weil er das Gegenüber so stark verunsichert. Enttäuschtes Vertrauen führt zur Desorientierung. Unsere Annahmen darüber, wie die Welt funktioniert, treffen offensichtlich nicht zu. Das ist ja das Bedrohliche am Vertrauensbruch.

Umso hilfreicher ist es, wenn wir eine Erklärung dafür bekommen, was es mit dem Vertrauensbruch auf sich hat. Was sind die Hintergründe? Wie konnte es überhaupt dazu kommen? Wenn wir das alles einordnen können, dann wird gewissermaßen die Welt, die aus den Fugen zu geraten schien, wieder eingerenkt. Wir können uns einen Reim auf die Sache machen und unsere Schlussfolgerungen ziehen, damit uns das Ganze nicht noch einmal passiert.

Allerdings ist die Sache leichter gesagt als getan. Wie machen Sie jemandem begreiflich, dass Sie ihn getäuscht und seine Leichtgläubigkeit ausgenutzt haben? Das ist nun wirklich nicht so einfach. Denn Sie müssen das Unerklärliche erklären. Und doch ist es möglich. Bekanntlich haben wir alle unsere dunklen Seiten, sind gierig, lust- und triebgesteuert – und dürfen daher auf ein gewisses Verständnis rechnen, wenn wir auf diesem Register zu spielen verstehen.

Die Aufgabe lautet: Mache dem anderen dein Verhalten irgendwie plausibel – und distanziere dich gleichzeitig davon. Zwar gelingt dies einfacher, wenn nicht Sie persönlich sich diese Dinge haben zuschulden kommen lassen, sondern, sagen wir: Ihr Vorgänger. Und doch: Die Geschichte, nicht zuletzt die Literaturgeschichte ist voll von Geständnissen, die es dem anderen ermöglichen, ein realistisches Verständnis der sozialen Welt zu entwickeln, in der er sich bewegt. Anders gesagt: Gelingt es Ihnen, dass Ihr Gegenüber es irgendwie doch nachvollziehen kann, warum Sie so gehandelt haben, dann sind Sie schon ein großes Stück vorangekommen. Jetzt müssen Sie ihm nur noch begreiflich machen, warum das nicht noch einmal vorkommt. Doch da können Sie anschließen an den ersten Teil Ihrer Erklärung: „Wir haben verstanden." Unter solchen Voraussetzungen kann sich die Gegenseite durchaus noch einmal bereitfinden, Ihnen Vertrauen zu schenken. Vielleicht nicht sofort, aber irgendwann bestimmt. Vorausgesetzt, es findet sich keine vertrauenswürdigere Alternative. Wobei Sie den Vorteil haben: Sie sind der Gegenseite schon vertraut. Sie kennt Ihre Tricks, zumindest meint sie das.

„Die Zeit heilt alle Wunden"

„Das Vertrauen ist eine zarte Pflanze; ist es zerstört, so kommt es sobald nicht wieder." – Otto von Bismarck

Wem und worauf wir vertrauen, das ist so etwas wie die Landkarte, mit der wir durch unser Leben finden. Insoweit ermöglicht uns Vertrauen Orientierung. Das heißt aber auch, immer wenn Vertrauen verloren geht, dann ist das ein wenig so, als würden wir erfahren: Teile unserer Karte stimmen nicht mit der Wirklichkeit überein. Wir müssen uns also neu zurechtfinden, müssen unsere Landkarte neu zeichnen, und das kann dauern. Daher gilt bei allem, was Sie unternehmen, um Vertrauen zurückzugewinnen: Sie dürfen den Faktor Zeit nicht außer Acht lassen. Sie können nicht erwarten, dass sich Vertrauen wieder einstellt, sobald aus Ihrer Sicht doch alles wieder in Ordnung ist und Sie eine neue Chance verdient haben. Mit „Schnelligkeit" werden Sie Vertrauen gewiss nicht wiederherstellen. Im Gegenteil, durch Ungeduld und Drängen vergrößern Sie den Argwohn, um nicht zu sagen: die Abneigung dagegen, sich wieder mit Ihnen einzulassen. Denn Sie lassen nicht erkennen, dass Sie „verstanden" haben, dass Sie die Situation des anderen begreifen und seine Interessen angemessen berücksichtigen.

Ihm Zeit zu lassen, das empfiehlt sich sogar, wenn Sie selbst gar nicht an dem Vertrauensbruch beteiligt waren, sondern sich vielmehr als vertrauenswürdige Alternative ins Spiel bringen wollen. Zwar können Sie hier im Sinne der „Fallobst"-Methode (→ S. 110) vom Vertrauensverlust der anderen profitieren. Aber nicht indem Sie sich aufdrängen, sondern gerade dadurch, dass Sie Verständnis für die besondere Situation des Gegenübers beweisen. Und das kann bedeuten, mit ausgesprochener Zurückhaltung aufzutreten.

Abwarten und sich bewähren

Wir müssen uns noch ein letztes Mal in Erinnerung rufen: Wird Vertrauen enttäuscht, so löst es sich in aller Regel nicht in Luft auf, sondern es heftet sich an ein neues Objekt. Oder eben an ein altes, wenn es sich erneuert hat und keine bessere Alternative verfügbar scheint.

Das ist ganz erstaunlich oft der Fall, vor allem wenn das „alte Objekt" seine Lektion gelernt hat. Können Sie abwarten und lassen Sie erkennen, dass Sie sich tatsächlich geändert haben, dann bekommen Sie gar nicht so selten noch einmal eine Chance. Dabei wird die Gegenseite Ihre Aktivitäten zunächst aus sicherer Distanz verfolgen und sich erst allmählich wieder auf Sie einlassen. In dieser Phase der Wiederannäherung wirkt es oft vertrauensbildend, wenn man eine Art „Bewährungsfrist" vereinbart – mit der Möglichkeit zu einem raschen Wiederausstieg, auch werden Sie in aller Regel die eine oder andere Vorleistung erbringen müssen. Dabei bietet es sich an, dem anderen eine Extraportion Vertrauen zu spendieren – mit der Möglichkeit, dass er Ihnen Schaden zufügt. So viel Risiko muss sein, ehe sich die Gegenseite wieder auf Sie einlässt.

Tipp: Keine Angst vor Rache

Natürlich gehen Sie das Risiko ein, dass die Gegenseite die Gelegenheit nutzt und Rache übt. Aber genau dieser Umstand, dass Sie dieses Risiko eingehen, trägt dazu bei, das Vertrauen zu erneuern. Solange Sie dem anderen Rachegedanken unterstellen, wird dies kaum gelingen.

Die Rückkehr zum Bekannten

Doch warum erhalten Sie überhaupt eine neue Chance? Warum wendet sich jemand nicht einfach von Ihnen ab, nachdem Sie sein Vertrauen enttäuscht haben? In einigen Fällen geschieht dies ja auch. Damit müssen Sie dann leben. Aber wenn es gelingt, dass jemand Ihnen gegenüber wieder Vertrauen fasst, hat dies auch damit zu tun, dass Sie ihm schon bekannt sind. In vielen Dingen weiß er einfach, was ihn erwartet. Richtet er sein Vertrauen auf ein „neues Objekt", so muss er sich ganz frisch darauf einstellen. Und er muss auch erst einmal seine Erfahrungen machen, wie vertrauenswürdig diese Alternative überhaupt ist. Daher lässt sich oft beobachten, dass sich der andere zunächst enttäuscht abwendet. Er sucht nach Alternativen. Aber die sind womöglich gar nicht so leicht zu realisieren. Oder aber es zeigt sich, dass auch die so ihre Nachteile haben. Man stößt auf Schwierigkeiten. Womöglich wird auch dort das Vertrauen enttäuscht. Oder aber es kommt überhaupt nicht dazu, dass man diesen Alternativen vertraut.

Und so richtet sich das Interesse wieder auf das „alte Objekt", das unser Vertrauen so enttäuscht hatte. Wie verlässlich scheint es uns jetzt zu sein – im Licht der neuen Erfahrungen? Hat es sich zu seinem Vorteil verändert, aus den Vorfällen gelernt? Unter solchen Voraussetzungen stehen die Chancen gar nicht schlecht, dass es gelingt, enttäuschtes

Vertrauen zurückzugewinnen. Weil manchmal erst durch den Bruch von Vertrauen schmerzlich fühlbar wird, welchen unschätzbaren Wert es hat.

Anhang

„Vertrauen hat den Charakter des Selbstverständlichen verloren"

Olaf Geramanis ist Professor an der Fachhochschule Nordwestschweiz in Basel. Eines seiner Schwerpunktthemen ist Vertrauen. Über dieses Thema hat er auch promoviert. Das Interview fand im Juli 2009 statt.

1. Sie haben Vertrauen als „soziale Ressource" bezeichnet. Inwiefern ist es eine Ressource und wieso wurde sie „wiederentdeckt"?

Geramanis: Wenn wir von einer umfassenden Definition ausgehen, dann können wir unter Ressourcen zum Beispiel Wissen und Fähigkeiten, physische Merkmale wie Aussehen oder Finanzen, aber auch soziale Merkmale wie Interessen, Überzeugungen und Werthaltungen verstehen. Ganz gleich, ob ich jemandem vertraue oder sich mir jemand anvertraut, ich verfüge innerhalb dieser Beziehung durch die Ressource Vertrauen über ein „Mehr" an Möglichkeiten: Ich kann schneller entscheiden, muss weniger kontrollieren oder verfüge über den angenehmen Status, als eine vertrauenswürdige Person zu gelten.

Der Vorteil, Vertrauen als eine soziale Ressource zu definieren, besteht darin, das Vertrauen selbst zu verdinglichen und dadurch aus seiner sozialromantischen Verklärung zu holen. Für viele Menschen ist Vertrauen vor allem ein schönes Gefühl, eine „Wärmemetapher", wie Luhmann sagt, ohne dass sie begreifen, dass dieses Gut aufwändiger Pflege bedarf. Und genau darin besteht der Grund, dass Vertrauen wiederentdeckt werden muss. So wie man sich vor 50 Jahren keine Gedanken gemacht hatte, woher das Öl für die Autos kommt, weil es einfach da war, so musste man sich auch lange Zeit keine Gedanken um vertrauensvolle Beziehungen machen, weil sie ebenso vorhanden waren. Aber so wie das Öl nicht unerschöpflich ist, lässt sich auch über Vertrauen nicht bedingungslos verfügen. Und die intensive Diskussion der letzten zehn Jahre über Vertrauen macht mehr als deutlich, dass es offensichtlich den Charakter des Selbstverständlichen verloren hat.

2. Würden Sie verschiedene Arten von Vertrauen unterscheiden?

Geramanis: Die Verständigung über „das" Vertrauen ist deswegen so schwer, weil es uns oft nicht bewusst ist, dass wir gar nicht vom selben reden. Es sind drei grundverschiedene Dinge, ob ich meinen Eltern, meinem Gegenüber oder meiner Bank vertraue.

Ich selbst habe mich vor allem auf das personale Vertrauen konzentriert. Vertrauen hat für mich eine Beziehungsdimension. Es ist eine riskante Entscheidung zwischen zwei Personen. Diese Entscheidung fällt jedoch nicht in einem luftleeren Raum. Vertrauen ist keine „Robinsonade" zwischen zwei Menschen auf einer einsamen Insel. Vertrauen ist immer das Zusammenspiel zwischen der Situation, in der ich mich befinde, und der Entscheidung, die ich aufgrund dieser Gegebenheiten treffe.

Wie sich anhand der Grafik erkennen lässt, unterscheide ich drei strukturelle Gegebenheiten in denen wir uns einem anderen Menschen gegenüber befinden können. Die gemeinsame Beziehung kann fremd, bekannt oder vertraut sein. Unter diesen Bedingungen gibt es dann mehr oder weniger plausible individuelle Entscheidungsoptionen: Unter der Bedingung der Fremdheit werde ich mein Gegenüber eher kontrollieren, sonst wäre es blindes Vertrauen. Einem Bekannten kann ich bestimmte Dinge zutrauen, aber auch nicht alles. Und je vertrauter mir eine Person geworden ist, desto eher werde ich mich ihr anvertrauen. Je nachdem, welche Entscheidung ich vor Ort treffe, wird diese Wahl in einem dritten Schritt Auswirkungen auf den neuen Stand unserer Beziehung haben: Es kann alles beim Alten bleiben, oder man kann sich trotz Fremdheit einander bekannt machen, oder auch die unhinterfragte Vertrautheit irritieren, indem man sich nicht mehr bedingungslos hingibt, sondern nur noch bei bestimmten Dingen sein Zutrauen vergibt.

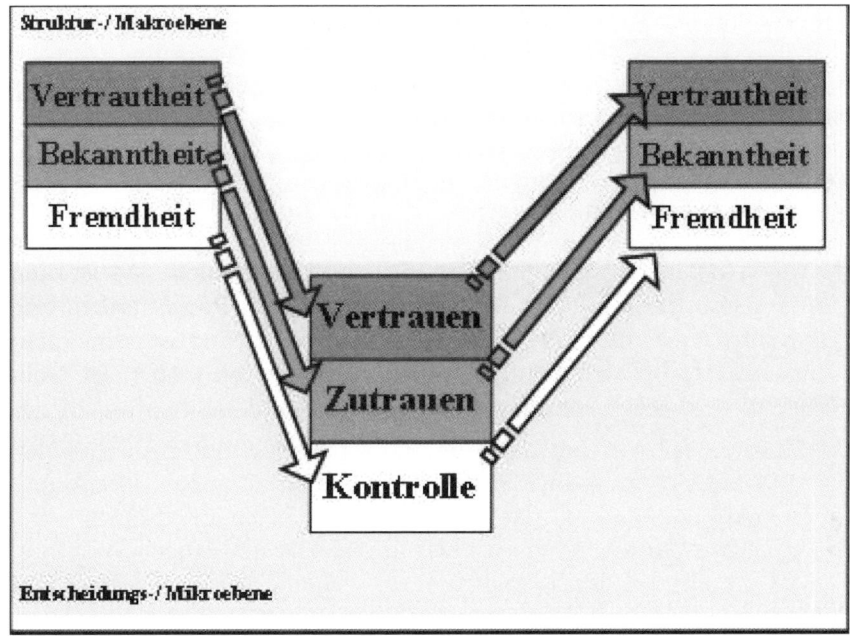

Anhand meines Modells lässt sich übrigens der Satz „Vertrauen ist gut – Kontrolle besser" gut widerlegen: Vertrauen ist ebenso wie Kontrolle eine individuelle Handlung, die ich gegenüber einer anderen Person ausübe, allerdings unter völlig unterschiedlichen Bedingungen: Wenn sich zwei Menschen völlig fremd sind, ist Vertrauen überhaupt nicht gut und in einer vertrauten Gemeinschaft ist Kontrolle keineswegs besser.

3. Lässt sich Vertrauen in einem Unternehmen „aufbauen"? Wenn ja, wie?

Geramanis: Wenn ich in meiner Nomenklatur bleibe, dann müssen Unternehmen eine Kultur der Vertrautheit schaffen, weil es nur so für die Mitarbeitenden plausibel wird, einander vor Ort Vertrauen zu schenken. Eine Vertrauens- bzw. Vertrautheitskultur bedeutet, dass jeder einzelne in der Organisation davon ausgehen kann, dass die Werte, an die er sich hält, allen anderen ebenso plausibel erscheinen wie ihm selbst. Wenn ich glaube, der einzige zu sein, der seine Spesenrechnung wahrheitsgemäss ausfüllt, werde ich es bald sein lassen. Wenn ich jedoch davon überzeugt bin, dass Loyalität etwas Wertvolles und Gegenseitiges ist und das Gefühl habe, dass Zusagen der Ge-

217

schäftsleitung – auch wenn sie mich nicht persönlich betreffen – eingehalten und nicht leichtfertig gebrochen werden, dann bin auch ich bereit, meinem Gegenüber zu vertrauen und diese Kultur weiter fortzusetzen.

Insofern haben Unternehmen meist zwei Möglichkeiten, eine Vertrauenskultur aufzubauen:

1. (die leichtere Version) Sie pflegen die bereits vorhandenen sozialen (!) Ressourcen gut! Jedes Unternehmen hat immer auch eine spezifische Kultur. Diese herauszuarbeiten, zu nutzen und nicht leichtfertig bei der kleinsten Krise aufs Spiel zu setzen, ist Gold wert.

2. Eine „neue" Vertrauenskultur zu implementieren bedeutet, den Weg aus der Fremdheit in die Vertrautheit zu gehen. Das klappt niemals nur über das Erlassen von Firmenleitsätzen und Imagebroschüren, sondern muss immer erst den langen Weg über die Akzeptanz der Mitarbeitenden gehen, die es ihrerseits für vertrauens-„würdig" erachten müssen.

4. Inwieweit verträgt sich Vertrauen mit einer Konkurrenzsituation?

Geramanis: „Ein wahrer Feind verlässt dich nie!" Insofern ist ein Konkurrent etwas sehr Verlässliches. Im Prinzip wissen wir ganz genau, was wir von einem Konkurrenten zu erwarten habe: Und weil das so ist, werden wir ihm nie vollständig vertrauen, wir werden uns ihm nie ganz hingeben. Wir können ohne Weiteres mit ihm eine bedingte Kooperation eingehen, wie das aktuell häufig in Unternehmen und Netzwerken geschieht. Wenn es jedoch hart auf hart kommt (und meist schon früher), wird unser Konkurrent uns stehen lassen und „sein eigenes Ding drehen", auch auf unsere Kosten. Und es wäre naiv, ihm dies vorzuwerfen, weil eine Kultur der Konkurrenz von Grund auf opportunistisch ist. Es geht um kurzfristige günstige Gelegenheiten und eben nicht um eine langfristige Kultur der Selbstbindung an übergeordnete Werte.

5. Wie verhalten sich Transparenz und Vertrauen zueinander?

Geramanis: Wie in der Frage 3 erwähnt muss ich der Meinung sein, dass mein Gegenüber sich ebenfalls an das hält, was mir wichtig ist. Um sich gegenseitig vertrauen zu können, müssen sich zwei Menschen einander sichtbar, das heißt einschätzbar und verlässlich machen. Hannah Arendt sagt sinngemäß: „Versprechen sind wie Inseln im Meer der Ungewissheit." Weil wir Menschen immer die Möglichkeit haben, uns auch gegen einander zu entscheiden, müssen wir, um einander als verlässlich zu gelten, mit unserer „Selbigkeit" werben. Wir müssen glaubwürdig und transparent machen, dass wir auch zukünftig derselbe werden, von dem wir heute vorgeben, dass wir so sind.

6. Wenn Sie sich die aktuellen Trends in der Arbeitswelt anschauen – wie verändert sich dadurch unser Vertrauen?

Geramanis: „Change" ist zur neuen Heilsversprechung der Managementlehre geworden. Es ist die auf Dauer gestellte Veränderungsbereitschaft mit der Hoffnung, für jede gute Gelegenheit offen bleiben zu können. Aber permanenter Change bedeutet auch permanente Fremdheit. Wenn alles jederzeit auch anders sein kann: die Aufgabe, die Teamzusammensetzung, der Arbeitsort, das Entgelt, dann ist das zugleich das Ende jeglicher Vertrautheit.

An sich ist das nicht schlimm, dann arbeiten wir einfach zukünftig alle unter dem bekannten Modell des homo oeconomicus. Aber leider ist es nicht so einfach, denn die Arbeitswelt steht vor einem Dilemma: Strukturell produziert sie permanente Fremdheit, aber erwartet zugleich vom Einzelnen, dass er sich individuell voller Leidenschaft und Engagement vertrauensvoll in die Bresche wirft. Das wird dann „Swift Trust" oder „Collaboration" genannt und soll wenigstens durch den Besuch von Hochseilgärten motiviert werden. Letztlich hat es aber nur einen Sinn: Es soll das Defizit kaschieren, dass die Unternehmen nicht mehr willens oder in der Lage sind, ihre Verantwortung für die Schaffung einer Vertrauenskultur zu übernehmen und stattdessen auch noch dieses Risiko auf die Mitarbeitenden abwälzen.

7. Wodurch unterscheidet sich Vertrauen in Organisationen/Unternehmen vom persönlichen Vertrauen?

Geramanis: Einem anderen Menschen zu vertrauen, bedeutet, ihm zu sagen: „Ich vertraue darauf, dass du es ehrlich meinst, dass du an dieser Beziehung ernsthaft interessiert bist, dass du treu und verlässlich bist und mich nicht einfach aufgeben wirst – weil du weißt, dass auch für mich viel auf dem Spiel steht." Dies ist eine Form von positiver Wertschätzung (ebenfalls eine soziale Ressource), die einem Menschen etwas bedeuten kann. Es ist ein Feedback über potenzielle gegenseitige Verletzlichkeit und damit zugleich ein Beziehungsangebot, welches in die Zukunft weist. Insofern ist persönliches Vertrauen immer ein Miteinander.

Dieses Miteinander fällt zunächst völlig weg, wenn ich einer Institution „vertraue". Die Steuerbehörde kann nicht darauf reagieren, wenn ich diesmal gerne bezahle. Einer Partei zu vertrauen, wirkt sich für mich persönlich zunächst noch nicht aus. Insofern fehlt dieser Form des Vertrauens der Beziehungsaspekt. Es verhält sich viel eher wie bei einer Wette. Es ist eine Kalkulation über Wahrscheinlichkeiten, in der die individuelle – und damit prinzipiell unsichere Antwort meines Gegenübers im Prinzip keine Rolle spielt – stattdessen kenne ich die Antwort schon: Ich vertraue nicht der Garantie des Herstellers, ich weiß es; ich vertraue nicht auf Gott, ich weiß, wie er dargestellt ist und darauf verlasse ich mich; ich vertraue nicht einem Polizisten in der Schweiz, ich gehe schlicht davon aus, dass er sich an die Regeln hält.

8. Kann ein Unternehmen eine „Vertrauenskultur" entwickeln? Oder handelt es sich ausschließlich um „Fassadenmalerei", die das Misstrauen der Mitarbeiter weiter befördert?

Geramanis: Wie bereits erwähnt muss ein Unternehmen aktiv sehr viel dafür tun, wenn es wirklich eine Vertrauenskultur etablieren möchte. Und die Chancen stehen gut, dass es gelingt, weil viele Mitarbeitende lieber in einer Vertrauens- als in einer Misstrauenskultur arbeiten. Aber dies hat viel mit Bindung und Unfreiheit zu tun. Ein Unternehmen, welches als verlässlich gelten und Vertrautheit schaffen will, darf diejenigen, die vertrauen, nicht als „die ehrlichen Dummen" dastehen lassen, sondern muss dieses Verhalten transparent wertschätzen. Aber ein solches Unternehmen hat definitiv nicht mehr alle Optionen zur Verfügung. Wer stattdessen Rendite um jeden Preis haben will, wird diesem Ziel alles opfern – auch die Zusagen und Versprechen. Man kann nicht beiden Herren dienen, sonst ist es nicht mehr als Fassadenmalerei, und das wird nur allzu schnell durchschaut.

Über den Autor

Dr. Matthias Nöllke schreibt Bücher, hält Vorträge und arbeitet für den Bayerischen Rundfunk. Er ist Autor zahlreicher Hörfunksendungen mit einem besonderen Zugang zum Thema („Vertrauensfragen", „Einstürzende Sandhaufen. Die einfachen Gesetze der Katastrophen", „Von den Bienen und den Schmetterlingen. Was Sie schon immer über Unternehmensführung wissen wollten", „Über Intelligenz. Warum wir alle so klug sein wollen" u.v.m.). Im Haufe Verlag sind von ihm unter anderem die Bücher erschienen: „Von Bienen und Leitwölfen. Strategien der Natur im Business nutzen", „Management. Was Führungskräfte wissen müssen" und „Machtspiele".

Literatur

Akerlof, George A./Shiller, Robert J.: Animal Spirits. Wie Wirtschaft wirklich funktioniert, Frankfurt am Main 2009

Bohn, Ursula: Vertrauen in Organisationen. Welchen Einfluss haben Reorganisationsmaßnahmen auf Vertrauensprozesse?, München 2007 (als pdf-Datei abrufbar unter iTunesU)

Cialdini, Robert B.: Die Psychologie des Überzeugens, Bern 1997

Covey, Stephen M. R.: Schnelligkeit durch Vertrauen. Die unterschätzte ökonomische Macht, Offenbach 2009

Fehr, Ernst: Psychologische Grundlagen der Ökonomie, Zürich 2002

Fehr, Ernst: „Oxytocin Shapes the Neural Circuitry of Trust and Trust Adaption in Hunans", in: Neuron, Volume 58, Issue 4, S. 639-650, 22. May 2008

Geramanis, Olaf: Vertrauen. Die Entdeckung einer sozialen Ressource, Stuttgart 2002

Goldstein, Noah J./Martin, Steve J./Cialdini, Robert B.: Yes! Andere überzeugen. 50 gesicherte wissenschaftliche Geheimrezepte, Bern 2009

Herrmann, Benedikt/Thöni, Christian/Gächter, Simon: „Antisocial Punishment Across Societies", in: Science 319 (2008), Nr. 5868, S. 1362-1367

Luhmann, Niklas: Vertrauen. Ein Mechanismus der Reduktion sozialer Komplexität, 4. Auflage, Stuttgart 2000

Nöllke, Matthias: Machtspiele, Freiburg 2008

Nyberg, David: Lob der Halbwahrheit. Warum wir so manches verschweigen, Hamburg 1994

Oosterhof, Nikolaas N./Todorov, Alexander: „The functional basis of face evaluation", in: PNAS, Vol. 105, No. 32 (12. August 2008), S. 11087-11092

Osterloh, Margit/Weibel, Antoinette: Investition Vertrauen. Prozesse der Vertrauensentwicklung in Organisationen, Wiesbaden 2006

Rockenbach, Bettina/Milinski, Manfred: „The efficient interaction of indirect reciprocity and costly punishment", in: Nature, Vol. 444 (Dezember 2006), S. 718-723 (Dezember 2006)

Rockenbach, Bettina/Milinski, Manfred: „How to treat those of ill repute", in: Nature, Vol. 457 (Januar 2009), S. 39-40

Sprenger, Reinhard K.: Vertrauen führt. Worauf es in Unternehmen wirklich ankommt, 2. Auflage, Frankfurt 2004

Zak, Paul J./Kurzban, Robert/Matzner, William T.: „The Neurobiology of Trust", in: Annals of the New York Academy of Sciences 1032: S. 224–227, 2004